高等学校小学教育专业精品教材

郭健 丛书主编

小学数学课程与教学论

陈雪梅 高红志 刘月艳 主编

汤佳佩 孙家芳 副主编

XIAOXUE SHUXUE KECHENG YU JIAOXUELUN

北京师范大学出版集团

BEIJING NORMAL UNIVERSITY PUBLISHING GROUP

北京师范大学出版社

图书在版编目(CIP)数据

小学数学课程与教学论 / 陈雪梅，高红志，刘月艳主编. —北京：北京师范大学出版社，2016.8(2024.1重印)
(高等学校小学教育专业精品教材)
ISBN 978-7-303-20815-9

Ⅰ. ①小⋯　Ⅱ. ①陈⋯　②高⋯ ③刘⋯　Ⅲ. ①小学数学课-教学研究-高等学校-教材　Ⅳ.①G623.502

中国版本图书馆 CIP 数据核字(2016)第 138077 号

图书意见反馈　gaozhifk@bnupg.com　010-58805079
营销中心电话　010-58802755　58800035
北师大出版社教师教育分社微信公众号　京师教师教育

出版发行：北京师范大学出版社　www.bnup.com
　　　　　北京市西城区新街口外大街 12-3 号
　　　　　邮政编码：100088
印　　刷：天津市宝文印务有限公司
经　　销：全国新华书店
开　　本：787 mm×1092 mm　1/16
印　　张：19.75
字　　数：410 千字
版　　次：2016 年 8 月第 1 版
印　　次：2024 年 1 月第 12 次印刷
定　　价：32.00 元

策划编辑：王剑虹　　　　责任编辑：马力敏
美术编辑：陈向昕　　　　装帧设计：焦　丽
责任校对：陈　民　　　　责任印制：马　洁　赵　龙

20 世纪 90 年代以来，随着社会发展水平的提高，社会对高质量教育的需求越来越强烈，为顺应社会需求，我国对教师培养体系进行了重大变革——小学教师的培养由原来的中等师范学校改由专科学校和本科院校培养。1998 年南京师范大学晓庄学院首次尝试开设小学教育(本科)专业，开创小学教师本科化培养的先河。1998 年教育部颁布的《普通高等学校本科专业目录》中，小学教育专业以"经教育部批准同意设置的目录外专业"出现，标志着小学教育专业开始纳入高等教育体系中。2012 年，小学教育专业以教育学二级学科的身份，正式纳入教育部颁布的《普通高等学校本科专业目录》。经济发达的地区把小学教师的学历提升到专科或本科水平，并在全国范围内扩招教育硕士。

自小学教育纳入高等教育体系以来，小学教育专业取得了一定的成效，为我国输送了大批本专科学历的小学优秀教师。

为了保证教师的培养质量，教育部于 2011 年 10 月 8 日颁布了《教育部关于大力推进教师教育课程改革的意见》，其附件《教师教育课程标准(试行)》是国家对教师教育课程改革提出的建议和要求，也是认定教师资格的重要依据。这对我国小学教师教育类课程结构调整和优化提出了新的要求；对深化教师教育改革，规范和引导教师教育课程与教学，培养和造就高素质专业化教师队伍具有纲领性的作用。

小学教育专业被纳入高等教育体系的时间短，在专业建设的过程中需要解决的问题很多，尤需亟待解决的是小学教育专业的课程及教材建设问题。河北省教育学教学指导委员会审时度势，组织全省教育学、心理学相关领域专家进行了充分的调研，分析了小学教育专业人才培养存在的问题，针对目前权威教材匮乏的现状，组织专家编写了目前河北省小学教育专业的系列教材，并与 2016 年正式出版。经过近 7 年的使用，河北省教育学教学指导委员会审时度势，根据《深化新时代教育评价改革总体方案》要求，坚持以习近平新时代中国特色社会主义思想为指导，坚持社会主义办学方向，全面落实立德树人根本任务，牢记为党育人、为国育才的使命，并根据《义务教育课程标准(2022 版)》对小学教育专业系列教材进行修订。

　　此次教材编写既维持理论的系统性与前沿性，也注重解决教育实践问题的应用性与操作性；既注重编写过程的学术性，也注重教材形式上的趣味性等特点，又强调了新时期对教师专业成长的要求及对学生全面发展的评价观。希望成为小学教育专业学生喜读、乐读的基本学习素材。

　　本套小学教育专业系列教材共包括十几种，分别是《教育学》《教育政策与法规》《教育测量与评价》《教育科研方法》《现代教育技术应用》《课程与教学论》《小学教育管理》《小学语文课程与教学论》《小学数学课程与教学论》《小学英语课程与教学论》《小学科学课程与教学论》《教育心理学》《儿童心理学》《小学生心理健康教育》《小学综合实践活动》《小学班主任工作原理与实践》和《小学教师专业技能训练》。

　　本套教材编写参与人员较多，涉及学科较广，是一项艰巨的工程，能顺利付梓得益于所有参编人员的辛勤工作、密切配合；也得益于北京师范大学出版社王剑虹女士的积极协调与沟通。在此向所有参与此次编写活动的作者及编辑人员表达我们的敬意。

　　教材编写过程中由于编者的学术视野及学术能力的限制难免会出现不足之处，我们将在教材使用中进一步总结反思，不断修订和完善。同时，也欢迎广大学界同人及读者予以批评指正。

郭健

2016 年 6 月 8 日

前　言
FOREWORD

　　小学教育是整个教育事业的基础。小学阶段是发展学生的数学思维、数学学习习惯、数学应用意识与创新精神的关键期，对于提高未来公民的理性精神与数学素养起着奠基性的作用。教师是学校变革以及学生发展的一个关键因素。小学教育的重要性无疑对小学教师的培养与专业发展都提出了更高的要求。

　　对于本书的设计，我们的考虑是：首先，在保持小学数学课程与教学论基本理论框架的基础上，立足小学数学教学实践的需求以及教师教学生活的完整过程对内容进行设计与发展。其次，以数学课程标准为基础，以小学数学教育研究的新进展为指导，以教学所需要的知识为线索，对小学教学所需要的数学课程知识、数学内容知识、学生数学学习的知识、数学教学法知识以及反思与评价的知识等进行总结与梳理。以期有利于教师形成结构合理的教学知识与技能，树立正确的数学教育理念与情感态度。最后，通过"教育名言""学习目标""导入案例""本章回顾""思考题""案例研究""拓展阅读"等栏目的设置，促进教师知识的建构与融合，同时增强本书的可读性。

　　本书的编写工作如下：

　　陈雪梅——前言、第一章、第六章与第八章。

　　高红志——第二章、第三章、第七章。

　　杨磊、刘月艳、陈雪梅——第四章。

　　何金花、刘月艳——第五章。

　　孙家芳与刘月艳——第九章。

　　最后，陈雪梅对全书进行校对与统稿。

　　编写过程中还用到其他一些优秀教师的教学设计与案例，已经在书中注明。在此感谢所有参加编写工作的朋友们，也借此机会特别感谢河北师范大学薛彦华教授、北京师范大学出版社王剑虹女士对我们的信任与鼓励。感谢辽宁师范大学贺孝教授审读了部分文稿，并提出中肯的意见。同时衷心希望该书对小学数学教育的前辈、同行有参考价值。

编者

2016 年 7 月

目 录
CONTENTS

第一章　小学数学课程的现代发展

没有实质内容的思想，是空洞的；没有概念的直观所见，是盲目的。

——康德

1. 理解课程的内涵与主要类型。
2. 掌握小学数学课程的总目标。
3. 掌握小学数学课程的核心概念。
4. 了解小学数学课程变革的主要趋势。

导入案例▶

　　"请你告诉我，我该走哪条路？"

　　"那要看你想去哪？"猫说。

　　"去哪儿无所谓。"爱丽丝说。

　　"那么走哪条路也就无所谓了。"猫说。

——刘易斯·卡罗尔

　　现实中，许多人都立志成为一名优秀的教师，但是不知道"该走哪条路"。因此，成长不仅需要目标，而且需要蓝图。在教师专业成长的旅途中，课程知识就是一张重要的蓝图。教师的课程知识[①]包括：第一，目标与内容的知识——有关教育目标与价值的哲学、教师本身及学生的特质与需求、社会与教育的环境脉络、学科材料知识、教学内容知识与教学法知识；第二，方法与过程的知识——学习经验的选择、学习经验的组织、课程的实施、课程评价。课程知识的形成是一个长期积淀内化的过程，本章以课程的基本理论为结构与要素，重点学习新一轮数学课程改革的基本理念和标准要求，并了解国际国内数学课程发展的动态与研究成果。

第一节　课程与小学数学课程

一、课程与数学课程

　　课程是伴随一个教育系统中的指导政策、文化价值观念发展起来的系统的文化产品。作为现代教育的核心，课程集中体现了一定社会的教育思想和教育理念。在微观层面，课程设计与发展（包括教科书）在许多教育体制中对于结构化课堂中教与学的内容发挥了重要作用。

（一）课程的含义与主要类型

　　根据课程论的研究，课程有多种含义，作为学校教育中的科目（或学科）是课程的基本含义。根据课程开发与管理的主体的不同，课程可以分为国家课程、地方课程与校本课程。

　　国家课程是指国家教育行政部门规定的统一课程，它体现国家意志，是专门为未来公民接受基础教育之后所要达到的共同素质而开发的课程。它是一个国家基础教育课程计划框架的主体部分，涵盖的课程门类和所占的课时比例与地方课程和校本课程相比是最多的，它在决定一个国家基础教育质量方面起着举足轻重的作用。

---

　　①　周淑卿. 教师的课程知识内涵及其对师资教育的意义. 课程与教学，2004(3)：129－142

例如，在小学阶段开设的数学、语文、外语、音乐、美术、体育、科学等都属于国家课程。

课程标准是国家课程的基本纲领性文件，是国家对基础教育课程的基本规范和质量要求，是教材编写、教学、评估和考试命题的依据，是国家管理和评价课程的基础。

地方课程是指地方各级教育主管部门以国家课程标准为基础，在一定的教育思想和教育理念指导下，根据地方社会发展的特殊需要，充分利用地方课程资源所设计的课程。例如，少数民族地区要开设少数民族的语言课程等。地方课程在充分利用地方教育资源、反映基础教育的地域特点、增强课程的地方适应性方面，有着重要的价值。

校本课程是以学校教师为主体，在具体实施国家课程和地方课程的前提下，通过对本校学生的需求进行科学评估，充分利用当地社区和学校的课程资源，根据学校的办学目标而开发的多样性的、可供学生选择的课程。校本课程的发展与国家课程和地方课程的发展，处于相互依存和互补的关系之中。从教师专业发展的视角看，校本课程的开发不仅促使教师成为课程的开发者，而且教师的教学活动是在一个以课程为核心的教育变革网络之中。

课程的现代发展表明，课程不再是简单地作为期望的政策和教育资源，而是贯穿学校教育的全过程：教科书，以及作为实施的、评价的、获得的课程。从这个意义上说，课程可以分为期望的课程(intended curriculum)、评价的课程(assessed curriculum)、实施的课程(enacted curriculum)、获得的课程(attained curriculum)四个水平。

期望的课程是指正式的文件中描述的，主要包括课程标准等课程资料，具有政策的地位。评价的课程是指调节学习过程与结果的评价内容与标准。实施的课程是指在学校课堂中实际教学的内容。获得的课程是指学生实际习得的。根据课程活动的不同层次，课程、教学与学习、评价是一个彼此相互联系和支撑的整体。经过教师选择后的课程内容，成为课堂上实际运用的课程内容，影响学生的学习内容和机会。从这个意义上说，教师是课程改革与实施的关键。

教学工作主要是面对学生，组织和发展他们的学习经验，其中自然包含了"教什么""如何教"以及"教的如何"的问题，因此教师的课程知识中有关理念、目标与内容的部分是与教学知识相融合的，是教学知识发展的基础。

(二)小学数学课程的性质

作为实现数学教育目标重要途径的数学课程，主要涉及课程性质、课程设计与内容选择等基本问题。例如，学习哪方面的数学对于学生是重要的？学校数学应如何组织以及构成能更好地促进教与学？在不同的年级阶段不同的数学内容主题应如何安排位置和顺序？显然，这些基本问题在很大程度上决定了学生在学校的学习机会和学习内容。

"数学是研究数量关系和空间形式的科学"[①]。作为科学的数学，是解决问题的工具、其他学科的基础、科学的语言，是人类文化的重要组成部分。作为课程的学校数学的性质是什么？《义务教育数学课程标准(2011年版)》(以下简称《课程标准(2011)》)明确指出：

"义务教育阶段的数学课程是培养公民素质的基础课程，具有基础性、普及性和发展性。"以及"人人都能获得良好的数学教育，不同的人在数学上得到不同的发展。"

这表明：第一，义务教育阶段数学课程将保证所有学生都平等地享有获得数学知识、发展数学素养的权利，从而获得一个积极的有责任感的公民实现自我价值和自身发展所必需的技能和态度；第二，数学课程是面向全体学生，是要求所有学生达到的基础；第三，以学生全面、持续、和谐发展为本，尊重教师、学生的个性与差异。

2015年4月修订的《中华人民共和国义务教育法》就强调了课程的规定性：

"学校和教师按照确定的教育教学内容和课程设置开展教育教学活动，保证达到国家规定的基本质量要求。"

二、数学课程标准与教材

在过去的几十年中，我国指导中小学数学教育的纲领性文件一直是教育部制定的《数学教学大纲》。2001年，小学和初中的数学教学大纲被义务教育阶段的国家数学课程标准取代，2003年又出台了高中数学课程标准。与我国以往的数学教学大纲相比，这份义务教育阶段的国家数学课程标准在形式上已经不再以规定教学内容和教学要求为主，而是囊括了课程设计理念、课程教育目标、内容选取标准、课程实施建议等方面的综合性指导文件。因此，将会给教师的日常工作带来更为详细而具体的指导。由于课程设计理念的重大变化，课程标准在内容上发生了全面的变化，并导致教材、教学以及评价等一系列环节的重大变化。

2011年12月颁布的《课程标准(2011)》是针对我国义务教育阶段的数学教育制定的。根据《中华人民共和国义务教育法》《基础教育课程改革纲要(试行)》的要求，《课程标准(2011)》以全面推进素质教育，培养学生的创新精神和实践能力为宗旨，明确数学课程的性质和地位，阐述数学课程的基本理念和设计思路，提出数学课程目标与内容标准，并对课程实施、教学、评价、教材编写提出建议。

在英国、美国等发达国家，数学课程改革正逐步走向一定程度的统一，都出现了国家意义下的数学课程。如2010年，由美国各州主导，全美州长协会和首席州立学校官员理事会共同发布了《州际核心数学课程标准》(*Common Core State Stand-*

---

① 中华人民共和国教育部. 义务教育数学课程标准(2011年版). 北京：北京师范大学出版社，2012

ards for Mathematics，CCSSM）。这份标准定义了美国 K-12 年级教育阶段学生所应该掌握的知识和技能。由于美国长期执行教育分权制度，之前联邦政府从未颁布过直接细化到课堂的教育政策。迄今为止，美国绝大多数州已推行《共同核心州立标准》，因此，它实际上扮演了国家课程的角色。而在东亚受儒家文化影响的国家中，数学课程改革正走向多元化和开放性。

教材是供教学用的资源材料，广义的教材是指教师和学生在课堂内外使用的所有与教学相关的材料，如课本、练习册、活动册、故事书等。狭义的教材即教科书。教科书是一个课程的核心教学材料，故教科书是教材的一部分而非全部。受到诸多因素的影响，至今教科书仍在中小学教育活动中拥有重要的地位，常常成为支配性的教学资源，深深影响着教师的教学活动和学生的学习内容与方式。目前，我国已建立和执行教材编写管理制度与教材审定制度。国家鼓励科研机构、高等学校、出版部门、社会团体和个人依据课程标准组织编写国家课程和地方课程规定的教材。

课程资源不仅是教科书，还包括学生生活、学校、社会、自然中所有有利于课程实施、有利于达到课程标准和实现教育目的的教育资源。开发内容丰富、形式多样的课程资源是学生自主探索、研究性学习的必要条件，是改变学生学习方式的保证。当前，要改变仅仅依靠教科书实施课程的做法，充分合理地利用校内外的各种课程资源。

三、数学课程与科学数学

一方面，作为课程的学校数学与作为科学的学校数学之间既有密切联系，同时又是不同的概念。数学课程作为期望每个学生学习的内容，保持了数学的基本性质，也包括了跨不同教育体系与文化背景的数学知识与逻辑。例如，无论在亚洲、非洲，都有"$3+2=5$，$2\times5=5\times2$"。另一方面，作为课程的学校数学在不同的教育体系下一般都有不同的规定和组织方式，不存在对所有学生、所有教育体系都适用的课程。两个概念的区别主要体现在：

第一，作为科学的数学，一般是从基本的概念和原理出发，进行严密的逻辑演绎。而作为课程的数学要从学生的知识经验出发，从学生的生活实际出发，呈现有关的内容。例如，对数学概念的认识，主要是从学生熟悉的具体的实物出发，让学生通过操作、演示等方式直观地学习。

第二，作为科学的数学，强调严格的论证和推导，以保证严谨性。而作为课程的数学，从学生学习的需要和接受能力出发，往往不做严格的论证，更多地通过列举的方式，用归纳的方法得出结论。例如，小学数学中学习加法和乘法的运算定律，就是用列举实例的方法，通过归纳得出的。

第三，作为科学的数学，有自身完整、系统的理论体系和逻辑顺序。而作为课程的数学，在不影响内容科学性的前提下，应当考虑儿童的认知规律，内容的组织需做适当的调整。

第二节　小学数学课程目标

　　课程目标是现代课程理论的一个重要概念。一般认为，它是教育目的的下位概念，是教学目标的上位概念，起着沟通转换作用。课程目标是课程本身要实现的、制度化的具体要求，体现了对某一阶段学生所应达到的规格，一般涉及认知、行为、情感态度三个维度的要求。课程目标是教材编写、教师教学、学生学习、教学评价的重要依据。

　　数学课程目标的制定主要依据国家的教育方针、数学的学科特点、学生的年龄特点。小学数学课程目标既是小学阶段的数学课程应该达成的目标，又是学生通过数学课程学习应该达成的目标。

　　在总结与反思我国课程改革以及近年来国际上数学课程改革发展的基础上，《课程标准(2011)》制定了义务教育阶段的数学课程目标。"课程目标"分为"总目标""总目标的四个具体方面"，以及"学段目标"三个部分。"总目标"带有全局性、方向性、指导性；"总目标的四个具体方面"，即知识技能、数学思考、问题解决、情感态度四个方面，也可以称为数学课程的四个具体目标；"学段目标"分三个学段叙述，每个学段也按照知识技能、数学思考、问题解决、情感态度这四个具体目标展开。整个义务阶段的数学课程在一个连贯的目标下发展。

一、小学数学课程总目标

　　《课程标准(2011)》对义务教育阶段的学生应达到的总目标做了如下明确规定：

　　"通过义务教育阶段的数学学习，学生能：

　　1. 获得适应社会生活和进一步发展所必需的数学的基础知识、基本技能、基本思想、基本活动经验。

　　2. 体会数学知识之间、数学与其他学科之间、数学与生活之间的联系，运用数学的思维方式进行思考，增强发现和提出问题的能力、分析和解决问题的能力。

　　3. 了解数学的价值，提高学习数学的兴趣，增强学好数学的信心，养成良好的学习习惯，具有初步的创新意识和科学态度。"

　　与之前的《数学教学大纲》《全日制义务教育数学课程标准(实验稿)》比较，数学课程目标的变化是：

　　第一，明确提出"基础知识、基本技能、基本思想、基本活动经验"(以下简称"四基")。

从社会需要出发，数学课程不仅要培养学生的知识与技能，更要加强能力和素养。"四基"作为一个有机的整体，是互相联系、互相促进的。基础知识、基本技能是数学课程的主要载体。数学基本思想是指对数学概念、数学结构以及数学方法的本质性认识。它蕴含在数学知识形成、发展和应用的过程中。在义务教育阶段，数学基本思想主要是指数学抽象的思想、数学推理的思想和数学模型的思想。史宁中教授提出："数学发展所依赖的思想在本质上有三个：抽象、推理、模型。……通过抽象在现实生活中得到数学的概念和运算法则，通过推理得到数学的发展，然后通过模型建立数学与外部世界的联系。"①因此，抽象、推理、模型是从数学产生、数学内部发展、数学外部关联三个维度上概括了对数学发展影响最大的基本思想。

数学基本活动经验是指学习主体通过亲身经历数学活动过程所获得的具有个性特征的经验。这里的数学活动是指伴随学生相应的数学知识学习而设计的观察、试验、猜测、验证、推理与交流、抽象概括、数据搜集与处理、问题反思与建构等。数学活动经验的形成还重在积累，在长期的活动实践中所获得的丰富而有价值的经验是形成智慧、进行创新的重要基础。

第二，针对应用意识和实践能力的培养，明确提出"发现和提出问题的能力、分析和解决问题的能力"（以下简称"四能"）。

在具体情境中能从数学角度发现问题和解决问题，是数学素养的基本要素。学生主动应用数学知识的意识包括：在实际情境中发现问题和提出问题的意识；主动应用数学知识解决问题的意识②。

发现问题，要求学生逐步学会用数学的眼光看待日常生活和环境，寻找其在数量或者空间方面的某些联系。提出问题，是在已经发现问题的基础上采用恰当的数学语言、符号对问题做进一步的数学抽象，建立数学模型。学生能主动应用数学知识，对于数学思维能力的发展具有重要意义。

第三，针对数学课程的特点，明确提出"体会数学知识之间、数学与其他学科之间、数学与生活之间的联系"。

学生对数学有比较全面的了解，对于树立正确的数学观是十分重要的。20 世纪中叶以来，由于计算机和现代信息技术的飞速发展，数学和数学应用都得到了前所未有的发展，数学几乎渗透到每一个学科领域和人们日常生活的每一个角落。因此，数学是科学的语言、其他学科的基础、解决问题的工具；数学是培养人们养成良好思维习惯的重要载体；数学是人类文化的重要组成部分。

在数学的历史发展中可以看到两种力量的作用：外部力量作用和内部力量作用。这与生物进化十分相似，因此一些学者就把这两种力量称为数学发展的"环境力量"和"遗传力量"。在数学的早期发展中可以明显地看到"环境力量"的作用，如由于丈

---

① 黄翔，童莉，等. 义务教育数学课程目标的新变化. 课程·教材·教法，2013(1)：29—33

② 王尚志，孔启平. 培养学生的应用意识是数学课程的重要目标. 数学教育学报，2002(2)，43—45

量土地的需要直接导致古代几何学的发展。除早期的发展外，促进数学发展的外部力量主要是其他科学。但从整体上看，数学的发展主要取决于数学的"遗传力量"：符号化、抽象化、一般化、一体化、多样化等，简单地说，就是在已有的数学工作的基础上，进一步提出新的问题。

第四，针对学科精神的培养，明确提出"养成良好的学习习惯""具有初步的创新意识和科学态度"。

良好的学习习惯是高质量数学学习的前提和条件。创新意识是一种主动去探索、发现的心理倾向。科学态度主要是指"坚持真理、修正错误、严谨求实"。通过高质量的数学学习，不仅能增长知识技能，而且有利于学生学会思考的方法、养成坚持不懈和好奇的习惯，有信心面对课堂内外不熟悉的情境，并潜移默化地形成科学态度。

这一课程目标，是基础教育总体目标的延续与深化，充分体现了时代感和人文气息。从数学课程目标的要求来看，数学课程应满足学生未来生活、工作和学习的需要，使学生掌握必需的数学基础知识和基本技能，发展学生的抽象思维和推理能力，培养学生的应用意识和创新意识，使学生在情感、态度与价值观等方面都得到发展。

二、小学数学课程具体目标

根据数与代数、图形与几何、统计与概率、综合与实践四个内容的不同特点，具体目标对实现总目标所需的知识技能、数学思考、问题解决、情感态度四个方面分别进行了阐述。表示目标层次的行为动词有两类：使用"了解、理解、掌握、运用"等术语表述学习活动结果目标的不同水平；使用"经历、体验、探索"等术语表述学习活动过程目标的不同程度。这种设计强调了获取知识技能的过程同样是重要的课程目标。

总目标从以下四个方面具体阐述：

知识技能	·经历数与代数的抽象、运算与建模等过程，掌握数与代数的基础知识和基本技能。 ·经历图形的抽象、分类、性质探讨、运动、位置确定等过程，掌握图形与几何的基础知识和基本技能。 ·经历在实际问题中收集和处理数据、利用数据分析问题、获取信息的过程，掌握统计与概率的基础知识和基本技能。 ·参与综合实践活动，积累综合运用数学知识、技能和方法等解决简单问题的数学活动经验。

数学思考	·建立数感、符号意识和空间观念，初步形成几何直观和运算能力，发展形象思维与抽象思维。 ·体会统计方法的意义，发展数据分析观念，感受随机现象。 ·在参与观察、实验、猜想、证明、综合实践等数学活动中，发展合情推理和演绎推理能力，清晰地表达自己的想法。 ·学会独立思考，体会数学的基本思想和思维方式。
问题解决	·初步学会从数学的角度发现问题和提出问题，综合运用数学知识解决简单的实际问题，增强应用意识，提高实践能力。 ·获得分析问题和解决问题的一些基本方法，体验解决问题方法的多样性，发展创新意识。 ·学会与他人合作交流。 ·初步形成评价与反思的意识。
情感态度	·积极参与数学活动，对数学有好奇心和求知欲。 ·在数学学习过程中，体验获得成功的乐趣，锻炼克服困难的意志，建立自信心。 ·体会数学的特点，了解数学的价值。 ·养成认真勤奋、独立思考、合作交流、反思质疑等学习习惯。 ·形成坚持真理、修正错误、严谨求实的科学态度。

知识技能、数学思考、问题解决、情感态度四个方面不是割裂的，而是一个密切联系、相互支撑的有机整体，反映了学生全面发展的本质。

问题解决不仅需要数学知识技能，而且总是伴随数学思考、表征、交流、推理和建立联系等活动。数学活动经历及其情感体验是发展学生对数学以及数学学习价值观的基础，影响他们学习数学的兴趣、动机、意志和自信心。积极的情感体验，又会促进学生主动学习与探索。

课程目标仍处于宏观的指导地位。在教学计划与实施中，教师需要根据课程目标、学校实际情况进一步制定相应的学期课程、单元课程、不同课时的目标，把课程目标转化为可实施的教学目标以及学生的学习目标。

三、小学数学课程目标的变革与发展

数学课程目标随着时代的发展、学习者的需要以及人们对数学的理解与认识而不断变化。从 20 世纪 80 年代末开始，世界各主要发达国家纷纷对数学教育的发展历程进行全面的反思，相继提出数学教育发展纲要和数学课程改革方案。各国在数学课程目标的表述上虽然存在差异，但从中也反映出许多共同的特点：第一，更加关注人的发展，关注学生数学素养的提高；第二，强调面向全体学生，从精英转向大众；第三，关注学生的个性化、差别化与弹性；第四，注重联系现实生活与社会；第五，突出问题解决、推理、交流与表征在数学学习中的作用。

第三节 小学数学课程体系

一、小学数学课程组织

课程目标的实现，需要有相应的课程内容作载体和保障。选择什么样的课程内容才最有价值？如何组织课程内容才科学、合理？总的来看，影响和制约数学课程及目标的重要因素来自数学、社会和学生三个方面。

(一)数学课程内容应反映社会的进步与需要

在信息社会，对于公民简单计算能力的要求已经降低，但对于解释、评价和理解各种情境中的数量信息的要求大大提高。各类图、表与统计数据出现在电视与报刊上，要求公民能根据数量进行推理，能从各类社会问题的数据中做出正确推断，能感知各类模式，能解决非常规问题。总之，信息社会中的人们比以往任何时候都需要掌握数学思考，数学成为公民必需的文化素养，数学教育大众化是时代的要求。数学课程应帮助学生理解数学在社会发展中的作用。

(二)数学课程内容应反映重要的数学，体现数学科学的特点

重要的数学是指那些"在理解其他数学观念上，在综合不同领域的数学上，或者在加深学生对数学作为一门学科和作为人类创造活动的理解上起着重要作用"的数学。数学的高速发展使得数学的定义与范围更加宽广，应用数学的方式也不断发生变化。数学的内涵不仅包括数学的结果，也包括数学结果的形成过程和蕴含的数学思想方法。数学活动是一个发现问题，构造模式，表征与推理，调整与改进的动态过程。在探索非常规问题的解题策略时，常常伴随猜想、实验，合作讨论以及结果交流。

根据数学科学的要求，数学课程还应该是连贯的。连贯的数学课程需要恰当地组织和综合重要的数学观念，以使学生了解这些观念是如何建立在其他观念之上，并如何相互关联的，从而加深理解。

(三)数学课程内容应符合学生的认知规律和心理特征

学生的数学学习应该基于"现实数学"，它包括两方面含义：第一，学校数学具有现实的性质：数学来自于现实生活，再运用到现实生活中去；第二，学生应该用现实的方法学习数学，即学生通过熟悉的现实生活自己逐步发现和得出的数学结论。入学前，许多儿童就已经具备了大量的、非正规的数学知识，形成了对许多数学概念的初步认识。儿童的兴趣与日常活动是他们数学思维发展的自然载体，如果课程与教学能适当地与儿童的生活经验建立联系，就能够激励他们探索与规律、形状、数字和图形有关的概念，进一步发展正规的数学语言与规则。

根据学生的认知发展，课程内容的组织应贴近学生的实际，有利于激发学生的学习兴趣，有利于学生体验与理解、思考与探索；应处理好直观与抽象的关系，让学生体验从实际背景中抽象出数学问题、构建数学模型、解决问题的过程。

数学课程还应明确各学段或年级的内容安排，并为何时保证学生对某些概念和技能达到某一深度提供学习指导。

二、小学数学课程内容与核心概念

《课程标准(2011)》对数学内容进行了整合，并将九年义务教育阶段作为一个整体来设计，分为三个学段。第一学段(1~3年级)和第二学段(4~6年级)相当于小学阶段。内容总体上分为四个领域：数与代数、图形与几何、统计与概率、综合与实践。它们不是相互孤立的课题，而是一些相互交织的数学分支。

为了在具体的课程内容与课程的总体目标之间建立起更紧密的联系，课程标准提出了10个核心概念：数感、符号意识、空间观念、几何直观、数据分析观念、运算能力、推理能力、模型思想、应用意识和创新意识。

(一)数与代数——建立数感和符号意识，发展运算能力，树立模型思想

"数与代数"的主要内容有：数的认识，数的表示，数的大小，数的运算，数量的估计；字母表示数，代数式及其运算；方程、不等式、函数等。

数感主要是指"关于数与数量、数量关系、运算结果估计等方面的感悟"。建立"数感"有助于学生理解各类情境中数与数量关系的意义。

符号意识包括三方面含义：第一，能够理解并且运用符号表示数、数量关系和变化规律；第二，知道使用符号可以进行运算和推理，得到的结论具有一般性；第三，理解符号的使用是数学表达和进行数学思考的重要形式。概括起来，符号意识的要求具体体现于符号理解、符号操作、符号表达、符号思考四个方面。

建立"符号意识"有助于学生理解符号的使用是数学表达和进行数学思考的重要形式。

运算能力主要是指"能够根据法则和运算律正确地进行运算的能力。培养运算能力有助于学生理解运算的算理，寻求合理简洁的运算途径解决问题"。

模型也是"数与代数"的重要内容，方程、方程组、不等式、函数等都是基本的数学模型。从现实生活或者具体情境中抽象出数学问题，是建立模型的出发点；用符号表示数量关系和变化规律，是建立模型的过程；求出模型的结果并讨论结果的意义，是求解模型的过程。

(二)图形与几何——建立空间观念，发展几何直观与推理

"图形与几何"主要内容有：空间和平面基本图形的认识，图形的性质、分类和度量；图形的平移、旋转、轴对称、相似和投影；平面图形基本性质的证明；运用坐标描述图形的位置和运动。

空间观念是指"根据物体特征抽象出几何图形，根据几何图形想象出所描述的实际物体；想象出物体的方位和相互之间的位置关系；描述图形的运动和变化；依据语言的描述画出图形等"。

几何直观是指利用图形描述几何或者其他数学问题、探索解决问题的思路、预测结果。在许多情况下，借助几何直观可以把复杂的数学问题变得简明、形象。

推理是数学的基本思维方式，一般包括合情推理和演绎推理。合情推理是从已有的事实出发，通过归纳和类比等推测某些结果，是由特殊到一般的过程。演绎推理是从已有的事实(包括定义、公理、定理等)出发，按照规定的法则(包括逻辑和运算)验证结论，是由一般到特殊的过程。在解决问题的过程中，合情推理有助于探索解决问题的思路、发现结论；演绎推理用于验证结论的正确性。

几何直观和推理不仅在"图形与几何"的学习中发挥着不可替代的作用，并且贯穿在整个数学学习中。

(三)统计与概率——建立数据分析观念

"统计与概率"的主要内容有：收集、整理和描述数据，包括简单抽样、整理调查数据、绘制统计图表等；处理数据，包括计算平均数、中位数、众数、方差等；从数据中提取信息并进行简单的推断；简单随机事件及其发生的概率。

数据分析观念包括"了解在现实生活中有许多问题应当先做调查研究，收集数据，通过分析做出判断，体会数据中蕴含着信息；了解对于同样的数据可以有多种分析的方法，需要根据问题的背景选择合适的方法；通过数据分析体验随机性，一方面对于同样的事情每次收集到的数据可能不同，另一方面只要有足够的数据就可能从中发现规律"。

(四)综合与实践——培养应用意识与创新意识

"综合与实践"是一类以问题为载体、以学生综合运用"数与代数""图形与几何""统计与概率"等知识和方法解决问题，自主参与为主的学习活动。"综合与实践"的教学活动应当保证每学期至少一次，可以在课堂上完成，也可以课内外相结合。

学生的应用意识主要体现在：一方面，能主动尝试着从数学的角度运用所学知识和方法寻求解决问题的策略；另一方面，认识到数学在现实世界中有着广泛的应用。

具有应用意识的学生，善于把问题与已有的数学知识联系起来，并积极进行思考，主动地解决问题。数学学习中的创新性主要表现为通过探索，去发现数学课程中的一些结论。《课程标准(2011)》从基础、核心、方法三个方面指明如何培养创新意识：

"学生自己发现和提出问题是创新的基础；独立思考、学会思考是创新的核心；归纳概括得到猜想和规律，并加以验证，是创新的重要方法。"

不同领域的数学内容一般侧重体现不同的核心概念。因此，教师应研究内容与哪些核心概念之间有联系，并在教学中予以更多的关注。

三、小学数学课程的变革与发展

由于数学在科学技术发展、社会进步中的重要作用，20 世纪 80 年代以来，许多国家纷纷提出数学教育改革的新观点、新方案。数学教育的观念、数学内容和方法发生了深刻的变化，分析当前国际数学课程改革的一些共同的趋势和热点，对于认清数学教育的基本方向有重要意义。

(一)强调数学课程的应用性和实践性

数学课程的应用性和实践性成为国际数学课程改革的一个基本趋势，许多国家都在数学课程中增加现代数学中具有广泛应用性的内容，注重从生活实际和学生知识背景中提出问题，结合生活中的具体实例进行数学知识的教学，增强课堂教学中的操作、实验等实践环节。其目的在于让学生认识数学的意义和价值，培养学生创造自己的数学知识的能力，并树立起对自身数学能力的信心。

例如，"现实数学观点"得到国际数学教育界的普遍认同。20 世纪 90 年代初开始，几乎所有的荷兰中小学生都在使用根据现实数学教育思想编写的数学课本。

"问题解决""建模"在许多国家的课程中都占据着重要地位。把"作为问题解决的数学"作为各个学段数学课程的首要标准。在坚持"通过解决问题掌握新的数学知识；解决在数学及其他情境中出现的问题；采用各种恰当的策略解决问题"的基本观点的同时，进一步明确"问题解决不仅是学习数学的一个目标，也是学习数学的一种主要方式"。这里的"问题"不限于纯粹的数学题，特别是不同于那些仅仅通过"识别题型、回忆解法、模仿例题"等非高水平思维性活动就能够解决的"题"。问题情境可以涉及学生的日常经验，也可以涉及科学和实际应用，其核心都是需要学生通过"观察、思考、猜测、交流、推理"等富有思维成分的活动才能够解决的。

"问题解决"研究的新发展更加强调数学知识、观念与问题解决的同时发展，即通过问题解决来学习数学，通过创造数学来学习问题解决。数学建模是创造数学的主要途径，它是一个构造、修正数学解释或者数学思维和程序的情境，使学生能够检验和反思数学问题解决的过程。

数学应用在英国数学课程标准中被确定为单独的数学目标，在所有的四个学段都对学生进行应用能力的系统训练。英国国家课程委员会要求所有学校由低年级起就重视数学应用能力的培养，让学生在处理实际问题，进行合作交流等丰富的活动中，发展其数学应用能力和对数学的理解。英国国家数学课程还强调开放性问题的作用，要求变封闭问题为开放问题。

(二)重视以学生为主体的活动

"做数学"的理论基础是建构主义理论，认为学生学习数学是一个经验、理解和反思的过程，强调了以学生为主体的学习活动对学生理解数学的重要性。

例如，数学经验活动是许多东亚国家和地区数学课程改革的基本内容。我国台湾地区数学课程改革的一个基本理念是强调以学生为本位来加以安排，认为只有在学生主动参与教学活动下学习才会发生。日本新数学课程改革的一个基本特点是提倡具有愉快感、充实感的数学学习活动。日本文部省发布的《第七次中、小学学习指导纲要》认为"活动是儿童的天性"，让他们积极地投入到活动中学习数学是很重要的。其中提供了大量学生主体性活动的指导，如户外活动、制作活动、调查活动、应用活动、综合知识的活动、探究活动、提出新问题的活动等。

(三)数学交流与表征

交流与表征都与数学语言的发展与应用有密切的联系。通过交流，学生可以组织和巩固他们的数学思维；与同伴、教师分享他们的数学思维；分析和评价他人的数学思维。表征是指用某种形式表达数学概念或关系的过程，也指形式本身。图、图像、符号表达式一直是数学课程的一部分。例如，$y=2x$ 就是一种表征。全美数学教师理事会 2000 年发布的《美国学校数学教育的原则和标准》[1]中要求学生"创造和利用各种数学表征来组织、记录和交流数学观念；选择、应用和互换各种数学表征方法解决问题；应用表征模拟并解释物理的、社会的和数学中的现象"。荷兰数学课程中，小学的一般性目标是要求学生"获得基本的技能，懂得基本的技能，懂得简单的数学语言，并能应用于实际情形"。

(四)数学与其他学科的综合

数学与其他学科的联系与综合是近年数学课程改革又一个值得注意的特点。这一趋势在英国国家数学课程标准、日本的课题综合学习和荷兰新课程标准目标的跨学科目标中体现得尤为清楚。

例如，英国国家数学课程要求，学校要研究数学和其他学科的关系，通过课程综合全面发展学生的数学素质。日本数学课程中课题学习是学习指导纲要中新增设的内容，同样体现了数学课程综合化的趋势。在数学课程中设置综合学习的目的是多方面的：学生综合地运用各科知识和技能，形成综合解决问题的能力；培养自己发现问题的意识、思考判断能力，掌握信息的收集、调查、总结的方法；培养以问题解决、探究活动为主的创造能力。荷兰的数学课程标准提出了跨学科目标的基本概念，跨学科目标在课程标准中具有较高地位，反映了课程综合的基本理念。

(五)信息技术应用于数学教育

信息技术的发展对数学教育的价值、目标、内容以及教学方式产生了很大的影响。例如，我国香港中学数学大纲强调信息科技可在数据分析、模拟工具、图像显示、符号运算及观察规律等多方面应用于数学教学。英国国家数学课程标准要求给学生提供适当的机会来发展应用信息技术学习数学的能力。英国数学课程强调数学

---

[1] （美)全美数学教师理事会.美国学校数学教育的原则和标准.蔡金法，等，译.北京：人民教育出版社，2004：58—68

和信息技术的综合和交叉，信息技术可以被运用于数学教学中，并对学生的学习提供帮助，使数学知识和计算机知识相互支持与补充。《美国学校数学教育的原则和标准》(2000)明确提出了"技术原则"，强调科学技术与数学教学过程相结合，并提供大量的形象化电子版的数学例子，使得教师懂得怎样在教学实践中去运用信息科技。中国的《课程标准(2011)》在课程基本理念中也明确指出："数学课程的设计与实施应根据实际情况合理地运用现代信息技术，要注意信息技术与课程内容的整合，注重实效。"

本章回顾

本章以国内外数学课程研究为基础，以《课程标准(2011)》为依据，主要介绍了当前小学数学课程的基本理论及其发展趋势，包括课程的内涵与分类、小学数学课程的性质与基本理念、小学数学课程目标的设计与发展、小学数学课程内容的选择、组织与发展。本章旨在为教师的数学课程知识的发展提供一条基本的线索。

关键术语

课程　数学课程　课程目标　课程内容　核心概念

思考题

1. 简述你对数学课程的理解。
2. 简要分析你对《课程标准(2011)》总目标的理解。
3. 简要分析《课程标准(2011)》中 10 个核心概念的内涵是什么。
4. 简要分析小学数学课程的选择与组织的依据是什么。

案例研究

"圆柱的体积"教学案例(片段)

师：圆柱有大有小，你觉得圆柱体积应该怎样计算呢？

生：(绝大部分学生举起了手)底面积乘高。

师：那你们是怎样理解这个计算方法的呢？

生1：我是从书上看到的。

(举起的手放下了一大半。很明显，大部分同学都看到或听到过这个结论，却并不理解实质的含义。但仍有几位学生的手高高举起，跃跃欲试，脸上的神情告诉老师：他们有更高明的答案。老师便顺水推舟，让他们来讲。)

生2：我是这样思考的：长方体、正方体和圆柱它们都是立体图形，体积都是指它们所占空间的大小。而长方体、正方体的体积都可以用底面积乘高来计算，所以我想计算圆柱的体积时也应该可以用底面积乘高吧！

师：你能迅速地把圆柱与以前学过的长方体、正方体联系起来，进而联想到圆柱的体积计算方法，真行！当然这仅是你的猜测，要是再能证明就好了。

生3：我可以证明。推导长方体体积公式时，我们是采用摆体积单位的方法，用每层个数（底面积）乘层数（高），现在求圆柱体积我们也可以沿袭这种思路，在圆柱内部同样摆上合适的体积单位，用每层个数乘层数，每层的个数也就是它的底面积，摆的层数也就是高。那不就证明了圆柱体积的计算公式就是用底面积乘高吗？

（教室里立刻响起了热烈的掌声，许多同学被他精彩的发言折服了，理性的思维散发出诱人的魅力。）

师：你真聪明，能用以前学过的知识解决今天的难题！（这时举起的手更多了。）

生4：我有个想法不知是否可行，在推导圆面积计算方法时，我们是把圆转化成了长方形，圆柱的底面就是一个圆，所以我就想是否可以把圆柱转化成长方体呢？

师：（跷起了大拇指）你这种想法很有意思！等会你可以试一试，想想怎样分割能把一个圆柱体转化成近似的长方体。

生5：我还有一种想法：我们可以把圆柱看成是无数个同样大小的圆片叠加而成的。那么圆柱的体积就应该用每个圆片的面积乘圆的个数。圆的个数也就相当于圆柱的高。所以我认为圆柱的体积可以用每个圆的面积（底面积）乘高。

师：了不起的一种想法！（老师情不自禁地鼓起了掌。）

生6：我看过爸爸妈妈"扎筷子"。把十双同样的筷子扎在一起就变成了一个近似的圆柱。我们可以把每根筷子看成一个长方体，那么扎成的近似圆柱的体积应该是这二十个小长方体的体积之和。又因为它们具有同样的高度，运用乘法分配律，就变成了这二十个小长方体的底面积之和乘高。

师：你真会思考问题！

生7：我还有一种想法：学习圆的面积时我们知道，当圆的半径和一个正方形的边长相等时，圆的面积约是这个正方形的3.14倍。把叠成这个圆柱的无数个圆都这样分割，那么圆柱的体积不也大约是这个长方体的体积的3.14倍吗？长方体的体积用它的底面积乘高，圆柱的体积就在这基础上再乘3.14，也就是用圆柱的底面积乘高。

生8：把圆柱形状的橡皮泥捏成等高长方体形状的橡皮泥，长方体体积用底面积乘高来计算，所以计算圆柱的体积也是用底面积乘高吧！

师：没想到一块橡皮泥还有这样的作用，你们可真是不简单！

……

整节课不时响起孩子们热烈的掌声。

阅读上面的教学案例，思考并回答下面的问题：

(1)根据《课程标准(2011)》,这节课的内容属于哪个模块?在哪个学段?课标的内容要求是什么?

(2)说一说教师指导学生学习的行为有哪些。请解释你的回答。

(3)说一说学生参与学习的表现如何。请解释你的回答。

(4)这个教学案例片段体现了课程标准的哪些理念和要求?请解释你的回答。

拓展阅读

1. 黄翔,童莉,等. 义务教育数学课程目标的新变化. 课程·教材·教法,2013(1)。

文章不仅揭示了义务教育数学课程目标变化的背景与必要性,而且全面剖析了变化的具体内容与实质。

2.(美)全美数学教师理事会. 美国学校数学教育的原则和标准. 蔡金法,等,译. 北京:人民教育出版社,2004。

这是全美数学教师理事会对 1989 年出台的《学校数学的课程与评价标准》的改进和完善,介绍了许多新的有关教学、学习、评估、课程,及现代科技等方面的观点,但我们的基本立场是借鉴和参考书中的观点和思想,以便更深入地理解数学课程目标与内容的发展趋势。

第二章　小学数学教与学的基本理论

数学是思维的科学。

——N. Weiner

只要儿童没能对自己的活动进行反思，他就达不到高一级的层次。

——弗莱登塔尔

教师在课堂上讲什么当然重要，然而学生想什么却更是千百倍地重要。

——波利亚

1. 了解小学数学学习及其特征。
2. 能把握数学的本质，树立辩证动态的数学观。
3. 掌握数学学习、教学及解题理论。

导入案例 ▶

年近花甲的哲学教授在上最后一课。课快上完时他拿出了一个大玻璃瓶，又先后拿出一袋核桃，一袋芝麻。他说："我今天给你们做一个实验，希望每个人能一辈子记住这个实验的结果。"在座的同学感到很奇怪，哲学课还要做实验吗？

教授把核桃倒进玻璃杯中，直到一个也塞不进去为止。这时候他问："现在瓶子满了吗？"学过哲学的同学已经有了几分辩证思维。"如果说装核桃的话，它已经装满了。"教授又拿出芝麻填充了核桃留下的空间，然后笑着问："你们能从这个实验中概括出什么哲理吗？"同学们一个个开始发言，有人说这说明了世界上没有绝对的满，只有相对的满。有人说这说明时间像海绵里的水，只要想挤，总是可以挤出来的。还有人说这说明了空间可以无限细分。

最后，老教授说："大家说得都很有道理，不过还没有说出我想让你们领会的道理来。如果我先装的是芝麻，那么芝麻装满后还能装核桃吗？你们想想看，人生有时候是不是也是如此，我们经常被许多无关紧要的小事困扰，看着人生就淹没于这些琐细的事物之中。到了最后，却往往忽略了去做那些真正对自己重要的事情。结果，白白浪费了许多宝贵的时间。所以，我希望大家能够记住这个实验，如果芝麻先塞满了，就装不下核桃了。"

一片静默之中，同学们陷入了沉思。

亲爱的读者，这个故事能给我们什么启发呢？作为（未来的）小学数学教师，指导我们数学教育教学工作的重要观念有哪些？关于教育、数学、学生及数学的教与学，先辈们已经总结出哪些理论知识供我们借鉴，而不需我们从头摸索呢？让我们走进本章，去捡拾属于你的"核桃"吧。

作为教育工作者的小学数学教师，除了具备一般性数学学科知识之外，有效的数学教学需要什么形态的知识？美国"教师与教师教育"小组负责人 Ball 教授和她的团队提出了"教学需要的数学知识"，指的是教学中特别有用的数学知识[①]。

"教学需要的数学知识"主要包括：学科知识可以分成一般的知识（Common Content Knowledge，CCK）、专门的内容知识（Specialized Content Knowledge，SCK）以及横向的内容知识（Horizon Content Knowledge，HCK）。教学内容知识可以分成内容与学生的知识（Knowledge of Content and Student，KCS）、内容与教学知识（Knowledge of Content and Teaching，KCT）和内容与课程知识（Knowledge of Content and Curriculum，KCC）。

第一，一般的内容知识，是指接受过良好教育的人拥有的数学知识和技能，是一种"纯"的数学知识，它不是教学工作所特有的，其他工作也同样需要。譬如，教

---

① 黄兴丰. 介绍 Ball 研究小组"数学教学需要的学科知识"之研究. 台湾数学教师电子期刊，2009(18). 内容有改动

师必须理解所教的素材，必须识别学生的错误答案、不精确的定义，必须正确使用专业术语和符号。回答下列问题都需要一般的内容知识：①哪个数在1.1和1.11之间？②正方形是不是长方形？③0能不能做除数？④平行四边形的两条对角线一定互相垂直吗？

第二，专门的知识是指教师为了教学而必须具备的一种独特的数学知识。教师在分析学生的错误，或在判断非标准的算法是否可以推广的时候，不仅要判断学生呈现的计算结果是否正确，而且更为重要的是，还要判断学生使用的方法是否合理。倘若学生的方法不合理，教师还要进一步了解学生"不合理"的具体原因；倘若学生创造出了一种新方法，教师还要思考这种方法的可推广性。回答下列问题都需要专门的内容知识：①为什么异分母分数相加减，首先要通分？②如何用图形来表示 $2 \div \frac{2}{3}$？教师几乎每天都遇到诸如此类的问题。教师要发展这种知识就需要对数学的逻辑性、实证性、思想性、创造性、工具性、文化性和精神性有一定的认识与实践，将在本章的第一节讨论。

第三，内容与学生的知识，把关于学生和数学这两个方面的知识交叉组织在一起，形成一种实践性知识。教师必须能估计学生可能的想法，可能遇到的困难。在举例的时候，要考虑到学生对此是否感兴趣。在布置任务的时候，要考虑到学生可能的做法，也要考虑任务的难度对学生而言是否合适。教师必须会倾听学生的解释，领会学生各种尚不成熟的想法。所有这些任务不但需要理解具体的数学内容，而且还要了解学生以及他们的数学思维方式。将在本章第二节讨论。

第四，内容与教学的知识，联合了关于数学和教学这两个方面的知识。譬如，教师安排数学内容的教学顺序，先选择哪些例子引入教学，然后再选择哪些例子加深学生的理解。再有，教师应当有能力估计概念表征所起到的正反双方面的教学作用，了解不同的数学方法和过程所能提供的教学意义。这每一项任务不但需要教师理解具体的数学内容，而且也需要他们理解教学的原理，并同时把这两种知识运用到具体的数学任务中去。将在本章第三、四节以及第三章讨论。

第一节　数学与小学数学教育

一、数学的本质与特征

(一)数学的本质

什么是数学？数学难道不就是中小学的数与代数、几何、概率、函数等，乃至大学的微积分、抽象代数、解析几何，等等？当然，所有这些都属于数学的范围，但我们显然不能满足于如此简单的罗列，而应清楚数学的本质，这是数学教育的根本问题，也是每个数学教师应该具有的学科知识。

《课程标准(2011)》的前言部分第一句话："数学是研究数量关系和空间形式的科学。"

这主要从研究对象的特点来刻画数学。数学通常被归属于自然科学的范围，从现代数学的发展来看，数学是一门描述规律和关系的科学。数学探索抽象概念之间的关系，而不考虑这些抽象概念是否在现实世界中有对应物。数学思考一般从抽象化开始，就是发现两个或更多物体或事件的相似性。它们相同的方面可以用符号表示，如数字、字母、标记、图表、几何结构，甚至文字(方程或方程组、函数)，从而形成更抽象的概念。例如，数"1"：是对一个人、一棵树、一间房等事物的数量特性的刻画；形"圆"：是对现实世界中圆形的十五的月亮、圆形的水池、圆形的车轮等，这类事物都具有的形的特性的刻画。它们都是抽象思维的产物。实际上，现实世界里并不存在作为数学的研究对象的"1"和"圆"。其他的数学概念也如此。从这个意义上说，数学是理论的数学。理论数学研究的途径是：在每个分支领域先发展出一些基础概念和公理，然后根据逻辑的方法，演绎出该领域里其他有趣的规律或法则。

数学也是一门应用科学。许多数学家也致力于解决源自生活经历的问题，他们同样是寻找规律和关系，并使用与在理论数学研究中相似的方法技术，区别只是更具目的性。比如说，"质数之间的间隔有规律吗?"作为一个理论问题，数学家只对发现其中的规律或证明存不存在规律感兴趣，而不关心这个知识有什么用处。应用数学研究质数的间隔可能是为了研发一种新的数字信息编码系统，而不仅仅是研究抽象问题。

随着数学的发展，曾经独立发展的学科之间的关系越来越多地得到揭示。比如，用符号表示的代数学和用空间表示的几何学。这些交叉关联使得人们的洞察力深入到更广泛的领域；而这些领域又联合起来加强了人们对整个数学体系的正确性和内在统一性的信心。数学之美并不在于发现其中的艰深复杂，正好相反，而是表达和证明的简单明了。

数学是一种文化。"数学是人类文化的重要组成部分，数学素养是现代社会每一个公民应该具备的基本素养。"——《课程标准(2011)》。数学确实是人创造的，是抽象思维的产物，具有特定的文化价值，是人类文化的重要组成部分，正如音乐不仅仅是音符节拍，绘画不仅仅是线条和颜色，数学也不仅仅是一些公式、规则、方程式的堆砌，数学同各种艺术形式一样，是人类一种创造性活动的结果。数学的文化教育功能体现在：数学是一种思想体系、一种思维方法，数学是一种理性思维、精神，数学是一种创新精神。

(二)数学的特征

对数学学科具有的特征，人们有着不同的看法，郑毓信教授从数学哲学的视角提出了数学五个方面的特征，即：

数学对象的特征：思想材料的形式化抽象；

数学思维的特征：直觉创造与逻辑演绎的结合；

数学知识的特征：通用简约的科学语言；

数学应用的特征：数学模型的技术；

数学语言的特征：简洁准确普遍。

综上所述，对于"什么是数学"这样一个问题并不存在最终的、绝对的解答。事实上，数学的知识成分（静态的数学观）有理论、方法、问题、符号语言等。其观念成分（动态的数学观）应被看成人类的一种创造性的活动，逻辑与直觉构成了数学学习的双翼，数学是可猜的、可错的，严格是相对的，证明是可反驳的。

二、小学数学的特点

数学教师经过十几年的数学学习，能理解到数学的本质和特征，而小学生的认知水平却不能，特别是抽象和形式的数学是小学生不能接受的，小学数学必然要立足小学生的认知特点、生活经验、兼顾数学的本质，并成为达至数学教育目标的载体，所以小学数学的特点属于数学、学生与课程的观念性知识，可概括为以下三点。

（一）生活性

儿童的生活中处处有数学，数学就在他们碰到的所有现象中，他们遇到的所有问题中，正如弗莱登塔尔所言：数学的根源在于普通的常识，在数学教育中，更值得推荐的是，从普通常识的概念开始。因此小学数学不应是外在的知识，让学生感到陌生。从某种意义上说，小学生为了了解他们周围的世界而需要学习数学，并通过问题解决的过程来发展自己的数学思维能力。就学生而言，数学是他们日常生活的一部分，这就决定了小学数学学习的基本方法是对日常生活经验、现象、常识的抽象概括和逻辑归纳。

【案例 2-1】 这是四年级的一堂数学课，教师要求学生求解这样一个问题："52型拖拉机，一天耕地150亩，问12天耕地多少亩？"

一位学生是这样解题的：52×150×12＝……

接下来就出现了这样的师生对话："告诉我，你为什么这么列式？""老师我错了。""好的，告诉我，你认为正确的该怎样列式？""除。""怎么除？""大的除以小的""为什么是除呢？""老师，我又错了。""对的该是怎样呢？""应该把它们加起来。"显然，这位学生是在瞎猜。

为了帮助学生找到正确解答，老师开始启发："我们换一个题目，比如，你每天吃两个大饼，5天吃几个大饼？""老师，我早上不吃大饼的。""那你吃什么？""我经常吃粽子。""好，那你每天吃两个粽子，5天吃几个粽子？""老师，我一天根本吃不了2个粽子。""那你能吃几个？""吃半个就可以了。""好，那你每天吃半个（小数乘法没学）

粽子，5 天吃几个粽子？""两个半。""怎么算出来的？""两天一个，5 天两个半。"①

　　这个学生缺的究竟是什么？生活经验？数学的抽象能力？因此小学数学教学要解决的一个重要问题是：如何帮助小学生实现生活经验的"数学化"，即如何用数学的眼光看待世界、分析问题。

(二)现实性

　　数学来源于现实，存在于现实，并且应用于现实，而且每个学生有各自不同的"数学现实"。数学现实不同于客观现实，它是学生从客观现实中抽象、整理出来的数学知识及现实背景的总和，因此小学生的数学学习应源于他们的数学现实，这种现实存在于儿童与外部世界的沟通和交流之中，存在于儿童的社会生活实践性活动之中。这些现实是小学课程的起点，也是小学生获得数学学习的活动节点。因此小学数学内容应当是现实的、有趣的，有利于学生主动从事观察、实验、猜测、验证、推理、交流与解决问题等活动。

(三)体验性

　　随着人类知识的急剧增长，学习的意义从记忆和复述信息转向发现和使用信息，有效教学的重心已从勤奋操练转向学生的理解和对知识的运用上。因此，学校的数学教育应当成为学生亲身体验问题解决过程的一种活动，不要总是将已经完善的概念、法则及整理好的详细证明、求解过程呈现给学生，而是要尽可能地让学生自己进行仔细的观察、合情的猜测、简单的验证和问题解决的运用，即经历数学化的过程，在过程体验中发展必要的认知工具、学习策略和思维能力。

三、小学数学教学过程

　　关于教学过程的本质，有多种观点，如一种特殊的认识活动，一种特殊的交往活动，一种对话和理解的活动，一种师生共享知识、精神、智慧和意义的过程，一种特殊的实践过程，是人的一种存在方式和生活方式，以培养完美的人格为目标。《课程标准(2011)》指出：教学活动是师生积极参与、交往互动、共同发展的过程。确实教学过程是比较复杂的活动过程，小学数学教学是为实现小学数学课程的教学目标，由小学数学教师与小学生共同经历的认识过程，是学生在教师的指导下，对人类已有知识、经验的认识活动，是学生理解数学、建构能力与发展情感的活动过程。对其特征的把握属于数学教学的观念性知识，作为人类的一种特殊认识活动，它有如下特征。

(一)小学数学教学过程是数学活动的过程

　　数学教学过程是数学活动的过程，是学生在现实经验的基础上，经历观察、比较、尝试、猜测、抽象、推理、建模和交流修正等一系列活动而主动建构的过程。

---

① 郑毓信．新数学教育哲学．上海：华东师范大学出版社，2015：54—55

教师应向学生提供充分地进行数学实践活动和思考交流的机会，在活动、体验、思考交流的过程中，通过抽象、概括、归纳、猜测、验证、理解等思维方式获得基本的数学知识、技能、思想方法和数学活动经验。

(二)小学数学教学过程是以问题为媒介的相互作用过程

在教学过程中，教师作为知识的承载者、学习的先行者、活动的设计者，其经验、认知和能力相对于学生要丰富，自然应成为教学活动的主体——教学活动的组织者、引导者和促进者。但学生并不是被动的受体，他们在参与教学活动之前，也有着自己的生活经验和对世界的了解。他们是凭借着自己的经验、认知和能力参与教学活动的，所以学生也是教学活动的主体。数学教学是以知怡情，调动学生的好奇心和上进心是起点，作为数学心脏的问题是最好的阶梯，问题驱动数学教学自然合理，所以数学教学过程也是师生以数学问题为媒介的相互作用过程。

(三)小学数学教学过程是师生共同发展的过程

数学教学活动不仅是促进儿童发展的过程，而且是师生共同发展的过程。教学情境中充满了师生之间、学生之间的认知冲突、情感冲突和价值观念冲突，而教师就要创造性地解决这些冲突，并在这个过程中不断反思、调整、改进，才能提高自己的教学能力，实现自己的专业成长。优秀教师都是在教学实践中成长起来的。

总之，小学数学教学过程，是师生的认知、信念、行为和情意的发展过程，是一个复杂的互动过程，如图所示。

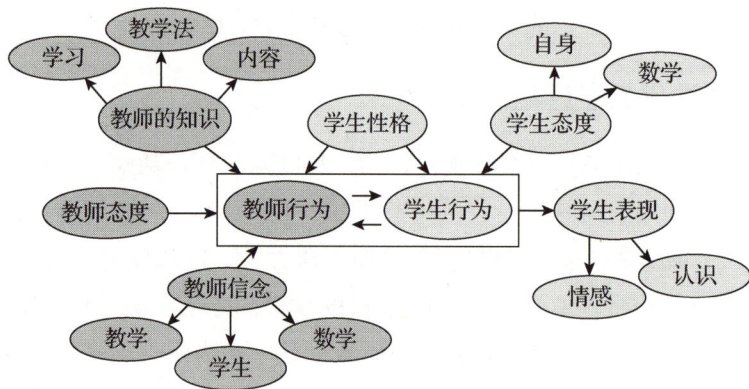

总之，小学数学教育具有重要的价值。吴正宪老师认为小学数学教育应留下做真人、懂自律、负责任、有毅力、会反省五个烙印。《课程标准(2011)》的前言部分特别提出："作为促进学生全面发展教育的重要组成部分，数学教育既要使学生掌握现代生活和学习中所需要的数学知识与技能，更要发挥数学在培养人的思维能力和创新能力方面的不可替代的作用。"

第二节 小学数学学习的心理过程

【案例 2-2】 学生在做减法 307－168，看下面的算法，你知道学生是怎么想的吗？这种计算方法合理吗？

$$
\begin{array}{r}
307 \\
-168 \\
\hline
2 \\
30 \\
107 \\
\hline
139
\end{array}
$$

学习是人类生活中永恒的主题。《课程标准(2011)》明确指出："有效的教学活动是学生学与教师教的统一，学生是学习的主体，教师是学习的组织者、引导者与合作者。"所以小学数学学习是小学生在教师的组织、引导、帮助下，按照数学课程目标，利用各种教育资源，通过多种形式获取数学知识、形成数学技能、发展数学能力的一种思维活动过程，其中交织着学生的情感、意志、态度等。

一、儿童认知发展理论

皮亚杰的儿童认知发展理论包括认知发展阶段理论和认知发展过程理论。

(一)认知发展阶段理论

皮亚杰通过大量的研究工作，创造性地运用逻辑数学作为分析和界定儿童思维发展阶段的工具，他将儿童从出生到青春初期智力或思维发展的过程划分为四个阶段。

1. 感知运动阶段(0～2 岁)

即思维萌芽期，这一时期的儿童主要是靠感觉和动作来认知周围的事物。因此在这个阶段要及时提供多样供儿童观察的玩具，提供促进其发展动作的训练。

2. 前运算阶段(2～7 岁)

即形象思维期，是指从动作向概念化思维的转化时期，这一时期的儿童开始出现表征功能，能凭借语言或某些示意手段描述事物的特征。此时儿童的概念停留在不能离开活动的具体事物上，还没有出现抽象概念。例如，对"3"这个数的认识总是与指代物相关，总是要以 3 个苹果之类的实物作为终结，不能认识到"3"是所有由 3 个元素构成的集合的共同本质特征。不具备运算的可逆性和守恒性，如能够计算"2＋3＝5"，而不能由此去算"5－3＝?"，但能算"3＋?＝5"。

3. 具体运算阶段(7～12 岁)

即初步逻辑思维期，从表象性思维的概念化活动过渡到概念性思维阶段，表现为外部的行为活动逐步转化为内部的心理运算，并出现了逻辑思维和零散的守恒性、可逆性。例如，可以理解数的运算过程中的一些基本性质，传递性：若 $a<b$，$b<c$，则 $a<c$；可逆性：若 $a+b=c$，则 $c-b=a$。但是这一时期的儿童一般还只能对具体事物或形象进行运算。例如，学习"有余数的除法"，学生只有用圆片、小棒等自己动手分一分、摆一摆，才能逐步懂得为什么有的能除尽，有的除不尽还有余数，余数一定要比除数小等道理。

4. 形式运算阶段(12～15 岁)

即抽象逻辑思维阶段，这时的儿童能在头脑中把形式和内容分开，进行抽象的逻辑思维和命题运算，开始具有处理假设的能力。

皮亚杰认为，在儿童认知发展过程中，先后出现的年龄特征可有一定的个体差异，但各个阶段出现的先后顺序是固定不变的。同时这四个阶段是一个连续不断的发展过程，后一阶段是前一阶段的前提和条件。

(二)认知发展过程理论

皮亚杰认为人的认知发展要受同化、顺应、平衡三个基本过程的影响，通过平衡—不平衡—平衡的过程实现发展，其实质是认知结构的形成和变化。

1. 同化

同化是指当新的数学内容输入以后，主体并不是消极地接受它们，而是利用原有的数学认知结构对新知识内容进行改造，使新内容纳入到原有的数学认知结构中。例如，学习了长方形面积计算后，由于"正方形是一种特殊的长方形"这一内在联系，通过激活新旧知识间的联系，就可以把正方形面积的计算同化在长方形面积计算的方法中。又如，学生在学习正方形、长方形、等腰三角形时已形成了轴对称图形的概念，学习圆时，学生发现圆具有轴对称图形的一切特征。因此圆也是轴对称图形。

2. 顺应

顺应是指当新的数学内容输入以后，主体不能直接将其纳入，而是改变个体原有的认知结构，使原有的认知结构发生质变并建立新的数学认知结构的过程。

【案例 2-3】 异分母分数加减法的教学

教师先让学生计算：$56+36$，$3.45+33.8$，然后逐题讨论：①在竖式中整数加减法为什么要数位对齐？（突出：计数位相同才能相加）②在竖式中计算小数加减法为什么要把小数点对齐？（突出：小数点对齐数位就对齐，计数单位相同才能加。）③同分母分数加减法为什么分母相同分子可直接相加？（突出：分母相同，表示分数单位相同，分子可以直接相加。）此时，学生已然明白，所有的加减法计算，只有在计数单位相同时才能直接相加。接着，出示异分母分数加法，问学生：分子能直接相加吗？生答：不能。师问：为什么呢？生答：分母不同，分子不能直接相加，还有学生说：分母不同就是计数单位不同，一个和一个是 2 个什么呢？所以不能直接相加。师问：那怎么办呢？学生经过讨论，终于想到用通分的办法，分数的计算单位相同了再相加。

新知经过改造，顺应于原有的认知结构中，计数单位相同才能直接相加减。

3. 平衡

平衡是指个体通过自我调节机制使原有的数学认知结构同新的数学知识达到某种相对稳定的适应状态。一种较低水平的认知，面临一个新异的刺激时，就产生了不平衡，通过主体和客体的相互作用，即通过同化或顺应，使认识达到一个新的水平，恢复了平衡的状态，认识也获得了发展。智慧的发展就是平衡—不平衡—平衡的过程。

(三)皮亚杰理论的启发

教学要适应学生的认知水平，不能拔苗助长。错误是有意义的学习，错误会引起学生顺应自己的知识结构，并把所观察到的结果同化到修正过了的知识结构中去，智慧在认识错误、纠正错误过程中得到发展。教学活动要制造不平衡状态，打破学生已有的知识平衡状态，让学生产生知与不知的矛盾，进而激发学生学习新知识。

二、有意义学习的内涵和条件

有意义学习是由著名心理学家奥苏贝尔提出的。奥苏贝尔根据学习进行的方式，把学习分为接受学习和发现学习；根据学习材料与学习者原有知识的关系，把学习分为机械学习与有意义学习。

(一)奥苏贝尔的学习分类

1. 接受学习和发现学习

接受学习是指学习内容基本上是以定论的形式传授给学生的，对学生来讲，学习不包括发现，只要将所学的内容内化就可以了，也就是将所学内容与原有知识建立关系，从而调整自己原有的认知结构。发现学习是指学习的内容主要是学生自己通过观察、探究等活动主动发现的，然后再进行内化。

在学生的数学学习中，这两种方式都是需要的，它们各有优势也各有不足。接受学习的优势在于学习所花费的时间比较短，学的内容也比较系统。其不足是如果过多地采用讲解—接受模式，特别是当教师把知识嚼得很细，很少甚至不给学生留有独立思考发现的机会，出现"满堂灌"现象时，便会使学生产生疲倦和厌烦，阻碍学生思维的发展，容易让学生认为数学就是一些概念和公式，从而导致死记硬背、机械学习，还会严重抑制学生的探索精神和创新意识的养成。而发现学习可以成为有效的补充，它的不足是花费时间比较多。研究发现"发现学习"比"系统学习"要多用 30%～50% 的时间。事无巨细，一概采用"发现法"去探求知识，势必过多占用师生有限的学习时间，也是不可取的。

2. 机械学习和有意义学习

机械学习是指学生并不理解所学知识，而仅仅记住了一些词语和公式。有意义学习是指学生理解新知识的内容，即新知识与学生头脑中已有的知识建立了非人为的和实质性的联系。例如，学习了"分数的基本性质"，有的学生只是把内容背下记住了；而有的学生不但明白了性质的由来，还能联想到已经学过的"商不变的性质"，主动将两者加以沟通、比较，并自觉地运用。前者就是机械学习，而后者则是有意义学习。

(二)有意义学习的条件

要使学生的学习有价值，就要尽可能是有意义的学习，奥苏贝尔反复强调，接受学习和发现学习都可能是机械的，也都可能是有意义的。有意义数学学习的内涵是理解，"理解"是指新旧知识之间的实质性的、非人为的联系。就数学教学而言，有意义学习的条件有以下三个。

第一，新的学习材料必须具有逻辑意义，逻辑意义是指学习材料可以和学习者认知结构中的适当观念建立起非人为的和实质性的联系。也就是说，学习材料在人类能力范围内可以被理解。教材一般符合此要求。

第二，学习者认知结构中必须具有同化新材料的适当知识基础(固着点)，便于与新知识进行联系，也就是具有必要的起点。

第三，学习者必须具有有意义学习的心向，即积极地将新旧知识关联起来的倾向。换句话说，学习者必须积极主动地使具有潜在意义的新知识与其认知结构中有关的旧知识发生相互作用，结果使旧知识得到改造，新知识被理解，获得实际意义，即心理意义。

【案例2-4】 学习材料的艺术包装①

"两个数相除就叫这两个数的比"这就是教材给"比"下的定义。"两个数相除"是一种运算，而"比"是一个数学概念。教材中通过一个长方形的长和宽的比较——长是宽的几倍、宽是长的几分之几、长与宽相除也可以写成长比宽，从而给"比"下定义。我总觉得有些别扭，学生学起来更是一头雾水：为什么要学"比"呀？长与宽相除为什么可以叫作长比宽呢？比的知识离学生太远了。

怎样让学生体会"比"就在我们的生活中，更好地接受比的概念呢？前几天班里不是组织过一次包饺子比赛吗？各个小组包饺子的材料都是自己买的，这不就是活教材吗？我欣喜若狂。

一谈起前几天包饺子比赛，大家都兴致盎然。

"包饺子要考虑什么问题？"

"先买好饺子皮与饺子馅。"

"我买了1千克的饺子皮，又买了100千克的饺子馅，你看怎么样？"

"饺子馅太多了，怎么包啊!"同学们笑起来。

"那买100千克饺子皮和1千克饺子馅?""那也不行，饺子皮太浪费了!"

---

① 戴曙光.简单教数学——一个特级教师的小学数学教学智慧.上海：华东师范大学出版社，2012：104—105

"饺子皮与饺子馅要按一定的比例买。"学生对"比例"这个词并不陌生。

"你们回想一下，购买原材料时，饺子皮和饺子馅是按什么比例搭配的？"

"我们组买了 1 千克饺子馅和三千克饺子皮。"我在黑板上写上"1 比 3"。很快黑板上写了很多"比"的式子。我以"1 比 3"作为讨论对象。"按你的想法，如果买 2 千克饺子馅，饺子皮要买多少呢？买 3 千克饺子馅呢？买 4 千克饺子馅呢？……"我不断追问，学生一一做了回答。

"不管怎样，饺子皮总是饺子馅的 3 倍，饺子馅是饺子皮的 $\frac{1}{3}$。"一个学生站起来说。

"你是怎样算的？"

我及时将两个算式板书在黑板上。"看来饺子里也有数学知识，发现了新的数学朋友"比"，3 除以 1 可以写成 3 比 1，1 除以 3 可以写成 1 比 3. 两个数相除也叫作这两个数的比。"

……

当学生把教学内容与自己的认知结构有机联系起来并发生相互作用时，有意义的学习便发生了。对小学数学学习而言，接受与发现、模仿与记忆缺一不可，因此，我们提倡小学数学学习是有意义的接受学习和发现学习的有机结合。

三、数学知识和数学理解

(一) 数学知识

建构主义认为，数学知识并非绝对真理，即不是现实世界的纯粹客观的反映，它不过是人们对客观世界的一种解释，一种较为可靠的假设，并将随着人们认识程度的深入而不断地变革、升华和改写，直至出现新的解释和假设。举例来说，欧氏几何学中的点没有大小，线没有宽度。但黑板上、书本上画的三角形，三个顶点有大小，线条有宽度，每个人头脑中有自己对三角形的表象与意义符号，这些差别再通过交流、反思趋于统一，最终获得三角形意义的深刻理解。这就是说，人脑不是"照相机"，数学知识必须经过人脑的加工，是人思维的产物。

(二) 数学理解

行为主义把学习解释为刺激与反应之间的联结，认为学习过程是一种试误过程，在不断的尝试与错误中逐渐形成联结。在行为主义看来，刺激与反应的联结受到练习和使用的次数增多而变得越来越强，反之，变得越弱。因而，行为主义学习观强调技能训练，实现技能由"自觉地执行"向"自动地执行"的转化，于是，个体对知识的理解就是记忆概念、规则和方法，并能迅速提取并用于解决问题。显然，行为主义将知识理解定位在知识记忆的层面上，而不对"机械性记忆"和"在理解基础上的记忆"加以区别。事实上，行为主义只关注人的外部行为，不研究人的内部思维过程，因而不可能对"知识的理解"做深入探讨。

现代认知心理学认为理解的实质是学习者以信息的传输、编码为基础，根据已有信息建构内部的心理表征、并进而获得心理意义的过程。根据认知心理学对"理解"的界定，Hilbert 和 Carpenter 认为："一个数学的概念或方法或事实被理解了，如果它成为个人内部网络的一个部分。"李士锜认为："学习一个数学概念、原理、法则，如果在心理上能组织起适当的有效的认知结构，并使之成为个人内部的知识网络的一部分，那么才说明是理解了。"显然，数学理解也是以信息的内部表征作为基础的。

数学理解是一个动态的发展过程。英国著名数学教育心理学家 Skemp 认为理解分为两种模式，即工具性理解和关系性理解。所谓工具性理解，指语义性或程序性理解，即符号 A 代表什么事物或规则 R 怎么操作；关系性理解则需对符号的意义、获得符号指代物意义的途径、规则的逻辑依据等有深刻认识。只有从工具性理解达到关系性理解，个体才能把握数学对象的本质。研究表明，理解能促进记忆，理解直接影响迁移，理解会影响学生对数学的信念。

数学理解还是一个多元表征的过程。许多研究者认为，表征系统的转换与转译是生成数学理解不可或缺的过程。表征（Representation）是信息在头脑中的呈现方式。布鲁纳认为知识学习要经过动作表征（Enactive representation）到形象表征（Iconic representation）再到符号表征（Symbolic representation）的发展顺序。在讨论教学理论时，他主张教学者必须提供学习者以直接经验来进行学习，从经验的形象表现（如图片、影片等）到符号表现（如语言、文字）。研究者 Hilbert Carpenter 对数学表征进一步分类，提出数学表征可区分为内部表征与外部表征，其中数学外部表征是对数学学习对象的外在形式的反应，既包括传统的数学符号系统也包括结构性的学习情境。

由于数学本身的特征，使得数学中的表征形式丰富而多样，基于表征符号的本质差异，Lesh 从表征在数学学习中的交流作用的角度将数学中的表征分为实物情境表征、教具模型表征、图形或图表表征、口语表征和书面符号表征五类。Lesh 更重视"表征之间的关系"，并将这些表征之间以及每种表征内部的关系称为"转换"，每一个转换对学生而言就是对一个概念的重新解释。中国研究者徐斌艳从数学教学的角度将数学中的表征分为形式化表征、图像化表征、动作化表征和语言化表征。所谓数学学习中的多元表征就是指对同一个数学对象，可以用本质不同的多种表征形式进行表征，促进学习者深入理解所学习的概念。在全美数学教师协会于 2000 年颁布的《学校数学的原则和标准》中明确指出学前儿童数学的过程性能力包含五个方面，即"问题解决""推理与证明""交流""联系"和"表征"。这里的"表征"，就是指能运用多种表征的手段来表达数学的概念。

就学习理论的现代研究而言，经历了由行为主义向认知主义的转变，认知主义关于学习的基本观点是：学习过程是学习者认知结构的形成和重新组织，是学习活动与认知结构相互作用的结果。而建构主义学习理论是在认知主义基础上的发展，大多数建构主义者对学习有四点共识：第一，学习者建构自己的理解；第二，新的学习依靠现有的理解；第三，社会性的互动可促进学习；第四，意义学习发生于真实的学习任务之中。这四点共识表明，建构主义的核心是知识的建构。它强调学习不应被看成对教师所授知识的被动接受，而是学习者以自己已有知识和经验为基础的主动建构活动。事实上，学生是带着自己原有的生活背景，已有知识、活动经验，走进学习活动，并通过独立思考、与他人交流和自我反思等，去建构对数学的理解。建构主义强调"学生是学习的主体"，学生的理解只能由学生自己去进行。而且要通过对新知识进行分析、检验和判断才能真正做到理解。例如，三角形内角和为180°，可以通过量一量或拼一拼的操作活动猜测得出，（小学到此）。但是，要真正理解它（到中学），则必须判断用"量"或"拼"的方法是不严密的，只有通过平行公理的推理论证之后，才是可靠的数学结论。

四、儿童数学学习的特征

正确的数学学习方式、儿童的认知发展规律和数学的特征决定了儿童数学学习的特征。

(一)儿童数学学习是逐步抽象概括的"数学化"过程

儿童思维的基本特点是从以具体形象思维为主要形式，逐步过渡到抽象逻辑思维，这种抽象逻辑思维在很大程度上，仍然是与直接与感性经验相联系的，具有很大成分的具体形象性。而数学对象是思想材料的形式化抽象，所以儿童数学学习要经历从问题情境开始，由实际问题到数学问题，由具体问题到抽象概念，由解决问题到更近一步应用的逐步抽象和概括的思考的全过程，即数学化的过程。而不是一步就可以达到抽象和形式水平的。因此教师在教学时要依据小学生的数学现实，提供学生抽象和概括的机会，经历修正和改进的过程，等待思维之花的绽放。

(二)儿童数学学习是教师指导下的再创造过程

虽然数学思维的特征是直觉创造与逻辑演绎的结合，但是由于小学阶段的儿童一般还只能对具体事物或形象进行运算（教材上往往省略了一些严格的演绎和逻辑论证的过程），且其认知的起点是他们的生活常识，儿童数学学习是从生活常识和经验出发，在教师的指导下，通过"做数学"的过程去发现、体验和理解数学知识，所以儿童数学学习本质上是教师指导下的再创造过程。

(三)儿童数学学习是一个理解的过程

数学知识通用简约的科学语言特征、数学应用的模型特征及数学语言简洁准确普遍的特征，决定了数学中量的表达、关系、变化等都是以符号（概念符号、关系符号、运算符号、图形、图表等）表示的，也就是用了一套形式化的数学语言，是抽象概括的结果，必须经由儿童真正的理解来实现。所以儿童数学学习是一个理解的过程。

(四)儿童数学学习是其数学认知结构形成的过程

数学认知结构是儿童通过自己主动的学习而建立起来的数学知识结构。儿童数学学习是在教师的指导下，把教材知识结构转化为自己的数学认知结构的过程，而课堂教学是建构儿童认知结构的主渠道，教师在进行教学时，需从儿童的现实与经验出发，设计观察、操作、归纳、比较、交流、探究等活动，让儿童在亲身经历知识生长的过程中，不断发展和丰富其数学认知结构。

总之，儿童数学学习是一个数学化、再创造的过程，理解是它的本质，形成合理的认知结构是数学学习的主要任务。

第三节　弗莱登塔尔的数学教育理论[①]

国外对数学教育理论形成最有影响的人物当属数学教育的创始人弗莱登塔尔，他是国际上极负盛名的数学家和数学教育家，他曾是荷兰皇家科学院的院士，数学教育研究所所长，1967—1970 年任"国际数学教育委员会"主席，在他的提议下召开了第一届"国际数学教育大会"，国际数学教育领域的最高奖即弗莱登塔尔奖。1987年，82 岁的他在华东师范大学讲学两周，《数学教育再探》以"在中国的讲学"作为副标题，是对他在报告和座谈会上所表达的思想和观点进行的整理，他最重要的数学教育著作还包括《作为教育任务的数学》《播种和除草》等。下面是他的主要观点。

一、数学教育三原则

作为一代数学教育宗师，弗莱登塔尔认为数学教育有五个特征：情境问题是教学的平台；数学化是数学教育的目标；学生通过自己的努力得到的结论和创造是教育内容的一部分；"互动"是主要的学习方式；学科交织是数学教育内容的呈现方式。这些特征用三个词来概括——现实、数学化和再创造，即数学教育三原则。

(一)数学现实原则

数学来源于现实，存在于现实，并且应用于现实，而且每个学生有各自不同的"数学现实"。数学现实不同于客观现实，而是学生从客观现实中抽象、整理出来的数学知识及现实背景的总和。

数学现实原则，一是指教师的数学教学要根据学生的"数学现实"进行，二是指教学要让学生经历从现实背景中抽象出数学知识的过程。数学教育如果脱离了那些丰富多彩而又错综复杂的背景材料，就将成为"无源之水，无本之木"，所以实施现实原则的关键是情境问题(可是场所、故事、设计或剪辑)，数学教育要引导学生了解周围的世界，周围的世界应该成为学生探索的源泉。

---

① (荷兰)弗莱登塔尔. 数学教育再探——在中国的讲学. 刘意竹，杨刚，等，译. 上海：上海教育出版社，1999

(二)数学化原则

数学化就是人们运用数学的思想和方法来分析和研究客观世界的种种现象并加以整理和组织的过程，即抽象、符号变换和应用的循环反复过程就叫数学化。

数学化原则是指在教学中，要让学生经历从问题开始，由实际问题到数学问题，由具体问题到抽象概念、法则、定理，由建立模型到更近一步应用的教育全过程。即在"做数学"中学习数学。弗莱登塔尔曾说过，与其说是学习数学，还不如说是学习"数学化"，"数学教育的目标就是数学化"。

【案例 2-5】 在数轴上找出 16 和 72 的中间值

方法一：

活动：孩子们把两个点均匀地相向移动：开始一个一个单位地移，后来步子大一些，最多的每次移 10 个单位。

概括：捷径是把它们的差平均分，再把其中的一半加到较小的数上。

形式化：用一般术语来描述就是：$16+\frac{1}{2}(72-16)=\frac{1}{2}(16+72)=44$。

方法二：

辩证思维：把两个数朝反向移动仍保持中间值不变。

活动：孩子们最后把较小的数变成 0，同时把较大的数变成 16+72。

概括：形式化(符号表征)求得中间值的一般表达式 $\frac{1}{2}(16+72)=44$。

数学化是由一系列的活动，概括，组织(图式化、结构化、形式化、符号化、算法化)等组成的。

数学化的对象，一是数学本身；二是现实客观事物。

对数学本身的数学化，就是使数学知识系统化，形成不同层次的公理体系和形式体系。这称为纵向数学化。

对客观世界的数学化，形成数学概念、运算法则、规律、定理，以及为解决实际问题而构造的数学模型等。这称为横向数学化。

【案例 2-6】 数数：为了数数，一个没有结构的事物必须进行结构化——手工的、视觉上的或在大脑里，这就需要横向数学化。

如何在这个创造或揭示的结构中运用数数的次序则是纵向数学化。

如何用乘法来给一个能用矩形结构表示(几行几列)的集合数数。

数学化是学生的而不是教师的活动。

(三)再创造原则

相对于"原始创造"而言，再创造原则是指数学过程再现。"历来，数学被当作一门现成的学科来教，把定义、法则和算法教给学生，然后要求他们按照这些进行学习，其实只有少数人是这么学习数学的。为此弗莱登塔尔提出了"有指导的再创造"的数学教学原则。即要求在教学时，教师要指导学生根据自己的体验、用自己的思维方式通过"做中学"去发现数学知识，重复前人最初解决这个问题的过程，再现数学发现的过程。

再创造原则的意义在于：首先，通过"做数学"所得到的知识和能力比听教师讲解理解的透彻而且记忆深刻；其次，发现是一种乐趣，能够激发学生的学习动力和兴趣；最后，通过"再创造"方式进一步促进学生形成数学是一种人类创造性活动的观念。

怎样指导？这是一个教师关注的问题。指导意味着在教的强迫性和学的自由性两者之间取得一个微妙的平衡。两个步骤：

第一，在学生当前的现实中选择学习情境，使其适合于横向数学化。

选择的方式：一是最明显的"场所"，一巨幅画像悬挂在教室里，画中表达了许多故事情境，激发了师生的想象力。二是"故事"，如"棋盘上的谷物"等。三是"设计"，即设计被创造的现实，如收集各种商用包装材料并把它分类等。四是"剪辑"，主要从报纸和周刊或其他媒体中得来。

第二，为纵向数学化提供手段和工具——提好的问题。

【案例 2-7】 如由少年高斯的速算故事引发的 $1+2+3+\cdots+100=?$ 的教学中，教师可向学生提出以下问题：

①"$1+2+3+4+5+6+7+8+9+10=?$"——每个学生都能参与进来。

②观察数字特点(首尾对应的两个数字之和相等)，有否简单算法？

——会有学生发现首尾顺次取数并将对应的两个数相加，其和都是 11，很快得出 5 个 11，即 $5\times11=55$ 的速算结果。

③能求解 $1+2+3+\cdots+100=?$ 了吗？——通过类比，解决问题。教师引导学生经历数学化、再创造的过程。

这时教师赞叹："德国数学家高斯当年就是这样解决的，你们就是小高斯啊。不信吗？"师生回顾小高斯的思维历程，厘清思维路线。——回顾反思，明确思路。

④你能给同伴出一道类似的题目吗？试试看。——巩固拓展，深化理解。

分析：通过问题驱动，让学生再现了数学家高斯解决这个问题的过程，体会到数学的简化、转化思想，不但掌握了这一类求和问题的计算方法，而且发展了数学思维能力，培养了学生探索发现的精神，同时也激发了学生对数学家的崇敬之情和学习数学的兴趣。

二、教学案例分析

(一)教学案例"商不变的性质"教学片段[①]

1. 故事设疑 激发兴趣。

师：小朋友们好，今天我给大家带来一个小故事，想听吗？

---

① 吴正宪，张秋爽，贾福录.听吴正宪老师上课.上海：华东师范大学出版社，2012：76—80

同学们异口同声：想！

师：花果山风景秀丽，气候宜人，那里住着一群猴子。有一天猴王给小猴分桃子。猴王说："给你 6 个桃子，平均分给你们 3 只小猴吧"，小猴子听了，心想，我只能得到 2 个桃子，连连摇头说："太少了，太少了。"猴王又说："好吧，给你 60 个桃子，平均分给你们 30 只小猴，怎么样？"小猴子得寸进尺，挠挠头皮，试探地说："大王，再多给点行不行啊？"猴王一拍桌子，显示出慷慨大度的样子："那好吧，给你 600 个桃子，平均分给你们 300 只小猴，你总该满意了吧？"小猴子觉得占了大便宜，开心地笑了，猴王也笑了。谁是聪明的一笑？为什么？

故事和问题，激起了同学们极大的热情，大家争先恐后地回答："猴王的笑是聪明的一笑，按照这三种分法，每只小猴得到的都是 2 个桃子"。

师故意疑惑地问：是怎么知道的？一位学生迫不及待地说：6÷3＝2，60÷30＝2，600÷300＝2。

教师转身将这三个式子写在黑板上，赞扬道：小朋友们真聪明！师提问：观察这三个算式，你发现了什么？同学们纷纷举手发言："这三个除法算式的商都是 2""大家观察得很仔细，你还能编出几道商是 2 的除法算式吗？"学生积极地编出了不少算式，教师将其中一些写在黑板上。同学们发现可以编出无数道商是 2 的算式。"怎样编题，商总是 2？你有什么窍门吗？"教师要求学生小组合作来研究其中的奥秘。

2. 合作学习　教师指导。

3. 小组汇报　各抒己见。

第一组先发言："拿 60÷30＝2 来说吧，被除数 60 乘 2，除数 30 也乘 2，就得到了 120÷60，商没变，还是 2；被除数 60 除以 2，除数 30 也除以 2，就得到了 20÷10，商没变，还是 2。""我们也发现了这一点……"不等第一组说完，第二组抢着说："还是拿 60÷30＝2 来说吧，被除数和除数都乘 5，就得到了 300÷150＝2，被除数和除数都除以 6，就得到了 10÷5＝2。除数被除数变了，而商不变。"

紧跟着，又有几个小组的同学也发表了相同的意见。教师根据大家的回答，在黑板上写出一些算式：

60÷30＝2

(60×2)÷(30×2)＝2　　(60÷3)÷(30÷3)＝2

(60×5)÷(30×5)＝2　　(60÷6)÷(30÷6)＝2

师："谁能把这些算式用比较简练的语言表达出来？"一位小队长勇敢地站起来，说："我通过研究发现，在这几个算式里，被除数变大，除数跟着变大，商不变；被除数变小，除数也变小，商也不变。"教师在黑板上写出"被除数变大(小)，除数变大(小)，商不变"，然后，她若有所思地看着黑板上的算式，自言自语："真的是这样吗？"吴老师半信半疑的神态，又一次把同学们带入了沉思。急性子的同学干脆拿笔算起来。不一会儿，教室里已经"乱了套"。"咦，怎么被除数和除数都同时加一个数，商就变了呢？"又一个组的同学也发现了"被除数、除数同时减小，商也发生了变化。"终于，一位勇敢的女同学站了起来："加一个数，原数就变大，减一个数，原数就变小，可是商变了。应该说如果被除数乘几，除数也乘几，商不变，或者说被除数除以几，除数也除以几，商也不变，这么说更准确。"同学们一个劲地点头。教师高兴地说："小姑娘，你真棒，我欣赏你流利的表达，更佩服你的勇气，你敢于挑战同学提出不同的意见，很了不起。"那位小队长正因为刚才的莽撞发言而难过，低着头一言不发，教师走到身边拍拍他的肩，说："小伙子，你也很勇敢，正是有了你的发言，才给我们带来了一次深刻的思考，一次有意义的讨论，使我们大家对这个问题了解得更深刻了，谢谢你。"这时，教室里响起了友好的掌声，那位小队长也感受到了自身的价值，自豪地抬起头。教师接着引导："乘几用数学语言可以说成扩大几倍，除以几可以说成缩小几倍，谁能把同学们发现的这个规律再完整地叙述一遍？"一位一直没发言的同学在老师的邀请下，站起来大声说："在除法里，被除数扩大几倍，除数也扩大几倍，商不变；被除数缩小几倍，除数也缩小几倍，商也不变。"

在大家不断的补充、修改、完善下，同学们自己得出了"在除法里，被除数和除数同时扩大或同时缩小相同的倍数，商不变"的性质，教师在大家发言的基础上，将板书逐步补充完整，由衷地赞叹道："同学们，你们真了不起，通过观察、思考和讨论，发现了这样一条很重要的规律，这就是商不变的性质。"

(二)案例分析

吴老师"商不变的性质"的教学，由学生的生活现实(喜闻乐见的猴子分桃的故事)激发起学生的兴趣与思考，"谁是聪明的一笑？"自然地引出用数学计算来判断，并及时追问："你是怎么知道的？"三个数学算式出来了，极好地实施了在"学生当前的现实中选择学习情境(故事)，使其适合于横向的数学化"这一步骤。"观察这三个算式，你发现了什么？""大家观察得很仔细，你还能编出几道商是 2 的除法算式吗？""怎样编题，商总是 2？""你有什么窍门吗？""谁能把这些算式用比较简练的语言表达出来？""真的是这样吗？""乘几用数学语言可以说成扩大几倍，除以几可以说成缩小几倍，谁能把同学们发现的这个规律再完整地叙述一遍？"——这些充分尊重、充满激励、引导学生的系列问题，为纵向数学化提供手段和工具，使学生在不断的观察、思考、尝试、修正和交流中，一步一步经历数学化的过程，再创造出"商不变的性质"。可谓实行"现实、数学化、再创造"三原则的一个典型范例。

第四节 波利亚的解题理论[①]

波利亚(1887—1985)，美籍匈牙利数学家，1912 年生于于布达佩斯，大学获哲学博士，1940 年移居美国，1942 年起一直担任美国斯坦福大学教授，他热心教育，孜孜不倦地为改进数学教学而努力，后期从事数学教师培训工作。他一生著有数学教育论文和专著 300 余部，其中最著名的是《怎样解题》《数学的发现》《数学与猜想》，也是他在数学教育方面的智慧结晶，其影响之深远，为 20 世纪所罕见，因此被誉为20 世纪最伟大的数学教育思想家。

一、波利亚的数学教育思想

(一)数学的两重性

波利亚认为"用欧几里得方法提出来的数学看来却像是一门系统的演绎科学；但在创造过程中的数学看来却像是一门实验性的归纳科学。"数学它是通过大量实验、归纳而得以发现或发明，进而通过演绎推理而证明它的可靠性和真实性。数学它既是一门系统的演绎科学(从最后被确定的定型的数学来看)，又是一门实验性的归纳科学(从创造过程中的数学来看)。

因此，数学具有两重性：演绎与归纳；从而数学学习的双翼就是逻辑和直觉；数学教学就要既教证明，又教猜想。而传统数学教学重逻辑证明，而轻直觉猜想。逻辑用于证明，直觉用于发现。没有发现，没有创新，谈何证明？波利亚提出了：让我们教猜想吧！

(二)数学教学(习)三原则

波利亚认为数学教学的目标是"教会年轻人思考"，"教会年轻人思考"意味着教师不只是传授知识，还应努力发展学生有益的思考方式、理想的思维习惯和运用所学知识的能力。而为了教会学生思考，教师在教学时，要遵循教学(习)过程的三个原则。

第一，主动学习。"学习任何东西的最好途径是自己去发现，那些曾使你不得不亲自去发现的东西，会在你脑海里留下一条途径，一旦有所需要你就可以重新运用它。""教师在课堂上讲什么当然重要，然而学生想什么却更是千百倍地重要。""思想应在学生头脑里产生，教师则只起助产士的作用。"

第二，最佳动机。对所学材料的兴趣乃是学习最佳的刺激，强烈的心智活动所带来的愉快乃是这种活动最好的报偿。在我们得不到最佳动机的时候，就争取得到

---

① (美)乔治·波利亚. 数学的发现——对解题的理解、研究和讲授. 刘景麟，曹之江，邹清莲，译. 北京：科学出版社，2006

第二位、第三位的动机，那些不那么内在的动机也不应当忽略。教师应当把自己看成是一个推销员，如果顾客不买他的货，那么他不应当只是去责难顾客。作为一个教师，一个知识的推销员，他的责任就是使学生确信数学是有趣的，一个小小的办法：在学生开始做题之前，先让他猜猜结果或部分的结果。

第三，阶段序近。学习从行动和感受开始，再从这里上升到语言和概念，最后以养成合理的思维习惯而结束。学习过程的第一个阶段是探索，它联系着行动和感知，处在一种比较直观和启发的水平上；第二个阶段是阐明（概括——形式化、组织化），包括引进术语、定义、证明等，提高到概念的水平上；第三个阶段是吸收（同化），即把学习所得转化为学生的才能和品性，变成精神素质的一部分，扩大智力的范围。

二、波利亚的怎样解题表

数学学习者大多有过这样的经历：一道题，自己百思不得其解，而老师一讲解，才发现并不太难啊，这时候，最想知道"老师是怎么想出这个解法的？为什么我没有想到呢？"这就需要研究解题的规律。波利亚在该领域做出了许多奠基性的工作，他认为解题是智力的特殊成就，问题是数学的心脏，数学教学的本质在于教会学生解题，解题思想"应该诞生在学生心里，教师仅仅像助产士那样行事"，因此，教师的首要任务是发展学生解决问题的能力。为了回答"一个好的解法是如何想出来的"这个令人困惑的问题，他专门研究了解题的思维过程，并集几十年教学与科研之大成写成《怎样解题》一书，于1948年出版，风靡世界，其中的"怎样解题"表分析了求解数学问题时的思维过程。

波利亚的"怎样解题"表

1. 弄清问题	未知数是什么？已知数据是什么？条件是什么？满足条件是否可能？ 要确定未知数，条件是否充分？或者它是否不充分？或者是多余的？或者是矛盾的？ 画张图。引入适当的符号。 把条件的各个部分分开，你能否把它们写下来？
2. 拟定计划	你以前见过它吗？ 你知道与此有关的问题吗？ 你是否知道可能用得上的定理？ 看着未知数！试想一个具有相同或相似未知数的熟悉的问题。 你能不能用不同方式重新叙述这个问题？ 这里有一个与你现在的问题有关，且早已解决的问题。你能不能利用它？ 为了能利用它，你是否应该引入某些辅助元素？ 你可以改述这个问题吗？回到定义去！ 如果你不能解决所提的问题，可先解决一个与此有关的问题。你能不能想出一个更容易着手的有关问题？一个更普遍的问题？一个更特殊的问题？一个类比的问题？你能否解决这个问题的一部分？ 你是否利用了整个条件？你是否考虑了包含在问题中的所有必要的概念？

3. 实行计划	实行你的求解计划，检验每一步骤。
4. 回顾	你能校核结果吗？你能校核论证吗？ 你能用别的方法得出这个结果吗？ 你能不能一下子看出它来？ 你能不能把这结果或方法用于其他的问题？

"怎样解题"表的精髓是启发你去联想，联想什么？怎样联想？通过表中一连串建议性或启发性问题来加以回答。"你知道与此有关的问题吗？你是否知道可能用得上的定理？看着未知数！试想一个具有相同或相似未知数的熟悉的问题。你能不能用不同方式重新叙述这个问题？这里有一个与你现在的问题有关，且早已解决的问题。你能不能利用它？为了能利用它，你是否应该引入某些辅助元素？你可以改述这个问题吗？回到定义去！"

联想的目的是用来促发念头，"有某种念头来开始着手工作，这是很大的优点，真正糟糕的是我们根本就没有念头，因为想不起什么念头，我们只有对问题感到疲倦的危险"。

解题表中不仅蕴含了重要的思想方法——抽象（符号化）、化归、变换等，而且是各种思想方法的源泉。在教学中让学生学习运用解题表解题，不但提高数学解题能力，而且独立思考习惯和创新能力也逐步增强。

三、解题案例分析

"怎样解题"表是数学解题的思维活动表，波利亚说，他在写这些东西时，脑子里重现了他过去在研究数学时解决问题的过程。实际上是他研究解决问题的思维过程的总结，这正是数学家研究数学解题教学的优势所在，绝非"纸上谈兵"。而数学解题是我们日常工作的常规活动，仔细想一想，我们在解题时，为了找到解法，也思考过表中的一些问题，只不过不自觉，没有进行概括与总结罢了。所以"怎样解题"表具有普遍性、常识性和广泛运用性。

(一)运用"怎样解题"表解决数学问题的案例[①]

有两处容积分别是 4 升和 9 升的容器，怎样从一条河中恰好取出 6 升水？

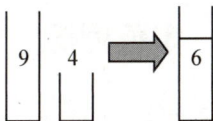

---

① 宋乃庆，张奠宙.小学数学教育概论.北京：高等教育出版社，2008

(二)解题思维过程分析

1. 弄清问题

让我们想象一下给定的工具，有两个具有相等底面的圆柱形容器，它们的容积分别为9升和4升，要用它们从河中取6升水。如图2-3。

2. 拟定计划

我们不知道怎样量出6升水，但能做什么呢？进而由已知推出什么呢？——我们可以将大桶装满，再将大桶的水倒满小桶，这样就能得到5升水，而我们需要6升水，倒空小桶，再倒满小桶，大桶中剩下1升水，如何得到6升水呢？——接着将1升水倒入小桶。接下来能做的就是再将大桶装满，再往小桶倒直至小桶满，9－3＝6升水，得到了。

但是有些人不愿在这样的试验中花费太多的时间，而是回过头去开始倒着干。要求我们做什么？(未知量是什么?)让我们清楚地想象我们最终要达到的情况是怎么样。设想大桶里恰好装有6升水，而小桶是空的，这种情况是如何得到的呢？可以将大桶装满9升水，但还需要再倒出3升水，为了做到这一点，我们的小桶中必须正好有1升水！好了，已知与未知间的桥已架通了，这就是思路，拟定计划完成。

3. 实行计划

确实我们已经用正推和逆推两个思考过程找到了思路，接下来要做的只是把这一过程捋顺，即首先将大桶装满水，然后倒满小桶，倒掉，再倒满，再倒掉，再后将大桶中剩下的1升水倒入小桶，将大桶装满，接着将小桶装满，大桶中即剩下所要求的6升水。例如，用算式表示就简单了，9－4－4＝1，1＋3＝4，9－3＝6。

4. 回顾

可验证上述过程确实能得到结果，并且有些值得深思的地方，迂回前进，但盯着目标不放和倒着干，同时由目标出发思考，两边推均可到达目的地，这是解题时常用的思考方法：执因索果—综合法，执果索因—分析法。你当然能把此方法用于其他的问题。你能否用别的方法导出这个结果？我们也可先用小桶取水，倒入大桶的顺序，试试，同样解决问题，用算式表示，即4＋4＋1＝9，4－1＝3，3＋4＋2＝9，4－2＝2，2＋4＝6。

本章回顾

本章第一、二节主要介绍了数学及其特征，小学数学的特点，认知主义、建构主义等数学教育理论的观点、奥苏贝尔的学习理论，皮亚杰的儿童认知发展理论，并分析了儿童数学学习的特点。第三、四节介绍了数学家、数学教育家弗莱登塔尔和波利亚的数学教育理论、解题理论，并做了案例及分析。

关键术语

数学　数学教学　现实　数学化　再创造　怎样解题　数学理解　有意义学习

思考题

1. 简述你对数学及小学数学教学的理解。

2. 选择一个小学数学教学案例，用数学教育三原则进行评析。

3. 谈谈你对"怎样解题"表的认识，用表做下面题目的解题分析。

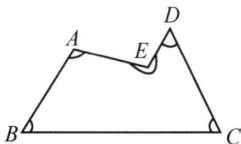

4. 查找一下你赞同的学习理论还有哪些。

案例研究 ✦

多位数乘法

设想你与学生一起进行大数的乘法计算，在学生的答题卷上有以下几个算式。试问其中哪种算法对所有整数乘法都可行？

同学A	同学B	同学C
		3 5
		× 2 5
3 5	3 5	2 5
× 2 5	× 2 5	+1 5 0
1 2 5	1 7 5	1 0 0
+7 5	+7 0 0	+6 0 0
8 7 5	8 7 5	8 7 5

新课改以来，我们一直提倡以学生为中心的教学理念，鼓励学生发挥想象力，给学生充分的思维空间。学生 B 的计算方式我们一看就懂，这是最规范的乘法算式，中国学生包括教师很少利用学生 A 和学生 C 的方式做乘法运算。特别是学生 C 的方法，充分发挥了学生的想象力，演算起来既轻松快捷，又准确无误。学生看出了形式符号演算的直观性和优越性。也许学生自己还不觉察方法的认知价值，但是教师必须看出端倪。

拓展阅读

1. 郑毓信 . 新数学教育哲学 . 上海：华东师范大学出版社，2015。

本书是郑毓信老师在数学教育哲学方面的第三部著作，他结合基础教育数学课程改革的现实，分"什么是数学、数学教育目标与数学教育的性质、数学学习观与数学教学观、做具有哲学思维的数学教师"四部分进行了论述，值得研读。

2.(荷兰)弗莱登塔尔．数学教育再探——在中国的讲学．刘意竹，杨刚，等，译．上海：上海教育出版社，1999。

该书由"数学的现象学""教学原理"及"数学教育的前景"三章组成，将数学的现象与本质进行了深入分析，对数学教育三原则及其运用有详细的解释与指导。

3.(美)乔治·波利亚．数学的发现——对解题的理解、研究和讲授．刘景麟，曹之江，邹清莲，译．北京：科学出版社，2006。

该书是波利亚对数学思维规律进行研究的结果，具有常识性和普遍性，平和而自然。本书大部分篇幅是数学问题的启发式的研究，第十四章"关于学、教和教学"是关于数学教学的目标、原则和教师的思与行的论述，值得借鉴。

4.戴曙光．简单教数学——个特级教师的小学数学教学智慧．上海：华东师范大学出版社，2012年10月第一版，2015年3月底四次印刷。

该书出自一个特级小学数学教师之手，是一个特级教师的学习数学教学智慧的结晶，既有理论水平又有丰富实践案例，且直指高效小学数学教学，值得学习参考。

第三章　小学数学教学方法与教学设计

正确的教学方法并不单纯是任意强加于科目的表面形式，它是从科目的性质产生出来的，是科目的本质。

——第斯多惠

泄露一个可以由学生自己发现的秘密，那是坏的教学法，甚至是罪恶。

—— 弗莱登塔尔

要使教学有效，则它必须有计划。当然教师也许没有足够的时间去计划教学的每一个细节。然而教学通常是有计划的，这就意味着，教学是以某种系统的方式设计的。

——加涅

1. 了解小学数学常用的教学方法及小学数学教学方式的变革。
2. 理解教学设计的内容和意义，掌握教学设计的步骤与教案的书写格式。
3. 了解小学数学概念、规则和问题解决教学的学习特点。
4. 掌握概念、规则和问题解决的教学策略。

一个数学家的女儿由幼儿园放学回到家中，父亲问她今天学了什么？女儿高兴地回答道："我们今天学了'集合'。"数学家想道：对于这样一个高度抽象的概念来说，女儿的年龄太小了。因此，他关切地问道："你懂了吗？"女儿肯定地回答："懂了，一点都不难。"听了女儿的回答，父亲还是放心不下，因此，他追问道："你们的老师是怎样教的？"女儿说："老师先让班上的所有男孩站起来，然后告诉大家这就是男孩子的集合；其次，她又让所有女孩子站起来，并说这就是女孩子的集合；接下来又是白人孩子的集合，黑人孩子的集合等。最后，老师问大家：'是否都懂了？'她得到了肯定的答复。"这样的教学方法似乎也没有什么问题。因此，父亲就以如下的问题作为最后的检验："那么，我们能否以世界上所有的匙子或土豆组成一个集合呢？"迟疑了一会儿，女儿最终回答道："不行！除非它们都能站起来！"——一个发生在"新数学"运动背景下的故事。

这个有趣的故事描述了三个主要的情节：教师教学的情节；学生学习的情节；数学家评估的情节。由此我们思考：教师教什么，学生就会接受什么吗？教师的教学方法有问题吗？教师应该如何设计才能避免学生出现对概念的错误理解？这些内容主要涉及教学方法和教学设计，属于内容与教学的知识范畴，是教师教学的基本知识。

第一节　小学数学常用教学方法

小学数学教学是为实现小学数学教育目的，小学数学教师与学生所经历的复杂认识过程，在这一过程中，教学方法是实现教学目的的基本活动方式。

而小学数学教学方法就是指为了达到小学数学教学目标、完成教学任务、按照教学规律而制定的师生共同遵循的教与学的活动方式和步骤。任何教学活动的开展，数学教师都要使用一定的教学方法。当教学内容和其他条件确定后，教学方法将是取得预期教学效果的决定因素。

一般来说，教学方法服从于一定的教育价值观，受课程内容和教学目标的限制，同时教学方法的选择也受学生的制约。即教学方法要适应学生的兴趣特点、思维水平、知识经验的积累及学生的心理生理特征。有时教学方法还受到教师个性特征的影响。所以，教学方法并不是一个结构精细的规则体系和程序，不同的教师在运用教学方法时常常会有自己的创造，这也是教学方法丰富性的一个主要成因。小学数学的教学方法，从课堂学习中教师、学生相互作用的模式看，可分为三种不同的类型。

一、以教师呈现为主的教学方法

以教师呈现为主的教学方法是指教师在课堂教学中通过讲授、讲解、讲述、演示等，来帮助学生接受并内化既定的数学知识、技能、思想方法等的教学方法。

优势：它能在较短的时间内使学生学到系统的数学知识，学到分析推理的方法，充分体现教师的主导作用。

不足：它在实施中容易滑落到"机械学习"的陷阱之中，因此在运用以教师呈现为主的教学方法时，教师要关注学生的理解和思维，理解下的认知建构才是有效的学习，积极思维是学生的主要活动。同时它在发展学生的实践能力和创新能力方面有所欠缺，也往往呈现出人际互动和经验分享方面的不足。

主要有这样一些具体的形式。

(一)讲授法

讲授法是教师向学生说明、解释或者论证数学概念、计算法则和规律性知识时常用的方法，也是教学史上最主要、最常用的教学方法。它是指教师对教材内容进行系统分析后，通过简明、生动的语言向学生传授知识，学生主要用以观察、思考、聆听的教学方法。

【案例 3-1】"分数的意义"教学片段

师：刚才同学们在表示 $\frac{1}{2}$ 的过程中，有什么相同的地方？（板书：平均分）有什么不同的地方？（分的材料不同）有的是一个圆片，也就是一个物体（板书：一个物体）；也有的是一个计量单位，如一米长的绳子（板书：计量单位）；还有的是由几个物体组成的，如一盒水彩笔、8 朵花，我们称它们为一个整体（板书：一个整体）。你还知道哪些事物可以看作一个整体吗？

师：一个物体、一个计量单位、一些物体组成的整体，都可以用自然数 1 表示，通常我们把它叫作单位"1"。这样我们刚才表示 $\frac{1}{2}$ 的过程就可以概括成把单位"1"平均分成 2 份，表示这样一份的数就是 $\frac{1}{2}$（板书）。$\frac{1}{2}$ 还可以表示什么？

此案例中教师的讲解，从具体的例证出发，进行抽象、分析例证的共同性质，概括出"单位 1、平均分"的知识。对一名教师来说，掌握讲授法至关重要。实际教学中，讲授法可以表现为讲述、讲解、讲读和讲演等不同的形式。

运用讲授法的注意点：第一，系统的组织教学内容，条理清楚、重点突出。第二，语言准确、精炼、生动，注意运用分析与综合、归纳与演绎等推理方法。第三，注重启发式讲解，防止注入式。第四，注意多种教学手段的运用，调动学生听讲的积极性。

(二)演示法

演示法是指教师用各种教具、实物或图表，通过动态的形式将对象的发生过程以生动、形象的方式演示出来，以便让学生通过观察和思考概括出概念或规则的一种教学方法。它非常适合以直觉形象思维为主的小学生，所以是小学数学教学中最常用的教学方法之一。

【案例 3-2】 "相遇问题"[①]

师：同学们请回顾一下，我们学习过的速度、时间、路程之间的数量关系。

生：$s=vt$，$v=s/t$，$t=s/v$。

师：两辆车在一条路上运行，什么情况下它们越来越远？在什么情况下越来越近？

生：同一地点出发，背对背开，两车越来越远。从两地出发面对面开，两车越来越近。

师：如果甲车每小时行 45 千米，乙车每小时行 80 千米。两车从同一地点背向同时出发，开 1 小时，两车相距多少千米？经过 2 小时、3 小时，两车相距多少千米？

课件动态演示(或请学生演示)。

生：125 千米、250 千米、375 千米。

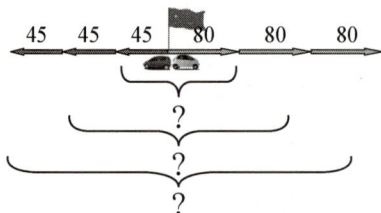

师：两车从两地同时相向开来，开 1 小时，两车接近多少千米？ 2 小时、3 小时呢？

课件动态演示(或请学生演示)。

生：125 千米、250 千米、375 千米。

师：一辆货车和一辆客车同时从甲、乙两地相向驶来，货车每小时行 45 千米，客车每小时行 80 千米。经过 4 小时两车相遇。甲、乙两地相距多少千米？

由课件或学生演示简化为更易操作的线段图演示。

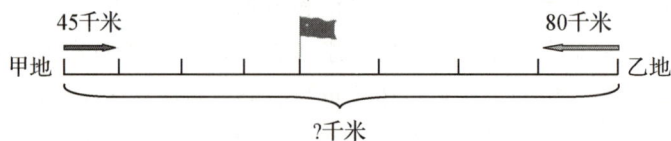

---

① 杨磊，沧州市路华小学

演示法为学生提供了鲜明的感性材料，帮助学生发现对象的本质属性，为学生横向数学化创造了条件，有利于发展学生的观察、抽象概括能力。

运用演示法要注意：第一，根据教学目的、教材内容和学生特点选择适当的演示教具。第二，演示之前要给学生以明确的观察和思考任务，演示要与讲解相结合。第三，演示后要注意及时总结归纳或引导学生抽象概括，得出规律。

二、以师生互动为主的教学方法

数学教学是数学活动的教学，因此，师生交往互动是教学实践活动的重要形式。对多数学生来说，相对于读和写，听和说更有激发作用，易于诱发学生参与教学。此类方法是指以问题为导向，以问题解决为目标，以师生的对话、讨论、操作与尝试等为手段，促进学生主动学习的一种教学方法。

优势：首先，能发展学生发现问题、探究知识、主动建构的能力。因为学生要对特定的问题情境进行观察、思考和分析，才有可能提出问题，并以问题为导向，开展探究性活动，在问题解决的过程中去获得数学认知，形成数学技能，发展思维能力。其次，有利于培养学生团队合作和分享交流的能力。

不足：比较费时，因为无论是对话，还是探究，抑或讨论，在问题解决或形成数学认知等方面，不会一帆风顺，都会有反复和偶然性的思维弯路。另外对于掌握知识的系统性来说，功能要弱些。如果方法掌握不好，还容易落到无谓的对话、无效的操作和形式性的讨论等活动之中，以致降低学习的质量。

这类教学方法主要有这样一些具体的形式。

（一）对话法

对话法是教师使用谈话、问答的方式，根据学生已有的知识和经验提出问题，启发学生对所提问题进行积极思考，从而使学生自己得出结论、获得新知识的一种教学方法。也是数学教学中最常用的互动交流方法。

【案例 3-3】 "分数的意义"教学片段

游戏激趣 认识单位"1"

师：（出示一根手指）用几表示？

生：1。

师：（出示一只手）用几表示？

生：5。

师：还可以用几表示？

生：……

师：还可以用 1 表示，1 只手。

师：（出示一双手）可以用 2 表示，用 10 表示，还可以用 1 表示（一双手）。

师：从多角度思考问题，可以得到不同的结论。

课件演示：一盘苹果(4个)，可以用4表示，还可以用1表示。一群羊可以用1表示。一个班级40个学生可以用1表示。

师：请同学们找出生活中像这样关于单位"1"的例子。

运用对话法的注意点：第一，对话是以教师的问题为基点的，所以教师应当提"好"问题：反映数学的本质，在学生的最近发展区内，能引起学生的认知冲突，具有思考价值等。第二，对话以理解为核心，不必强求学生表述语言的精确和严谨，只要学生的表述清楚能懂，教师就不要给予太多的干预。第三，对话的问答之间要留有一段思考时间，缺乏思考的对话是一种无效的学习活动。第四，切忌在课堂上形成"一一互动"的局面，即教师和某个学生间的互动，如教师提出问题，请某个学生回答，然后教师纠正，并让这个学生再复述，其他学生就成为一个无须思考的旁观者。

(二)讨论法

讨论法是师生之间的又一种互动方式。它是在教师组织引导下，学生以全班或小组为单位，围绕中心问题，通过讨论或辩论活动，以进一步完善和深化对问题的理解、评价或判断的教学方法。

【案例3-4】 "百分数的认识"[1]

师：同学们，"六一"儿童节就要到了，我们学校准备在"六一"前夕举行一场趣味运动会，其中一个项目是投球比赛。规则是：选手在投球总次数一样多的情况下，进球多者为胜。经过了解，我们班的Y、X、S三位同学投球技术较好，可是学校规定，每班只能派一名选手参赛。因此，我们只能从这三位同学中选出一名最棒的选手，你们准备选谁呢？

生：我选Y，因为他的各项体育成绩都很好。

生：我选S，因为他投球投得准。

师：那究竟应该选谁呢？还是让数学来帮帮我们的忙吧。老师将这三位同学昨天投球练习情况做了记录。

出示表格：

姓名	投球总次数	进球数
Y	10	8
S	20	17
X	25	19

师：看着这张表格中的有关数据，请同学们以小组为单位讨论一下，你们小组准备选谁去参加比赛，并说明理由。

---

① 杨磊，沧州市路华小学

组1：我们选 Y，因为他丢的球最少，只丢了 2 个球。

组2：我们选 X，因为他进的球最多，他进了 19 个。

组3：我们组不同意前两组的意见，因为在投球总数不一样的情况下，只看丢球或进球数的多少来比较谁投得好坏，这种方法不公平。

师：那你们组的意见是……

组3：我们组先是求出 Y 和 S 进球数占投球总次数的几分之几（$\frac{8}{10}$，$\frac{17}{20}$），通分后比较大小得知 S 投得较好。然后求出 X 进球数占投球总数的几分之几（$\frac{19}{25}$），让 S、X 二人进行比较，所以我们组认为应该派 S 去参加比赛。

组4：我们组有更好的办法，我们也是分别求出这三位同学进球数占投球总次数的几分之几（$\frac{8}{10}$，$\frac{17}{20}$，$\frac{19}{25}$），通分进行比较得出 S 最大，所以我们组也认为派 S 去参加比赛，最有希望为我们班取得好成绩。

组1：老师，老师，听了同学们的发展，我们受到启发想到还可以通过比较这三位同学丢球的次数占总次数的几分之几来评选……

继而引出了"百分数"和"进球率"两个概念……

运用此法的注意点：第一，要给学生明确的、有思考空间的讨论主题。第二，为保证讨论的有效性和全员参与，可要求学生在进行小组汇报时回答三个问题：一是我们小组讨论了什么问题，有几种不同意见；二是我们小组的最终意见是什么，三是小组中哪些同学的想法对我有启发。第三，需要学生具备一定的认知基础、一定的理解能力和独立判断的能力，所以，一般在中高年级中采用。

三、以学生活动为主的教学方法

以学生活动为主的教学方法，是指教师组织和引导学生通过独立的演习和探究活动获得知识和解决问题的方法。

优势：突出学生的独立性与自主学习，不同学生学习能力和风格的差异性得以展示，有助于培养学生的各种活动能力和创新能力。

不足：这类教学方法受学习内容的限制较为明显，只有部分内容适合采用它，也难以让学生掌握系统的知识，比较费时。它主要有这样一些具体的形式。

(一)发现法

是指教师从青少年好奇、好问、好动的心理特点出发，提出课题和提供一定的材料，引导学生运用分析、综合、抽象、概括等推理方法，自己独立地获得概念、发现原理的教学方法。

关于发现法的优点，布鲁纳提出四点：第一，提高智慧潜力；第二，使外来动机向内在动机转移；第三，学会发现的探究方法；第四，发现中获得的知识有助于记忆。

【案例 3-5】 "$3^0 =?$"教学片段[①]

师：同学们，3 的 0 次方等于多少？

生（面露难色）。

师：同学们可以大胆地猜一猜嘛，大科学家牛顿曾经说过：没有大胆的猜想就没有伟大的发现。

生：（跃跃欲试）可能等于 3，可能等于 0，可能等于 1……

师：3 的 0 次方等于多少，同学们有了很多想法，为什么等于 3、0 或 1 呢？请同桌之间互相讨论一下，试着说一说你是怎样想的。

生（同桌讨论）。

师：哪位同学把你的想法和大家分享一下？

生：我认为 3 的 0 次方等于 1。

$$3^3 = 3 \times 3 \times 3 = 27$$
$$3^3 = 3 \times 3 = 9 \quad \div 3$$
$$3^1 = 3 \quad \div 3$$
$$3^0 = ? \quad \div 3$$

$3^3 = 3 \times 3 \times 3 = 27$，$3^2 = 3 \times 3 = 9$，$3^1 = 3$，从 27 到 9 相当于除以 3，从 9 到 3 相当于再除以 3，3 的 0 次方应该再除以 3，等于 1。

师：3^{-1} 呢？

生：应该再除以 3，等于 $\frac{1}{3}$ 喽。

……

运用此法的注意点：第一，要根据教学内容设计适合学生探究的问题。第二，活动中教师要鼓励学生大胆猜想，并适当评价，认识到出错或不完善是学生学习的必经之路，要让每个学生都有尊严、有信心地学习探究。第三，学生要有一定的经验和能力储备，因此，它适合于中高年级的学生。第四，把握活动进程，完成教学任务。日本学者研究发现，"发现学习"比"系统学习"要多花 130%～150% 的时间，教师要设计好各环节思考与交流的时间，还应留出总结反思的时间。

（二）练习法

练习法是在教师辅助下，学生通过独立作业或小组作业的方式，进一步理解和掌握基础知识，形成基本技能的一种教学方法。

练习的类型按形式可分为口头练习和书面练习：口头练习，内容涉及数学概念、原理、方法等简要问题，特别是易混易错之处；书面练习，这是针对教材重点、难

---

① 杨磊，沧州市路华小学

点、关键点等有计划进行的练习。按功能可分为准备性练习、理解性练习、巩固性练习、技能形成练习和发展性练习。

【案例 3-6】 "三角形内角和等于 180 度"的练习设计

(1)在一个三角形中，∠1＝130°，∠2＝20°，求∠3 的度数。

(2)已知直角三角形的一个锐角是 65°，另一锐角是多少度？

(3)等边三角形的内角是多少度？

(4)直角等腰三角形的各内角是多少度？

(5)已知一个等腰三角形中一个角的度数是 100°，其他 2 个角的度数分别是多少？

(6)已知一个等腰三角形中一个角的度数是 50°，其他 2 个角的度数分别是多少？

运用练习法的注意点：一是练习的目标要明确。在不同的教学阶段，有不同的目的。例如，准备性练习是为启动学生的认知结构，为新知识作铺垫的，它要起承前启后，揭示新旧知识内在联系，引导学生思维的作用，一般用时不超过 5 分钟。巩固性练习是在数学概念、法则的学习后，为使学生理解概念、掌握法则进行的练习，要围绕新知识内容由易到难进行。综合发展性练习是为了把新知识纳入已有的认知结构中，其主要目的就是新旧知识的系统化和结构化，同时也培养学生灵活运用数学知识解决具体问题的能力，从而发展学生的思维能力。二是练习要讲究科学性，科学性至少包括练习要有针对性、层次性和形式的多样性。要避免机械重复、单调封闭、脱离实际的练习，向着既能使学生的基础知识得到巩固，技能得以提高，又能让学生乐学、会学，最终创新精神和实践能力提升的方向发展。其形式要体现从枯燥走向有趣，从封闭走向开放，从课堂走向生活，从个体走向互动，从被动走向主动的特点。三是练习之后需要回顾反思，正如波利亚解题表中的第四步。

(三)操作实验法

操作实验法是指在教师的指导示范下学生进行具体实验，并在操作实验的过程中观察、思考、发现规律或法则的教学方法。运用操作实验法可以让每位学生主动地参与到知识的探索活动中来，满足儿童的好奇心。

【案例 3-7】 "长方体的体积"的教学

教师宣布实验活动：将 12 个棱长为 1 厘米的正方体摆成长方体，并记录所摆长方体的长、宽、高，能摆出几个？再用数块数的方法说说摆出的长方体的体积。然后学生汇报不同的实验结果，教师用板书记录下各种结果：长方体的长、宽、高：3，2，2；6，1，2；4，1，3；3，1，4；2，1，6；12，1，1。长方体的体积：12（立方厘米）。最后引导学生观察、比较长方体的长、宽、高和体积之间的关系，让学生发现长方体的体积计算公式：长方体的体积＝长×宽×高。

运用此法的注意点：第一，操作实验前，做好充足的准备。例如，教师要准备好实验材料，设计好实验方案，并亲自验证，预设出各种可能出现的问题和结果，还需要讲清实验的要求。第二，操作实验过程中，留有一定的开放空间，以适应不同学生的学习水平、方式和策略的差异性，并给以个别指导。第三，操作实验后，及时引导学生抽象概括，得出结论。

四、小学数学教学方式的变革

正如苏霍姆林斯基所言："人的心灵深处都有一种根深蒂固的需要，这就是希望感到自己是一个发现者、研究者、探索者[①]。"体现学生的天性，致力于改善学生学习方式，是新课程改革的目标之一，数学教学方式既包括施教方式，也包括学习方式。近年来，国内外数学教育、教学的发展越来越强调从更有利于学生学习的角度设计数学教学方式。

(一)小学数学学习方式的变化

在小学数学教学中，"教"是为了"不教"，是为了学生"学会"和"会学"。因而，学生学习方式的变革成为教学方式变革的关键。一般地讲，学生的课堂学习方式主要有接受学习、死记硬背、机械训练、发现学习、自主学习、探究学习和合作学习等，学习方式变革的方向是自主发现、探究和合作学习。下面重点阐述课标提倡的自主学习、探究学习和合作学习。

1. 自主学习

自主学习是指学生"自我导向、自我激励、自我监控"的学习方式。大量的观察与研究证明，只有在如下情况下，学生的学习才会是真正有效的：感觉到别人在关心他们；对他们学习的内容很好奇；积极主动地参与到学习过程中；对正在学习的材料感兴趣并觉得有挑战性；感觉到正在做有意义的事；看到了成功的曙光；任务完成后得到适当的反馈。由此，要促进学生的自主学习，就要最大可能地创设让学生参与到自主学习中来的情境与氛围。

2. 探究学习

探究学习是指教师不把现成的结论告诉学生，而是从现实中选择和确定研究主题，在教学时创设恰当的问题情境，通过学生自主、独立地操作、实验、调查、分析、表达与交流发现等探索活动而进行的学习。它特别有利于学生探索精神和创新能力的发展。

与接受学习相比，探究学习具有更强的问题性、实践性、参与性和开放性，如下表。

---

① (苏)B. A. 苏霍姆林斯基. 给教师的建议. 杜殿坤，编译. 北京：教育科学出版社，2001：58

	探究学习	接受学习
线索	以"问题"为线索	以"知识"为线索
关注	生活实践、智慧技能	系统知识、操作技能
过程	情境体验、明晰问题、探索研究、总结发表	导入场景、传授知识、练习验证、复习巩固
学生	选择目标、搜集证据、分析整合、验证反思、自主建构	明确任务、接受讲解、初步建构、实验验证、总结巩固

与发现学习相比，探究学习在侧重点、过程、涉及的内容、问题的特征、思维方式等方面，有着较大的差异，见下表。

	探究学习	发现学习
侧重点	科学问题的解决，过程	知识结构的发现，结果
涉及内容	知识、方法、态度	概念与原理
过程	问题—假设—方案—检验—结论	问题—假设—结论
问题特征	开放性强	具有封闭性
思维方式	分析、直觉思维	直觉思维

3. 合作学习

合作学习是指学生在小组中为了完成共同任务，有明确的责任分工的互助性学习。合作学习的心理学基础是社会建构主义，强调情境学习、团体动力，要求学生积极承担个人的任务，又相互支持配合，实现面对面促进性互动。

在小学数学教学中，实施合作学习往往出现流于形式缺乏实质的合作，参与度不均衡的合作及评价和奖励重整体、轻个体等现象，还需要教师指导学生如何学会倾听、分享、尊重、欣赏等合作意识和技能。

(二)小学数学教学方式的变革

教学方法只是一种相对稳定的程序结构，新课改强调学生学习方式的丰富与多样化，这必然要求教师对教学方法的选择与优化。数学教学方式通常是对优秀数学教师的教学方法组合优化的概括、规范。现有的课堂教学的形态分为告之式、启发式、探究式、分享式四种。由此，也就对应四种教学方式。

1. 讲解—讲授式

也称告之式，是把学习的内容告知学生，以讲授法为主，辅之对话、练习、演示等教学方法，基本程序如图所示。

复习思考　情境导入　新课理解　巩固应用　反思小结

2. 引导—发现式

也称启发式，是教师通过设计系列问题，引导学生发现结论的教学方式；以发现法为主，辅之演示、对话、讨论、练习等方法，基本程序如图所示。

问题情境　观察猜想　推理论证　验证应用　总结反思

3. 探究—发现式

也称探究式，是学生独立发现知识、结论的方式；以发现、操作实验为主，辅以对话、讨论、练习等教学方法，基本程序如图所示。

问题情境　自主探究　抽象建模　总结发表　反思小结

4. 分享式①

分享式是从问题出发，让学生思考、展示、交流、分享自己想法的一种教学方式。它基于孩子的四大天性：好奇心、好探究、好秩序、好分享以及人的思维单元："问题—思考—分享"，在探究发现的基础上，让学生展示分享，基本程序如图所示。

情境问题　思考解决　展示分享　完善应用

把情境给孩子，让孩子提出问题，从这些问题中选取一两个能逼近本节核心内容的问题，让学生探究，然后展示分享，在分享中让孩子反思、提升，得到发展，即分享式教学。其教学原则是"意识前移，人人参与，教师让座，参与无错"。

前三种教学方式，从知识的获取方式上，从完全依靠别人告之，到半依赖别人，到完全摆脱别人的依赖，似乎已涵盖所有可能的教学形态，但从知识终端处理方式看，它们都归为自储式，属于为"将来的教育"，而以杜郎口中学为代表的，"先学后教"，以展示交流为特征的分享式教学，让学生品尝到尊重、认可，让学生学习的积极性、创造的潜能被激发，属于"快乐在当下的教育"，是教学方式的重大变革。

---

① 任景业．分享孩子的智慧——改进教学的建议．长春：东北师范大学出版社，2014

第二节 小学数学教学设计概述

【案例3-8】 学生们在利用工具讨论同一个圆内半径之间、半径与直径之间的关系。

生1：我量出直径是6厘米、半径是3厘米，所以同一个圆内半径是直径的一半。

师：还有吗？

生2：（边说边演示）我是折出来的，也能得到半径是直径的一半。

师：还有吗？

生3：画圆的过程启发了我，画圆时，圆规的张口总是这么大，所以所有的半径当然相等了。

师：他的方法好不好？

生：（齐）好。

你对这一教学环节的感觉是什么？教师语言缺乏对学生各种方法的回应，更缺乏对其他学生理解和评价的引导，反映出教师对"教学活动"缺乏细致的计划。

小学数学课堂教学是达成小学数学教育目标的主要途径和形式，要上好一堂数学课，首先必须要进行精心的教学设计，它是小学数学课堂教学的蓝图，是落实教育理念的方案，是提高课堂教学效率、实现学生发展的前提和保证。

具体来说，小学数学教学设计就是教师针对小学数学学科特点、具体的教学内容和学生的实际情况，遵循数学教学基本理论和学习的基本规律，按照课程标准的要求，系统整合课程资源、制定教学活动的基本方案，并对所设计的初步方案进行必要的反思、修改和完善的过程，也称为"系统化备课"。它是小学数学教师十分重要的一项教学基本功。

一、小学数学教学设计的内容与呈现

(一)小学数学教学设计的内容

一般来说，一个教学设计至少要包括四个内容：

第一，到哪里去？——设置目标。

第二，学生现在在哪里？——分析学情。

第三，如何去那里？——教学内容的分析与组织，教学方法及策略的选择与开发。

第四，学生是否到达了目的地？——对目标进行测量与评价。

(二)教案的基本格式

教学设计的呈现形式是一份教案，如下是教案的基本框架：

1. 详案

①课题。

②教学目标：三维目标。

③学情分析：学生已有的认知基础、生活经验和年龄特点。

④教材分析：重点、难点、关键点。

⑤课型：新授课、复习课。

⑥教学方法。

⑦学具教具。

⑧教学过程。

⑨板书设计。

⑩课后反思。

2. 简案

①课题。

②教学目标：三维目标。

③教材分析：重点、难点、关键点。

④教学过程。

⑤课后反思。

其中最主要的是教学过程。

3. 教学过程的书写格式

教学过程的书写格式如下表。

教学环节	教学内容	教师活动	学生活动	设计意图
创设情境，导入新课				
直观感知，识别图形				
实践探究，明确强化				
巩固练习，归纳小结				

简化的书写格式如下表。

教学活动	设计意图

二、小学数学教学设计的基本步骤

《课程标准(2011)》指出：有效的教学活动是学生学、教师教的统一，学生是学习的主体，教师是学习的组织者、引导者与合作者。数学教学活动，特别是课堂教学应激发学生兴趣，调动学生的学习积极性，引发学生的数学思考，鼓励学生的创造性思维；学生应当有足够的时间和空间观察、实验、猜测、计算、推理、验证等活动过程。因此，课程标准下的小学数学教学设计的基本步骤包括以下几点。

(一)确定教学目标

数学教学是为了达到一定的目标而进行的，所以在实施教学之前，必须明确教学目标，这是教学设计的第一步。

教学目标可分为数学课程目标、单元教学目标和课堂教学目标三个层次。

第一层次：数学课程目标，属于宏观目标，是长期学习积累才能达到的，如抽象概括、空间想象、运算求解、数据处理能力，数学的发现、提出、分析、解决问题的能力，数学表达交流能力，应用意识与创新意识，学习数学的兴趣和学好数学的自信心，形成锲而不舍的钻研精神和科学态度，认识数学的价值，形成批判性思维习惯，崇尚数学的理性精神等，都属于数学课程目标，由课程专家制定。

第二层次：单元教学目标，属于中观教学目标，用于计划需要一段时间(几周或几个月)学习后学生的变化，是课程目标的具体化，由教材编写者制定。

第三层次：课堂教学目标，是微观教学目标，它专注于具体内容的学习，只处理细节，是一堂课教学后学生发生的可看得见的变化，因此强调"具体化""可操作"和"可检测"。由上课教师制定，主要依据是课程标准、学情、教材内容，所以学习课标，钻研教材，了解学生是确定目标的基础。

《课程标准(2011)》将教学目标分为知识技能、过程方法和情感态度价值观三个维度，也是三个层次，构成一个有机整体，课堂教学目标的确定可参照这三个维度。教学目标的主体是学生，是由教学完成之后学生会做什么界定的。所以教学目标的书写中"使学生……""让学生……""培养学生……"等说法均是以教师为行为主体的，不宜使用。

(二)分析教学任务

分析学生的经验基础和认知特点，将学生的知识经验和现实世界作为小学数学教学的重要资源。

分析教材可按接纳与理解—比较与质疑—加工或改造的基本思路进行，分析教材的主要目的，一是确定教学内容的范围与深度，涉及重点、难点或关键点；二是深入理解教学内容的数学实质，把握其思想性、智力性和趣味性，研究其适当的呈现方式，为教学过程的安排和教学活动的设计奠定基础。

分析达成目标的途径和方法，注重选择教学方法及教学策略。

(三)明确教学思路

依据教学目标和达成目标的教学方法及策略，确定具体的教学过程，包括情境的创设、教学活动的设计、学生可能提出的问题的解答、例题习题的安排等。

课程改革下的小学数学教学过程可以按如下的环节展开：问题情境—建立模型(得出相关的数学概念、法则、公式等结论)—解释或辨析—巩固与应用—反思小结。

至此可呈现教学设计的结果——教案。

(四)进行教学反思

反思可发现问题，然后明确问题，分析问题，解决问题，正是通过这样的过程，教师实现专业成长。教学反思可以从以下四个方面进行：第一，教学目标设计是否合理？是否达到预期目标？第二，教学方法是否恰当？有无改进之处？第三，教学生成问题的处理是否得当？生成了哪些精彩或不顺畅，其原因是什么？第四，如果再上这节课，如何改进？

总之，在课程标准的理念下，小学数学教学设计，目的在于促进学生学会、会学并且乐学，教学设计要体现学生数学学习的过程性和自主性，要关注学生的生活现实、经验基础和情感体验，要让学生体验丰富多样的学习方式。尤其要克服教学目标分析中的"知识结果中心"倾向，任务分析中的"教材中心"倾向，以及教学活动制定中的"教师中心"倾向。所以，小学数学教学设计过程是一个学习、研究、提高的过程。

三、小学数学教学设计的基本特征

小学数学教学设计的结果是形成一种实施方案，即教案，尽管方案的内容各异，但是有以下共同特征。

(一)指导性

教学设计是教师为组织和指导教学活动精心设计的施教蓝图，方案一旦形成，它就成为指导教师教学的基本依据，具有指导性。

(二)整体性

教学是由多种教学要素组成的一个复杂系统，教学设计是对诸要素的系统安排与组合，因此需要全面周密的思考，将所有教学要素在达成教学目标的过程中实现有机的配合，成为完整的统一体。

(三)创造性

这是教学设计的一个基本特征。首先，表现在教师对教材进行创造性的二次加工，课程改革下的教材是一个极其宏观性的蓝本，对教师教什么、学生学什么起指向作用，给教师留下了比较大的创造空间，即要"用教材教，而不是教教材"。其次，表现在教师对课堂教学的构思和对教学各环节的个性化处理，如课的导入、问题情境的创设、提问问题的设计、活动的安排与组织、板书的设计等方面，因教师个人的教学理念、经验、风格、智慧等，表现出因人而异的个性和灵活性。

下面是一名教师成长过程中的三个教学片段①。

【案例3-9】 精雕细琢，教师全盘控制课堂

教学过程设计大致环节如下：

---

① 李士锜，张晓霞，金成梁．小学数学教学案例研究．北京：高等教育出版社，2010：8－10

1. 铺垫练习，引入新课。

出示题目：28－5、19－7、25－3、36－4。

2. 揭示新课。

将36－4改为36－8，问两题有什么不同？（生答：个位不够减）

师顺势提问："上节课学习的36－4先减个位，再用得数加上十位上的数。那么36－8这道题的个位不够减，又该怎样计算呢？"并板书课题。

3. 教学新课。

(1)教师让学生摆出36根小棒，其中有3捆每捆10根，另有6根未成捆，要从这36根中拿走8根，从6根中不够拿，怎么办？引导学生打开其中一捆，即10根，与那6根合起来，再从中拿走8根，然后将留下的8根加上前面剩下的两捆，就是28根。

(2)学生叙述操作过程。

(3)教师板书出图式。

(4)学生看图式叙述算理。

4. 巩固练习：运用算理进行练习。

整个教学过程严谨有序、详略得当，教学目标明确落实，一堂课上的顺顺当当、天衣无缝，听课教师评价讲得很精彩。现在看来，那堂课学生也动手、动口、动脑了，但是，那是在教师的牵引下，一步步走进教师预设的教学框架中，学生比较被动，全班学生获取的是单一的计算方法和熟练的计算技能。

【案例3-10】 大胆放手，引导学生尝试探索

教学流程分为：

1. 回忆旧知，引出新知。

学生试着出口算题，考考大家。（包括有退位和不退位）

2. 探索问题，建构新知。

(1)抽取一道"两位数减一位数的退位减法题"，如36－8。

(2)学生操作小棒，研究算法。

(3)小组讨论交流，在全班交流，教师板书学生总结出的三种不同的算法：16－8＝8，20＋8＝28；10－8＝2，26＋2＝28；30－8＝22，22＋6＝28。

(4)教师有意识地引导学生讨论哪种方法更简便，最后达成一致意见：第一种算法最简便。

3. 应用练习、巩固新知。

按照第一种算法练习。

现在看来，课上学生的主体地位已被唤醒，教师留给学生探索问题的机会和时间，主动学习增加了，但学生的思维最终没有逃脱教师的束缚，教师仍然将学生的思考"收"到统一的数学思维模式中，没有达到学生自主建构的目的。

【案例3-11】 多向互动，动态生成

1. 创设情境，提出问题。

师：同学们，你们喜欢玩具吗？老师带来一些玩具。（出示课件，玩具熊8元，玩具汽车36元）老师想了解一下，用一些零花钱买这样的玩具，你想买什么？

生1：我有8元钱，想买一辆玩具汽车，但是不够，还要攒多少元？

生2：玩具汽车比玩具熊贵多少钱？

生3：我有24元钱，买一个玩具熊后，还剩多少钱？

2. 探究问题，互动生成。

(1)学生从情境中抽象出减法算式：36－8 或 24－8 等。

(2)学生分小组合作，动手操作学具(复印的人民币或小棒)。

(3)小组之间讨论、交流、算法，教师参与其中。

(4)全班交流"36－8"的计算方法，教师板书。

我从36根小棒里一根一根地减，一直到减去8根；

我先从10元里减去8元，再把余下的2元和另外的26元和在一起；

8－6＝2，30－2＝28；

16－8＝8，20＋8＝28；

30－8＝22，22＋6＝28；

36－6＝30，30－2＝28；

6＋2＝8，38－8＝30，30－2＝28；

36－10＝26，26＋2＝28。

对这些算法我给予了充分的赞赏与肯定，同时帮助学生在交流中大胆质疑、争辩，然后让学生在对话交流中修正、改善自己的算法。

3. 反思算法，拓展应用。

教师引导学生说说你喜欢哪种方法，为什么？让学生用自己喜欢的方法计算并解决实际问题。

基于课程生成理念下的课堂教学，教师不再充当教材的解读者、教案的执行者，而是一个富有真情、充满人文关怀和教育智慧的人，善于激发学生的学习愿望，激励学生自主探究，充分展示真实的学习过程，使学生主动、自由、建构地学习，从而达成师生智慧的共享和生命的提升。

思考：三个教学片段给你的启示是什么？

第三节　小学数学概念的教学设计

一、数学概念的学习

恩格斯指出："科学是和概念并肩成长的，在一定的意义上科学的内容就是概念的体系。"数学科学也是如此，数学概念是客观世界中数量关系和空间形式的本质属性在人们头脑中的反映，是数学知识的细胞，也是思维的单元，它不仅是学习数学法则、公式的基础，是进行推理、判断、证明的依据，也是进行数学运算、有效进行问题解决的先决条件，所以，概念学习在小学数学学习中占据基础地位。正所谓数学教学上"概念不清、寸步难行"。

(一)小学数学概念学习的实质

数学概念是用数学语言和符号揭示事物共同属性的思维形式，学生单纯能够记住或说出概念的名称，并不代表他已经习得了这一概念，只能说习得了概念的记号；学生能够举出几个概念的例子，也不等于习得了这个概念，因为这不能表明他已经把握了概念的本质属性，更不能说明他能在不同的情境下运用这个概念。所以数学概念的学习过程，其实质就是学生认识、理解一类事物数量关系或空间形式的共同特征的心理过程。在这一过程中，学生首先能对一类数学对象在分析观察的基础上，抽象概括出其共同特征，得到数学概念，其次要能去区分概念的本质属性和非本质属性，辨析相关概念。最后要能举出正例和反例，并将概念应用于具体情境。概念习得的标志是学生能够熟练地利用概念的属性去做事。

小学生对数学概念的学习，可以表现为三种水平：

第一，能够复述出概念的定义。例如，学习完方程概念后，学生能够完整地说出"含有未知数的等式叫作方程"。但不会想到方程是人们通过已知寻求未知的数学模型。

第二，利用概念进行判断或分类。例如，给出些代数式、等式、不等式等，能够指出哪些是方程，哪些不是方程。

第三，运用概念解决问题或进行推理。例如，学习完"奇数""偶数"概念后，能够正确地判断两个奇数的和或积、两个偶数的和或积、奇数与偶数的和或积是奇数还是偶数等。

(二)数学概念的类型

依据不同的标准，数学概念有如下分类。

1. 前科学概念与科学概念

著名心理学家维果茨基认为，要发展心智，儿童必须掌握文化提供给他们的智力工具——语言、文字、数学符号及科学概念等。科学概念，是在相关理论指导下形成的，而且它总是处于特定的理论系统之中，具有较高的抽象性和概括性。

儿童的学习并非从"零"开始。在进入正规的课堂教学之前，他们已具有在日常生活中形成的概念；也有在进入正规的课堂教学后，在教师的教授下所形成的一些概念，有的与科学概念一致，有的与科学概念不一致，有的甚至是错误的。所以，前科学概念是指对某事物含糊的、不完善的或者是错误的理解，是学习者拥有的和当前的数学科学知识不同的概念。这种概念总是随着学生的活动和认识的发展，处于运动、变化和发展的过程中。前科学概念和科学概念可能一致，也可能有冲突。例如，关于"直线"的日常概念与其科学概念比较一致，而"垂线"的日常概念是与水平线垂直，科学概念"凡是两条直线成 90° 角相交，这两条直线就互为垂线"，就不一致。

建构主义的一个重要观点是学生的错误概念不易清除或替代，或者说错误是根深蒂固的，其原因是这些概念是在学习者现有知识下的建构和理解。以同化和顺应为基础，概念转变理论认为，一种方法是"充实"（enrichment），涉及的是在学生已有的概念结构中，内涵的增加或删除；另一种是"重建"（restructuring），意味着创造新结构。无论哪一种方法，都强调是在学生原有概念的基础上，都要求教师在指导中必须弄清楚学生错误概念的原因是什么，再重新建构。

2. 初级概念与二级概念

根据概念的抽象程度，著名教育心理学家奥苏贝尔将概念分为初级概念和二级概念。初级概念是指通过直接观察一定数量正反例可以分析概括出概念的关键特征的概念，又叫一级概念。二级概念是指通过掌握概念的定义或概念之间的关系而获得概念，其抽象水平高于初级概念。例如，自然数的概念属于初级概念，质数、合数的概念就属于二级概念。

3. 具体概念与定义性概念

按照概念的习得方式，教育心理学家加涅把概念分为具体概念和定义性概念。具体概念是指一类事物的共同本质特性可以通过直接观察获得，如三角形、圆形、长方形、上、下等概念。另外一些概念，如质数、合数、商等概念，不能通过正反例的比较、辨别获得，只能通过定义才能得到，这样的概念叫定义性概念。显然定义性概念往往不是单一的概念，而是涉及几个概念之间的关系，比具体概念更抽象，因此更不易掌握。

综观上述可发现，日常概念多属初级概念或具体概念，科学概念多属二级概念或定义性概念。概念教学时，教师把握概念的特点，能预知学生学习中的障碍，并在教学设计时安排适当的活动，正确理解科学概念，而没有必要进行严格的区分或让学生辨别。

(三)小学数学概念及其特点

一般认为数学概念的产生与发展的途径有两个：一个是直接从客观事物的空间形式或数量关系概括得到；另一个是由已有数学理论本身抽象而来。小学数学概念产生主要是第一条途径，即主要来源于学生的生活实际。

1. 小学数学的基本概念

为了对小学数学主要概念有一个完整的把握，我们按课标划分的三个知识模块（数与代数、图形与几何、统计与概率）分别叙述。

(1)数与代数中的主要概念。

数与代数的内容是小学数学中最重要的内容，也是概念最多的部分，这些概念一直伴随学生的数学学习和未来生活。小学涉及的数，主要有整数（零和自然数）、小数和分数。各个部分都包括一系列的概念。

整数部分概念：自然数；数位；倍数；因数、奇数与偶数；质数与合数；公因数、质因数、最大公因数；互质数；公倍数、最小公倍数等。

小数部分概念：小数；小数部分；整数部分；有限小数；无限小数；循环小数；无限不循环小数；循环节；纯循环小数；混循环小数等。

分数部分概念：分数；分数单位；约分与通分；最简分数；百分数等。

数的运算概念：准确数；近似数；四舍五入；加、减、乘、除；等于、大于、小于；比和比例等。

单位的概念和换算也是小学数学的一个重要内容。

量的计量概念：长度单位（千米、米、分米、厘米、毫米）；面积单位；体积单位；重量单位；时间单位：年、月、日、小时、分、秒。

式与方程概念：字母表示数，代数式，恒等式；简易方程，解方程，方程的解等。

(2)图形与几何中的主要概念。

图形概念：点、直线、射线、线段、垂线、平行线；角、平角、周角；三角形；长方形、正方形、平行四边形、梯形；圆；周长、面积、体积、侧面积、底面积等。

图形位置与运动概念：前、后、左、右、上、下；轴对称，旋转、对称、平移等。

(3)统计与概率中的主要概念。

统计；数据；数据收集、数据分析；数据信息；随机现象，随机事件；可能性；预测；推断；平均数、中位数、众数。

2. 小学数学概念的特点

小学数学概念是数学逻辑系统的起点，所以具有基本性；小学数学概念在数学发展中多是最先出现的概念，具有起源性；小学数学以常量为研究内容，所以，小学数学概念具有初等性。

小学数学概念还具有非严谨性和发展性。由于小学生的认知依赖直观具体，所以小学数学中的概念大部分没有严格定义，一般用描述的方式给出。例如，"我们在数物体的时候，用来表示物体个数的1，2，3，4，5，6——叫自然数""比直角小的角是锐角"。有的概念甚至没有文字语言描述，直接用图形给出，如一年级认识"三角形"等。

当然，随着学习内容思维含量的不断提高，一些概念有了相对严格的定义，如分数、质数与合数，最大公约数及周长、面积等概念。

(四)数学概念学习的基本方式

因为儿童的心理运算常常是一种与具体材料相关联的运算，儿童认知概念是循着"形象—表象—抽象"的过程进行的，实质就是儿童的现实生活与经验的"数学化"过程，所以数学教师的一个主要任务，就是通过大量直观的材料，在儿童进行充分的操作、观察和思考的基础上，形成表象，再抽象概括出数学对象的共同特征，帮助学生真正理解概念。

根据奥苏贝尔的有意义学习理论，儿童主要是通过概念形成和概念同化两种认知方式学习、掌握概念的。

1. 数学概念的形成

数学概念形成是指学生依据直接经验，从大量的具体例子出发，通过归纳抽取一类数量关系或空间形式的共同属性，从而获得概念的过程。这种方式是儿童学习数学概念的主要途径。例如，儿童学习"圆"的概念，可以先观察硬币、车轮、圆桌面等一系列"圆"的实例，然后在教师的帮助下归纳出这些物体形状的共同属性，在此基础上得出"圆"的概念。

2. 数学概念的同化

数学概念的同化是指利用学生头脑里已有的数学概念，以定义的方式直接揭示概念的本质属性，从而获得概念的过程，如"平行四边形""方程的解"等概念，就是通过概念同化的方式学习的。概念同化是儿童心理发展到一定水平后学习数学概念的主要形式，它主要依靠的是学生对经验的概括和新旧概念的联系。

概念形成和概念同化是儿童学习数学概念的两种不同方式，但并不意味着这两种方式是彼此独立或互相排斥的。事实上，小学数学中大量的数学概念，儿童都是借助这两种认知方式的有机结合而掌握的，如平行线、三角形、矩形、分数、方程、比例等概念，教学时一方面通过大量的实际例子丰富儿童的感性认识，让他们获得抽象概念本质属性的现实模型；另一方面又通过定义更深刻地揭示所学概念的本质属性，以此加深对概念内涵的理解。这样处理，既符合儿童的认知规律，又有利于数学概念本质属性的掌握。

二、概念教学设计案例分析

(一)数学概念教学设计的基本步骤

无论通过概念形成还是概念同化方式学习数学概念，数学概念教学设计一般都有四个基本步骤：概念的引入、形成或同化、巩固和运用。

1. 概念的引入

概念引入环节如果设计得新颖、自然、有趣，就能吸引学生，顺利地开展学习。如何设计好的开头，这就需要教师遵循儿童的认知特征，利用典型丰富的具体例证、生活情境、操作活动、故事、问题猜想等，引导学生揭示概念的本质属性或必要性。常用的引入方式有例证引入、情境引入、故事引入、活动(游戏)引入、猜想引入、计算引入等。

2. 概念的形成或同化

通过对引入环节的事例的分析、比较、综合等思维活动，概括共同特征得到概念的本质属性，引导学生用语言或符号表征，尝试给概念下定义，师生共同完善，获得概念。小学数学概念的定义方式有两种，即描述式和定义式。描述式是指举出实例用描述的方法加以说明。例如，"我们在数物体的时候，用来表示物体个数的1，2，3，4，5，6——叫自然数"，尽管这样的定义没有直接揭示概念的本质属性，不属于科学的定义，但是直观、形象、易懂，源自小学生的生活经验，符合小学生的认知水平。定义式，即抓住事物的本质特征，揭示事物的本质属性，以命题的形式表达概念。例如，"有两条边相等的三角形叫等腰三角形""含有未知数的等式叫方程"。这样的定义，条件和结论十分明显，便于儿童学习。

3. 概念的巩固

概念的理解与巩固，还要经历一个辨析的过程，师生举出实例，以正例和反例为载体，分清概念的本质属性和非本质属性；通过练习或问题，建立与相关概念的联系，使概念得以"精致"，从而巩固概念。

4. 概念的运用

学习概念的理想终点是学生能够利用所学概念去做事，去解决问题，这就需要设计概念的运用环节。在小学数学概念学习中，主要是通过设计练习情境来达到运用概念的目的，练习情境的设计需要注意：练习的目的明确；练习的安排要层次清楚，由浅入深有梯度；练习情境要真实，遵循现实原则，数学源于生活，服务于生活，将概念的应用与解决生活中的问题结合起来。

（二）教学设计案例分析

1. 教学设计案例

【课题】 倒数的认识[①]

【教学目标】

（1）认识和理解倒数的意义，学会求一个数的倒数的方法，能正确表达一个数的倒数。

（2）在认识互为倒数的两个数的特点并发现简单规律的过程中，发展观察、抽象和概括等思维能力。

（3）在知识、方法获取的过程中，增强自主探索与合作交流的意识，提高学好数学的自信心。

【教学重点】

理解倒数的意义，掌握求一个数的倒数的方法。

【教学难点】

理解"互为倒数"的含义，理解1和0的倒数问题。

【课前谈话】

"互为"的关系。

师：自我介绍。请你在本子上写下老师的名字，然后在我的名字旁边再写上你自己的名字。

---

① 杨磊，沧州市路华小学

师：知道我为什么要让你们写下两个人的名字吗？

这样我们就相互认识啦。那什么叫"相互认识"呢？

（我认识了你，你也认识我了，我们就相互认识了，我们还有可能成为互相的朋友，你是我的朋友，我是你的朋友）

【设计意图】

激活学生已有的生活经验，激发学习的兴趣，通过朋友之间"相互认识"的生活经验可较顺利地迁移到倒数表示两个数之间的关系。

【教学过程】

教学活动	设计意图
一、概念的引入 师：在刚才的谈话中，我们感受到了"相互"这个词在生活中的含义。其实，在数学中我们也常会用到这个词。比如，在"空间与图形"领域学两直线的位置关系时，也用到这个词，两直线互相垂直，两直线互相平行。（师随手画直线 a 和直线 b 相互平行及相互垂直的示意图，带着学生一起说说两直线相互平行和垂直的几种不同的说法） 师：在数与数的关系中也有着这样的关系。比如，当你看到 6 和 3 这两个数，你想到了它们之间怎样的关系？你是怎么想的？ 生：6 和 3 是倍数关系，6÷3＝2，所以 6 是 3 的倍数，3 是 6 的因数。 师：说得真好，可以看出，通过一定的运算，使数与数之间也建立了一定的关系。今天这节课，我们一起来研究两个数之间一种新的特殊关系：互为倒数。（板书课题）	激活学生已有的认知基础，明确倒数是两个数之间的一种特殊关系。
二、概念的同化 师：看了这个题目有什么想法？ 生1：倒过来。 师：倒数的"倒"字让你想到了"倒过来"。 生2：倒数是相互的。 师：你们很会思考，肯定也有些疑问吧？ 生1：倒数是什么样的？（板书：是什么） 生2：是不是都可以倒过来呢？（板书：所有数？） 生3：学了有什么用？（板书：有什么用？） 生4：倒数和以前学的数有什么区别？（板书：联系、区别） 课件出示"倒数"的定义：乘积是1的两个数互为倒数。 师：这是数学上对互为倒数的定义，现在请同学们花两分钟时间自己静静地来领悟一下其中的含义。 师：来，说一说，你从这个定义中懂得了什么？（学生交流） 师：那么刚才同学们的疑问中哪些可以从中得到答案了？ 生：倒数是什么这个问题有答案了。 师：那我们是不是可以下课了呢？为什么？ 生：笑…… 师：数学学习需要有一个由浅入深，知其所以然的过程，下面来深入地想想，我们是不是真的懂得了"互为倒数"是什么意思？ （板书：乘积是1的两个数互为倒数） 学生自由读，再读一遍，一起读一遍。	引导学生从自由品读倒数定义的语言文字开始，循着学生理解概念的字面意义的思维轨迹，结合举例，在对概念的分析比较中，逐渐去除概念的非本质特征，完成概念的抽象过程，步步深入地理解倒数的数学内涵。

教学活动	设计意图
师：理解了吗？ 生：理解了。 师：如果真的理解了，那么相信你一定能举些互为倒数的例子了？举例时你准备几个数几个数地举？ 生：两个数，因为它说乘积是1的两个数互为倒数。 师：你读得真仔细。现在请同学们把例子写在自己的本子上。 学生举例、交流。 生1：$\frac{5}{6} \times \frac{6}{5} = 1$，$\frac{8}{6} \times \frac{6}{8} = 1$，$\frac{2}{3} \times \frac{3}{2} = 1$。 师：这三个算式中的每两个数的乘积都是1，那你想说明什么？ 生：是倒数。 师：老师明白你的意思了，那么你能不能用"因为……所以……"的句式来把你的想法和结论说一下呢。 生1：因为$\frac{5}{6} \times \frac{6}{5} = 1$，所以$\frac{5}{6}$和$\frac{6}{5}$互为倒数。 师：真好，也可以说$\frac{5}{6}$的倒数是$\frac{6}{5}$。 生：$\frac{6}{5}$的倒数是$\frac{5}{6}$。 师：像这样你还能往下举例吗？ 生：（一对一对地举出一系列分数的倒数的例子）。 师：真厉害，一口气说也说不完，有什么窍门吗？ 生1：分子、分母换一下位置。 师：为什么这样的两个数就是互为倒数了呢？ 生：因为分子分母倒一下位置，相乘时正好约分掉，乘积就一定是1了。 师：真会分析。抓住倒数的本质，又从"倒数"的"倒"字上找到灵感了。除了这样的例子，你还能举出不同的例子吗？ 生2：$\frac{1}{2} \times 2 = 1$，$\frac{1}{3} \times 3 = 1$，… 师：用一句话概括一下。 生2：几分之一的倒数就是几。 师：同意她的观点吗？ 生：同意。 师：那这些例子和这个"倒"字有没有关系呢？ 生：也是倒一倒，几分之一的倒数是一分之几。一分之几就是几分之一。 师：真不错，你能自己沟通知识之间的相互联系。那还有没有不同的例子了呢？ 生3：$0.5 \times 2 = 1$，$0.25 \times 4 = 1$，$0.1 \times 10 = 1$，因为$0.5 \times 2 = 1$，所以0.5和2互为倒数，0.5的倒数是2，2的倒数是0.5。 师：这些例子中似乎我看不出和"倒"字有什么联系了。 生3：也是倒过来的，你看0.5写成分数就是$\frac{1}{2}$，它的倒数就是$\frac{2}{1}$，就是2。 师：看得越来越深入了。分数和整数、小数之间是可以相互转化的，所以你们已经看出"倒数"的倒字的来历了。那么要找到一个数的倒数关键是怎么想呢？ 生：想这个数×（？）=1就可以了。	

教学活动	设计意图
师：一语中的，你看他的回答一下子抓住了问题的本质。 生：其实只要把分子分母倒一下位置就可以了。 生：(补充)如果是分数直接只要倒一下就可以了，如果不是分数的可以将它写成分数，或者用 $1÷($ $)$ 就可以了。 师：你们俩的回答合起来真精彩。你们看，找一个数的倒数，本质上是看它和谁的乘积是 1，当遇到是找分数的倒数时就更加快捷。对于刚才同学们交流的这些例子，你们还有什么不同的补充呢？比如，有没有遇到特殊一点的数呢？ 生 4：$1×1=1$。 师：说明什么？ 生 4：1 的倒数是 1。 师：真厉害，这个数的倒数确实有点特殊，来，我们把它记录下来。(板书：1 的倒数是 1) 师：还有不同的吗？ 生：$24÷24=1$，所以……(自己发现不对，但是不知哪里不对) 师：有什么问题？ 生：乘积是 1 的两个数互为倒数，所以不是。 师：那 24 的倒数是多少？(还请刚才的这位学生) 生：因为 $24×\frac{1}{24}=1$，所以 24 的倒数是 $\frac{1}{24}$。 师：你看，这位同学提醒大家注意一点，只有相乘等于 1 的两个数才是互为倒数。那么学到现在，对于倒数是什么？这个问题我们可以说是深入理解了，那么刚才有同学提出的"所有的数都有倒数吗？"这个问题你是怎么看呢？ 生：0 不可以。 师：你说的不可以是什么意思？ 生：因为 0 乘任何数都得 0，所以 0 没有倒数。 师：其他同学同意这个观点吗？ 生：同意。 师：真了不起，抓住了倒数的本质，找不到一个和 0 相乘等于 1 的数，所以 0 没有倒数。(板书结论)	
三、概念的辨析与巩固 师：通过举例，把对倒数的理解表达出来了，那倒数与其他的数有什么联系、区别呢？ (出示练习：辨一辨) (1)5 是一个整数，也是一个倒数。(×) 生：5 不是倒数，倒数要两个数，5 是 0.2 的倒数。 师：从这里可以看出倒数不是指数的分类，而是指两个数之间的关系。分数、整数(非 0)、小数都可以找到它对应的倒数，但是不能说一个数是倒数。 (2)$\frac{1}{8}$ 和 8 互为倒数。(√) (3)因为 $\frac{3}{4}+\frac{1}{4}=1$，所以 $\frac{3}{4}$ 是 $\frac{1}{4}$ 的倒数。(×) 生：乘积是 1 的两个数互为倒数，不是相加。 (4)1 除以任何不等于 0 的数，得到的这个数一定是这个数的倒数。(√) 生：对，$1÷24=\frac{1}{24}$。	

续表

教学活动	设计意图
师：真好，这位同学就举了刚才的这个例子，（　）×（　）＝1，反过来1÷（　）＝（　）。 师：对于倒数"是什么"学到这里已经非常清晰和深入了。相信，现在给你一个不是0的数，你一定能找出它的倒数。 （出示练习：写一写） $\frac{7}{12}$的倒数是（　　），$\frac{1}{3}$的倒数是（　　）； $\frac{9}{4}$的倒数是（　　），8的倒数是（　　）； 900的倒数是（　　），1的倒数是（　　）。 师：0.8和（　　）互为倒数，为什么？ 生：0.8×1.25＝1。 生：0.8＝$\frac{4}{5}$，$\frac{4}{5}$的倒数是$\frac{5}{4}$。 师：这里0.8的倒数既可以写1.25，也可以写$\frac{5}{4}$。 2. 找一类数的倒数 找一找：先观察每组的特点，并找出每组中各数的倒数，再看看能发现什么。 (1)$\frac{3}{4}$　$\frac{2}{5}$　$\frac{7}{9}$；　　(2)$\frac{7}{2}$　$\frac{9}{5}$　$\frac{13}{6}$；　　(3)$\frac{1}{2}$　$\frac{1}{10}$　$\frac{1}{12}$。 师：在找出每组数的倒数的过程中，你们发现了什么？ 生：真分数的倒数是假分数。 生：假分数的倒数是真分数。 师：假分数倒数一定是真分数？ 生：错。$\frac{13}{13}＝\frac{13}{13}$。 师：假分数有两种，一种大于1，一种等于1，刚才的结论可以怎样完善？ 结论：大于1($\neq$1)的假分数倒数一定是真分数。 生：分子是1的分数倒数一定是整数。	帮助学生加深对倒数含义的理解，掌握求一个数的倒数的方法，利于学生感受探索和发现简单数学规律的过程，积累比较、归纳、抽象等活动经验，感悟一些基本数学思想，发展理性思维能力。
四、概念的运用 师：到现在，我们不仅深刻地知道了"互为倒数"是什么？还会熟练地找出一个数的倒数。那么刚才同学们一开始的问题中，关于倒数有什么用，似乎好像还没得到结果。那到底"倒数有什么用呢？" 师：其实，倒数在计算中有着重要的作用！早在五年级的时候，我们就已经接触了。 通过计算我们发现： (1)4.8÷0.1 ＝ 4.8×(10)； (2)3.6÷0.5 ＝ 3.6×(2)； (3)1.5÷0.25 ＝ 1.5×(4)。 师：找到倒数了吗？ 生：(1)0.1和10； (2)0.5和2； (3) 0.25和4。 师：眼力不错，再仔细观察一下，这样的算式里是不是蕴含着什么奥秘呢？带着这样的感觉猜一猜：这个算式可以怎么算呢？ 出示：$\frac{4}{5}÷2＝(\frac{4}{5})(×)(\frac{1}{2})$。 师：看来，同学们对于这个问题已经有了数学的直觉了，数学是一门严谨的学科，这个问题到底是不是像同学们想的这样，在接下来分数除法的单元我们就会去揭开这个谜底。	引导学生通过比较和交流发现除法和乘法之间也是可以互相转化的，除以一个数与乘这个数的倒数是等价的，进而提出一个关于分数除法计算的猜想。学生可以通过这部分内容了解倒数概念有什么用，为后续学习分数除法做一些准备。

【教学反思】

第一，本课抓住倒数的"乘积是 1 的两个数"这一本质关系，通过学生举例、观察、发现、思辨，引导学生经历"感知、表象、建构、应用"的概念形成过程。教学目标达成效果良好，注重沟通知识之间的内在联系，引导学生从不同角度去思考问题，在遵循了学生认知规律的基础上，提升了学生的思维品质。

第二，作为典型的概念课，在引导学生感知、理解、建构的过程中，还需进一步面向全体，关注学生差异，多给学生提供巩固概念的机会。数学活动的设计还可以再开放一些，留出思维的空间还可以再大一些，为学生提供更多的再发现、再创造、再应用的机会，使他们能自主经历概念的形成过程，在理解和掌握概念的同时，积累更丰富的数学活动经验。

第三，如果在课尾能够和学生一起梳理研究倒数概念的基本方法，使学生了解概念学习的基本套路(例如，要弄清楚概念的内涵和外延，要理解概念与其他相关概念之间的区别和联系，要了解所学概念有什么用)，这些基本的研究方法、研究思路将对学生的自主发展有积极的促进作用。

2. 案例分析

"倒数"的教学设计与实施中有三大亮点，教学过程顺畅自然，问题引领，以发展学生思维为核心。具体分析如下：

"课前谈话"与概念引入环节一气呵成，联系了学生的生活现实和头脑中的数学现实，激活了学生的思维，自然顺畅地到达所学课题。

概念的同化环节，先由课题引发学生的思考，"看了这个题目有什么想法?""倒过来，倒数是相互的。倒数是什么样的? 是不是都可以倒过来呢? 学了有什么用? 倒数和以前学的数有什么区别和联系?"发散思维，引发学生第一次思维高潮，将这节课的学习内容通过学生的思考，以问题呈现出来，不但抓住了学生的注意力，而且发展了学生的思维。然后教师出示倒数的定义，并且请同学们花两分钟时间自己静静地来领悟一下其中的含义。再说一说，你从这个定义中懂得了什么?(学生交流)刚才的疑问哪些可以从中得到答案了? 还有哪些问题需要研究? 在同化倒数概念的同时，激起又一次思维高潮。

接下来在教师的问题引领和鼓励赞赏中，师生通过对话、发现、讨论与练习等方法完成了倒数概念的理解、辨析、运用及倒数求解的全过程，让学生经历了数学化和再创造的过程，较好地落实了数学教学的三维目标，特别突出了数学教育发展学生思维的目标。

本案例的不足之处是课尾的回顾小结，没来得及进行。

这一概念教学案例，教学过程不只是课前的设计过程，而是真实的教学实施过程，因其更鲜活生动而不再改动。

三、小学数学概念的教学策略

随着课程改革及国培计划的进行，数学教育教学理论与课程理念已为广大教师所熟悉，但教学实践中的一个普遍现象是教师所认同的理念与教师课堂教学行为往往不一致，而师范生学习的教育理论、理念与其试讲行为的不一致更为明显，造成这一现象的一个重要的原因是教师缺乏在教育理念下对教学任务的系统谋划和具体措施，即教学策略。教学策略可以看成是基于理念的整体教学谋划和具体教学活动措施的整合体，[1] 与教学设计和教学方法密切相关，应是更上位的，由思想观念统率着的教学方法和教学活动措施的整合，因此，它是教师专业素养的重要组成部分。基于小学数学教与学的基本理论、课程理念、教学方法、教学设计及数学概念学习的相关理念，提出如下几条关于数学概念的教学策略。

(一)情境化策略

创设情境显然是概念教学设计中的首要策略，但它往往又贯穿于课堂教学的始终，所以将它作为概念教学的策略之首。

1. 创设情境的作用

创设情境在学生学习中的作用，有一个精辟的比喻："将 15 克盐放在你的面前，无论如何你都难以下咽。但当将盐放入一碗鲜美的汤中，你在享用佳肴时，就将盐全部吸收了。情境之于知识，犹如汤之于盐。盐需溶入汤中，才易于被吸收；知识需要溶入情境之中，才能显示出活力和美感。"[2]进一步，创设情境体现了数学教育的现实原则，为学生的数学化和再创造提供了载体，同时契合了课程改革强调学生是学习的主体及学习活动是学生以自身已有的知识和经验为基础主动建构的理念。

2. 好的情境的特征

创设情境已成为教师们的共识，但并不代表着所有情境都是"好"的，即恰当的，所以需要给出好的情境的特征。笔者认为，它应具有以下几个方面的特点。第一，基于学生的现实，包括生活现实和数学现实；第二，具有指向性；指向教学目标和数学概念；第三，具有思维价值，能激起学生的主动思考。好的情境应是概念习得、学生思维发展的桥梁。

【案例 3-12】　百分数的意义 [3]

上课不久，教师与学生共同展示自己收集的生活中的"百分数例子"，在饮料的包装盒上、衣服的标签上、报纸上、玩具的说明书上，学生们发现了很多百分数，并且表现出对学习新数的浓厚兴趣。在此情境下，教师提问：对于百分数，你想要研究什么问题。学生围绕百分数提出了多种角度的问题：①人们为什么喜欢用百分

---

①　张丹．小学数学教学策略．北京：北京师范大学出版社，2010：1

②　余文森，等．课堂教学远程研修实录．上海：华东师范大学出版社，2006：115

③　摘自特级教师黄爱华执教的"百分数的意义"

数？②百分数和分数有什么区别？③百分数是什么意思？④百分号是怎么写的？⑤百分数是干什么的？⑥百分数用得多还是分数用得多？——接着教师带领学生将刚才提出的问题归纳成下面的四个问题：①为什么喜欢用百分数？②在什么情况下用百分数？③百分数是什么意思？④和分数比较有什么不同？

学生分小组解决问题，然后师生共同提炼出本节课的知识。

此情境源于学生的生活现实，激发起学生探索的兴趣，此时鼓励学生提出想研究的问题，具有开放性和思维价值；教师在引导学生归纳问题时，聚焦在百分数引入的必要性、应用范围、含义、与分数的联系上，正是围绕百分数的意义的教学目标，进行学习的几个重要方面。所以此问题情境策略的运用，恰当巧妙，属于好的情境。

3. 创设情境的注意点

首先，情境的形式是丰富多彩的，如操作活动、故事引入、场景展示、数据资料等。情境不仅仅是生活情境，数学自身也是情境的丰富源泉。例如，在三角形的认识教学中，教师可先让学生就自己的理解任意画一个三角形，并观察所画三角形的角的特点，同组交流，总结有哪些特点。然后让学生画各种特点的三角形，并试着给它们起名字。最后概括出锐角三角形、直角三角形和钝角三角形的概念。

其次，情境的创设要和问题的设计合为一体，即常说的问题情境。在实际教学中，教师往往重视情境的设计而忽视了提出恰当的问题，从而影响了数学化的进程。事实上，教师提出具有挑战性、启发性、数学意义的问题，是创设情境的重要一环。数学化是由问题引领的。正如孙晓天教授所言："情境与数学化不是'华丽的装饰'，而是数学教学的承重墙。"

(二)操作性策略

著名心理学家皮亚杰说过："思维是从动作开始的，切断了动作与思维之间的联系，思维就得不到发展。"儿童在小学数学学习中主要通过直观形象的方式获得数学概念，但不表明这个直观形象的过程就是教师的呈现和演示过程。事实上，在大多数情况下，应将这个过程理解为儿童自己的尝试操作探究过程，即儿童学习数学的过程就是"做"数学的过程。所以，操作性活动应成为儿童学习数学概念的重要形式。下面看吴正宪老师的一个教学片段。

【案例3-13】 "分数的初步认识"教学片段[①]

吴老师请同学们拿出准备好的长方形、正方形、圆形纸片，折出自己喜欢的图形的二分之一，同时与小伙伴交流。

孩子们的指尖上跳动着智慧，他们用不同的折法操作着。不知谁喊了一声："我折出了圆的四分之一！"同学们把惊奇的目光投了过去，此时吴老师显得有些激动地说："什么？你折出了圆的四分之一？能把你的折法介绍给同学们吗？"这位同学高高

---

① 吴正宪，张秋爽，贾福录. 听吴正宪老师上课. 上海：华东师范大学出版社，2012：94

举起手中的圆形纸片，说："我把它对折，再对折就得到了四分之一。"吴老师满腔热情地鼓励他说："很有创造！同学们折出圆形的二分之一，你却大胆地折出了它的四分之一。你能说说四分之一是什么意思吗？"这位同学兴致勃勃地讲出了四分之一所表示的意思。同学们不约而同地鼓起掌来。吴老师趁机说："你们还有别的折法吗？试试看！"教室里热闹起来，同学们认真地折着，说着，不一会儿，学生折出了三分之一、六分之一、十二分之一、十六分之一——吴老师真诚地欣赏着孩子们，请他们把折成的不同图形的纸片贴在黑板上展示。同学们脸上都洋溢着参与与创造的快乐，七嘴八舌地说着各自得到的新分数的含义，加深了对分数的理解。

当操作和思维联系起来，操作便成为培养学生创新意识的源泉。

（三）变式策略

变式就是从不同角度组织感性材料，变换事物的非本质特征，在各种表现形式中突出事物的本质特征，从而使学生对概念的理解达到越来越高的概括化程度。来看看张齐华老师"认识分数"的一个片段。

【案例 3-14】 **"认识分数"的教学片段**[①]

一开始，通过分蛋糕和简短的讨论，让学生知道：把一个蛋糕平均分成两份，每份是它的 $\frac{1}{2}$。接着，张老师给每位学生准备了同样的长方形纸，让学生"动手折一折"，并"涂出它的 $\frac{1}{2}$"。学生折啊，涂啊。交流的时候，有的学生横着对折，涂出了其中的 $\frac{1}{2}$：▨，有的学生竖着对折，涂出它的 $\frac{1}{2}$：▨，有的斜着平均折成两份，涂出了它的 $\frac{1}{2}$：◨，张老师指着这些不同形状的阴影部分问学生："这些阴影部分形状不同，为什么都是这张纸的 $\frac{1}{2}$？"学生一一回答："我把这张纸横着对折，就是把它平均分成两份，其中一份当然是它的 $\frac{1}{2}$。""我把这张纸竖着对折，就是把它平均分成两份，每一份是它的 $\frac{1}{2}$。""我虽然是斜着折的，但是是把这张纸平均折成了两份，这一份虽然形状不同，但也是这张纸的 $\frac{1}{2}$。"张老师说，不管把纸怎样折，也不管折成的每一份是什么形状，只要是把这张纸平均分成两份，每一份就是它的 $\frac{1}{2}$。后来，认识 $\frac{1}{4}$ 时，张老师给学生准备了各种不同形状的纸，要求学生折一折，并涂出其中的 $\frac{1}{4}$，学生折啊，涂啊，出现了这些情况：

① 张齐华，南京市北京东路小学

张老师又问学生：这里图形的形状也不相同了，阴影部分的形状和大小也都不同，为什么都是原来这个图形的 $\frac{1}{4}$。学生一一回答，都是说我把这张纸平均分成了 4 份，每一份是这张纸的 $\frac{1}{4}$。最后老师总结道：不管是什么形状的纸，也不管涂色部分是什么形状，只要把它平均分成 4 份，每份就是这张纸的 $\frac{1}{4}$。这样，学生对 $\frac{1}{2}$，$\frac{1}{4}$ 分数的认识达到了概括化程度很高的理解。

张老师就是运用了变式策略。为了使学生能深刻认识 $\frac{1}{2}$，$\frac{1}{4}$，变换非本质属性，让学生用不同方法折出、涂出各种形状的 $\frac{1}{2}$，$\frac{1}{4}$，从而突出不管用什么纸折，不管怎样折，只要把纸平均分成 2 份，每份就是它的 $\frac{1}{2}$，只要把纸平均分成 4 份，每份就是它的 $\frac{1}{4}$。

变式策略还包括恰当地使用反例。反例就是故意变换事物的本质特征，使之质变为与之形似的其他事物，在比较与思辨中反衬和突出事物的本质特征，从而更准确地认识概念。例如，下面的图形，哪些是角，哪些不是角？

(四)强化激励策略

强化和淡化是教师经常使用的课堂教学策略，这里特别阐述一下在概念教学时教师须强化的几个方面。

1. 抽象概括的强化

在概念形成的学习过程中，学生在观察、分类、触摸等操作的基础上，通过自己的比较、归纳、分析与综合，对研究对象的各个属性已形成较为清晰的表象时，教师就应及时引导学生将对象的本质属性抽象出来，并将这种本质属性概括到同类事物中去，从而形成概念。在这个过程中，要充分发挥学生的主体作用，教师鼓励、尊重、引导，让学生安全、积极、主动地探索、思考、展示，用学生自己的语言表达。不精确、不简练、不完善是正常的，错误是有意义的学习，通过师生、生生的思维碰撞，不断修正，最终再创造出数学概念。

【案例 3-15】 "用字母表示数"教学片段[①]

"数青蛙"的儿歌之后,吴老师让学生自己想办法表示出更多的青蛙只数。

生 1:我写了 10 只青蛙 10 张嘴,20 只眼睛 40 条腿。

老师还没说话,其他同学都举着手要发表意见。

生 2:老师,我比他表示得多。10000 只青蛙 10000 张嘴,20000 只眼睛 40000 条腿。吴老师不动声色,调动学生的学习热情:10 只也好,10000 只也罢,都只能表示一种情况啊!

生 3:(若有所思)n 只青蛙 n 张嘴,n 只眼睛 n 条腿。

教室里热闹起来,同学们七嘴八舌:n 是同样的字母,这样表示不符合逻辑,这不是出怪物了?

生 4:(跑到台前)我的不一样,比他(生 3)表示得好。a 只青蛙 b 张嘴,c 只眼睛 d 条腿。

显然这位同学想到了用 a,b,c,d 四个不同的字母来表示 4 个不同的数。吴老师肯定了他,但又继续追问:当 a 表示 5 的时候,b,c,d 各表示什么?

学生解释,但却引发了同学们的质疑:你这种表示只有你知道,你不给大家解释,我们就不清楚。

生 5:a 只青蛙 a 张嘴,b 只眼睛 c 条腿。

师:这位同学的想法表达出了青蛙的只数和嘴是相同的,眼睛和腿的条数是不同的,相比之下又有了进步,但还不能让人一眼看出它们之间的关系。

教室里安静下来,没有同学再发言。

吴老师鼓励坐在角落里的一个小女生:跟大家分享你的表示方法好吗?

生:5 只青蛙,5×1 张嘴,5×2 只眼睛,5×4 条腿。

教室里想起了掌声,终于找到了关系!小女生的眼中也放出光芒。

师:同学们,有遗憾吗?

众生:虽然有了关系,却只表示了 5 只青蛙。

过了一会儿,几个同学竟同时起立:a 只青蛙 a 张嘴,$2a$ 只眼睛 $4a$ 条腿。

教室里又一次响起了掌声。

2. 激励评价的强化

激励评价也是强化的重要方面,它既是对创造精彩的学生的肯定与欣赏,也是对其他学生的鼓励和期待。教师的激励要有针对性,要更多地关注学生的具体学习过程,通过强调学生的想法、做法或说法本身的价值,对其他学生起到引领作用。同时,教师也不要忽视对其他学生的激励,对学生的认真聆听、真心接纳要进行充分的肯定,让学生懂得能够静心聆听和心悦诚服地接纳其他同学的好思路或方法是

---

① 吴正宪,张秋爽,贾福录.听吴正宪老师上课.上海:华东师范大学出版社,2012:58—59

一种智慧的表现。由于注意力时间、思维水平、语言表达能力所限，学生不完善的想法、做法和说法或许多于精彩的、完善的，如何评价这部分学生，就显示出了教师的教育理念和教学艺术，也决定了教师是否给学生一个安全、主动、积极的学习环境。下面看吴正宪老师的一个案例。

【案例3-16】 在"平均数"一课上，吴老师让学生估算平均数，学生们踊跃发言，一位男同学估算的是2000，超出最大数据。吴老师先采访估得准的同学说说你是如何估的，一位同学回答："平均数要比最大的数1500小，比最小的数600大，是这几个数匀乎匀乎成的数，所以我估计的是1000"，"匀乎匀乎"形象地表达了学生对平均数的正确理解。师生肯定这位同学的说法，这时，吴老师说"刚才哪位同学估了2000？你是如何估的？"一位男孩站起来说："我看大家都举手说，就也说了个数。"吴老师接着说："听了这位同学的发言，你想说什么？"男孩："我没认真想，估的数跑到最高的数外边去了"。一个"外"字，表现出了孩子对平均数的认识和理解，体现对自己学习的反思。吴老师及时地点评道："我非常佩服第一次估计比较准的同学，你们思考问题有根有据。但我更佩服这位男同学，虽然他第一次估到'外'边去了，但他能认识到自己的不足，听取别人的意见，修正自己的意见，这是很好的学习方法，我很喜欢你。"小男孩高兴地坐下了。

3. 概念运用的强化

在运用中加深对概念的理解，在运用中强化对概念的掌握，是一项非常有效的策略。概念的运用包括简单的判别性、选择性运用，复杂一点的推理性、证明性运用，和更复杂的数学问题解决等的运用。一般是由简单到复杂的有梯度的安排，更符合儿童的认知。

【案例3-17】 吴正宪老师在"平均数"这节课的概念运用环节，和学生共同研究了四个问题：

①统计直方图出示故宫博物院五一假期的门票数，问平均每天的门票数是多少？

②统计表出示北京市某年四个季度的雨天数，师问：你能提出什么问题？生答：平均每季度有多少下雨天？解决后，学生没有问题了，师问：平均每个月有多少下雨天？

③统计表呈现少儿歌手比赛中，七位评委为一位歌手的打分表，问这位歌手的最后得分是多少？（要去掉一个最高分和一个最低分）

④小明身高135厘米，他要过一条平均水深110厘米的河，小明会有危险吗？（全班分成两大阵营，一组认为没有危险，一组认为有危险。吴老师没有肯定，更没有否定，而是请各组派出代表阐述理由。一场精彩的辩论澄清了问题。）

(五) 系统化策略

每个数学概念都有与它联系紧密的概念，找出概念之间的纵横联系，组成概念系统，有利于概念的巩固、深化、检索、提取和运用。学生以概念系统为基础，有利于组织良好的数学认知结构，使他们所学的知识系统化、结构化，从而发展学生的数学认知结构。

【案例 3-18】 "数的整除"复习课教学片段①

上课前，吴老师将"数的整除"单元出现的十几个重要概念写在一张张纸条上，并把纸条零零散散地贴在黑板上。让学生分组整理。

第一组的学生从字面意思理解，整理出一组不关联的概念。

师：为什么把质数、质因数、互质数、分解质因数这四个概念放在一组呢？

生：（理直气壮地）因为这四个数中都有质数这两个字。

师：他们说因为这里面都有质数，所以有联系，是这意思吗？

生：我不同意，找数学概念之间的联系不能仅从字的表面理解！（吴老师频频点头，同学们若有所悟。）同学们纷纷议论着，教师不露声色，让讨论继续进行。

由于学生没有完全唤起已有知识，只想到整除下面的一个概念"因数"以及由此派生的概念，吴老师根据现场的情况，改变了教学预设。抛出了一个根本性的问题。

师：什么叫整除？能举个例子吗？

学生依然沿着因数的思路说下去。

师：这位同学说当 6 能被 3 整除的时候，3 就是 6 的因数，没错，3 是 6 的因数，还可以说——（放慢语速）

生：6 是 3 的倍数。

师：看来，在整除的前提下，会自然地产生一对概念。

生：每一个整除就会产生一组因数和倍数，他们只找到了因数，倍数也应该有联系。

（众生若有所思，频频点头）

师：好，请你根据刚才的谈论把这组概念整理在黑板上。

此时，黑板上已经出现两组学生整理的结果。

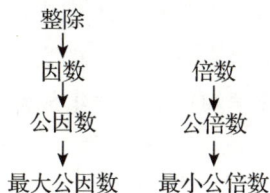

```
          整除
           ↓
   因数        倍数
    ↓          ↓
  公因数      公倍数
    ↓          ↓
最大公因数  最小公倍数
```

师：（望着黑板，看似自言自语）这个整除到底管谁的？刚才那位同学说是管因数这一组的。

一生抢答：不对！应该两个都管。

师追问：管谁？

---

① 吴正宪，张秋爽，贾福录.听吴正宪老师上课.上海：华东师范大学出版社，2012：66－68

众生抢答：既管因数，也管倍数。只要能整除，就会有因数和倍数。

师：太好了，看来整除得一手托两家啊！怎样才能表现出它们之间的联系？

众生：中间！放在中间！此时，黑板上的整理如下：

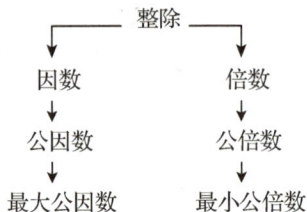

吴老师用欣赏的目光看着同学们整理的结果，发自内心地赞扬道："太妙了！这么一整理，就越来越清晰了。我们清楚地看到，在整除的前提下，产生了一对重要的概念——因数和倍数，以及由因数和倍数各自引出的一串概念。"

当学生通过自己的独立思考，与同学的交流、辩论，将散落在黑板上的十几个概念，根据它们内在的联系连上线，变成网，形成纵横交错的网络图时，吴老师又带领孩子们欣赏自己的劳动成果，进行画龙点睛的点拨。

师：同学们，"书越读越薄"就是这个道理。过去我们零零散散地学习了这么多概念，经过"摸象—说象—成象—抽象"这样的学习过程，我们把它们整理成一个比较系统的有关数的整除的概念网络图！

第四节　小学数学规则的教学设计

在小学数学学习内容中，存在着大量有关数的运算法则、运算性质、几何图形的面积和体积计算公式等内容，这些内容既是现实世界数量关系和空间形式及其计算规律的概括与总结，又是有关计算过程实施细则的具体规定。我们把这些内容统称为数学规则（命题）。它是发展学生思维能力的良好载体，又是运用数学解决现实问题的必要工具，所以是小学数学知识的重要组成部分。

一、数学规则的学习

数学规则反映的是几个数学概念之间的关系，如"长方形的面积等于长乘宽"，反映的是长方形的面积、长和宽这三个概念间的关系。因此它的学习层次和复杂程度要高于数学概念，规则学习是以掌握相应的概念为基础的。

学生对数学规则的学习与掌握主要体现在三个方面：一是理解数学规则的推导过程，懂得数学规则的合理性和必要性；二是能将数学规则灵活运用到具体情境中解决相应的问题，对于基本的数学规则（如四则运算法则、运算律和计算公式），其运用水平应达到比较熟练的程度；三是掌握数学规则之间的关系，清楚它们之间的区别和联系。

(一)小学数学规则学习的基本形式

数学规则学习和掌握的关键是获得数学概念之间关系的理解,而数学概念之间关系的理解依赖于数学规则与学习者原有认知结构中有关知识的联系。由于新规则和原有认知结构中有关知识的关系可以分为下位 、上位和并列三种,因此规则的学习也可以分为三种基本形式。

1. 下位学习

如果学习者原有认知结构中有在概括层次上高于所学新规则的知识,那么新规则和原有认知结构中的有关知识就构成下位关系,利用这种关系获得数学规则的学习形式叫作下位学习。例如,已知长方形的面积公式,学习正方形的面积公式即为下位学习。下位学习采用的思维方法主要是演绎。

2. 上位学习

通过对原有认知结构中有关内容的归纳和综合,概括出新的数学规则的学习形式叫作上位学习。例如,加法交换律的学习,源于对加法算式 $3+5=5+3$,$23+45=45+23$,$500+400=400+500$ 等的概括,属于上位学习。上位学习采用的思维方法主要是归纳。

3. 并列学习

利用所学数学规则与原有认知结构中有关知识之间的并列关系,通过类比掌握数学规则的学习形式叫作并列学习。例如,整除的商不变性质、分数基本性质、比的基本性质,三者是并列关系,由其中一个学习另外一个,即并列学习。并列学习采用的思维方法主要是类比。

从学习的认知方式来看,下位学习主要依靠的是同化,原有认知结构不发生本质上的变化;上位学习主要依靠的是顺应,它要通过改造原有认知结构才能获得新规则,因此,一般来讲,上位学习比下位学习困难。

三种学习方式的区分主要是为了谈论的方便,事实上,它们之间并不是彼此孤立的,而常常体现于同一数学规则的学习中,只是某些规则以下位学习为主,而另一些规则以上位学习或并列学习为主。在小学数学学习过程中,经常是先上位学习后下位学习。例如,运算法则一般是先用上位学习从具体计算过程中概括出法则,然后通过下位学习将法则用于具体计算。

(二)小学数学规则学习的基本过程

小学数学规则的学习一般要经历如下三个阶段。

1. 陈述性阶段

数学规则首先要以陈述性知识的形式来学习,即学生首先要理解并记住规则的含义和规定,为规则的巩固与应用做好准备。

2. 程序化阶段

在陈述性阶段,学生对习得的规则只能"陈述",即只能表述规则"是什么",还不能真正做到利用规则"做什么"。要想使学习的规则转化成做事的工具，学生还需要经过大量的变式练习使之转化为程序性知识，即具有先后顺序的"条件—行动"操作步骤。在陈述性规则向程序性规则转化的初期，学生通常需要按照规则规定的步骤一步步进行，这时，每一个运算步骤都要在他们的思维过程中详尽地展现出来。当学生对规则有了正确的理解和比较熟练地掌握以后，就会省略和简化其思维过程，减轻认知负担，也标志着规则学习的深入。

3. 自动化阶段

数学规则的习得标志是能够熟练地运用它们，熟练的标准是规则的运用过程快速、准确，接近自动化，很少需要有意识的支配。学习的规则要想达到自动化，需要经过充分的变式练习。

(三)小学数学规则教学的基本特点

由小学生的认知特点和数学本身的特点决定了小学数学规则教学的特点如下。

1. 由合情推理得出规则，一般不进行严格证明

小学生的逻辑思维还处于起步阶段，因而规则的教学多是让小学通过实际操作、归纳概括、提出猜想、进行验证及了解应用等途径进行理解。

【案例 3-19】 "长方形面积公式"教学片段

教师给出 24 个小正方形(面积为一个单位)，让学生用这些小正方形摆成长方形，看看能够摆出多少种不同的长方形，小组合作，填表记录。学生通过操作，发现可以摆出 4 种。教师引导学生观察它们的特点：长和宽均不等，但面积相同，都为 24。进一步引导学生猜测长方形的面积和它的长和宽的关系，得出面积公式。接着就是验证，用 6、8、9、10、12 个小正方形摆，得到同样的结论，通过这种活动方式让学生理解面积公式的正确性。

2. 对规则的认识逐步深化

相应于小学数学学习的阶段性，小学数学规则的理解和运用也具有明显的阶段性，随着儿童的认知结构的不断扩展，对同一规则的认识程度也会逐步加深。例如，100 以内的不进位加法法则和进位加法法则，在学生理解、运用及教师的解释角度都应该是不同的。规则的认识，一般是由具体到一般、由形式到本质的不断深化。

二、数学规则教学设计及案例分析

(一)数学规则教学的基本形式

相应于规则学习的形式，我们可以采用两种基本的数学规则教学形式，即例—规法和规—例法

1. 例—规法

从若干例证中归纳(概括)出数学规则的教学形式，叫例—规法。它与规则的上位学习相对应。例如，在教学加法交换律时，先让学生计算下列各组式子：

①3＋5　　　　5＋3

②15＋6　　　　6＋15

③200＋400　　　400＋200

通过计算，学生很容易发现每组中两个式子的结果相同，此时教师引导学生观察、分析、归纳、总结出加法交换律的一般表达式 $a＋b＝b＋a$，然后用例子验证，最后进行练习巩固。

可见，从例子到规则的学习过程与概念形成过程相似，都需要进行辨别、归纳、概括、提出假设、验证假设等，但与概念的形成比，这种规则的学习对学习者的要求更高，因为这里的认知对象不是具体事物，而是由概念构成的关系。

例—规法教学的基本步骤是：呈现例证，引导观察；比较分析，概括规则；利用正反例，明确规则；变式练习，巩固规则。

2. 规—例法

先呈现规则，再用实例说明规则的教学形式，叫规—例法，它与规则的下位学习相对应。呈现规则可以采用两种方式：一种是直陈式，是指教师直接用语言陈述的方式把数学规则呈现给学生，学生只需知道规则"是什么""怎么样"，而不必要明白"为什么"。另一种是推演式，是指教师通过从学生已经掌握的规则中推演出新规则的形式来呈现新规则。这种呈现方式要求学生不但知道"是什么""怎么样"，而且要明白"为什么"。例如，教学"平行四边形的面积公式"时，教师可引导学生把平行四边形转化成矩形来推出。

规—例法教学的基本步骤是：复习旧知，激活相关规则；通过推演，引入新规则；呈现例证，运用新规则；变式练习，巩固新规则。

(二)教学设计案例分析

1. 教学设计案例

【课题】平行四边形的面积①

【教材分析】

"平行四边形的面积"是冀教版义务教育课程标准实验教科书《数学》五年级上册第 56～57 页的内容。这一教学内容是基于长方形面积计算(三年级下册)和平行四边形的认识(三年级上册和四年级上册)之上的，并为以后的三角形的面积公式、梯形的面积公式的推导奠定基础。

【学情分析】

学生在前期的学习中，已经认识了平行四边形，并已学会计算长方形的面积，这些都是本课学习可以利用的基础。对于平行四边形，学生在日常生活中已经经历过一些感性例子，但不会注意到如何计算平行四边形的面积，学起来有一定难度。

―――――――――――

① 何金花，邯郸市教育科学研究所

【教学目标】

(1)理解和掌握平行四边形面积计算公式，会运用公式计算平行四边形的面积。

(2)结合具体情境，通过操作活动，经历推导平行四边形的面积计算公式的过程，体会转化的思想方法。

(3)形成初步的逻辑推理能力和团结合作、主动探索的精神。

【教学重、难点】

教学重点：掌握平行四边形的面积计算公式，并能正确运用。

教学难点：平行四边形面积计算公式的推导。

【教具、学具】

多媒体课件、实物投影仪等。

【教学过程】

教学活动	设计意图
一、渗透转化，情境导入 1. 谈话 师：同学们，今天老师想给大家一个挑战，大家敢接受吗？ 2. 初步渗透转化 师：每个小正方形的边长是1厘米，请你说出下面图形的面积。（出示图1和图2） 图1　　　　图2 (1)图1的面积是多少？为什么？ (2)图2的面积是多少？你是如何想的？ (3)为什么要把它们转化成正(长)方形？ (4)小结。 像刚才那样，遇到不规则图形首先把它转化成熟悉的规则图形，然后用已知知识解决新问题，这是数学中一种很重要的思想方法——转化的思想方法，这种思想方法在今后的学习中经常用到。（板书：转化） 3. 情境导入 (1)猜一猜。 师：学校给红星小学的五(1)班和五(2)班重新划分了卫生区，同学们看得出哪个班级的卫生区面积大一些吗？课件出示：两个大花坛，一个长方形，一个平行四边形。 (2)想一想。 要知道哪个班的卫生区大，你认为，我们必须先解决什么问题？ (3)小结引题。 师：今天我们就来研究平行四边形的面积该如何计算。（板书：平行四边形的面积）。	利用学生的好胜心，激发学生的求知欲。把未知面积的图形转化为可求面积的图形，渗透转化思想，为法则的推导做好铺垫。 回到学生的生活现实解决问题，感受法则产生的必要性，唤起学生的探索热情。

续表

教学活动	设计意图
二、动手操作，合作探索 1. 小组探究 师：为了帮助同学们研究，老师为每位同学准备了一张平行四边形纸片，如何研究呢？请大家利用这张纸片，寻求求平行四边形面积的办法，然后将你的想法在小组内交流。 2. 展示结果 (1)学生汇报结果。 学生上台贴转化的图形并说明理由。 (2)激疑。 师：我们要求的是平行四边形的面积，可是，这个同学却"咔嚓"一下，把平行四边形转化成长方形，你们是怎么想的呢？ (3)深入思考转化的思想方法。 师：(以记者采访的形式)为什么转化成长方形？转化时是沿着什么剪的？为什么要沿着高剪呢？ (4)小结。 师：今后我们求平行四边形的面积，只要拿一个大剪刀，"咔嚓"一下，把它剪拼成一个长方形，再来求面积，这个主意棒不棒呢？(引导学生明白还必须寻找更好的办法来解决问题)	帮助引导学生探究学习，体现学生是学习的主人的课标理念。 "你们是怎样想的呢？"的提问，逼学生暴露思维的路径，小结引发学生思考，发现探究结论的局限性，发展学生的思维品质。
三、观察探究，推导公式 1. 建立联系，推导公式 (1)想一想。 师：平行四边形面积的大小，和哪些条件有关系？(根据学生的判断在图上依次标出长、宽、高，用字母 a，b，h 表示) (2)猜测。 请学生仔细观察，认真思考，大胆猜测，平行四边形的面积可以怎么计算？(学生的判断可能有两种，ab，或 ah) (3)调查，辨析。 师：支持 ab，或 ah 的学生，分组辩论。 (4)共同概括公式。 平行四边形的面积＝底×高，$s=ah$。 2. 利用公式解决课前问题 (根据具体数字，求出长方形的面积和平行四边形的面积)	明确探究方向，猜测结论，辩论验证结论的正确性，概括法则，让学生经历法则产生的全过程，即再创造的过程。
四、游戏练习，拓展总结 1. 课堂练习 课件出示：平行四边形花坛的底是 6 m，高是 4 m，它的面积是多少？ (板书：$S=ah=6×4=24$ m²) 练习十五第 1 题，让学生独立完成后反馈答案。 2. 学法梳理 师：今天这节课，同学们像科学家一样，通过自己的努力，把平行四边形的面积探索出来了，真了不起。回忆一下，我们今天的研究经过了哪些步骤？ 引导学生回忆思考，板书：转化图形—寻找联系—思考猜测—验证公式。 3. 课堂小结 通过这节课的学习，你有什么收获？是否还有什么疑问？	感受法则运用的简洁和解决问题的方便。学会学习，发展思维。

【板书设计】

平行四边形的面积

$$\square \xrightarrow{\text{转化}} \diagup\!\!\!\!\diagup$$

推导平行四边形面积的思想：

长方形的面积＝长×宽

平行四边形的面积＝底×高

S：面积　　a：底　　h：高

例一：$a=6$ m　$h=4$ m

$S=ah=6\times4=24$（m^2）

转化思想

将平行四边形变成长方形——割补法

字母表示：$S=ah$

2. 案例分析

平行四边形面积的教学设计具有以下三个亮点。

第一，渗透一种思想——转化思想。在课的开始，通过两个图形面积的计算，点出转化思想方法；在探究平行四边形的面积的过程中，突出转化思想方法，在学法梳理中，回顾转化思想方法，使转化思想方法深入学生的头脑，引导思维之路。

第二，体现一个特色——转变学习方式。平行四边形的面积公式其实是一个比较简单的问题，而为什么应该是"底乘高"，这个公式是怎样探索出来的，即再创造过程的体验才有益于学生的发展，教师的教学设计突出了学生学习主体的地位，转变了学生的学习方式。

第三，落实一个目标——发展学生的思维。渗透思想、转变学习方式的目的都是发展学生的思维，另外在本节课的教学环节的设置和教师提问问题的设计上，均为学生留出了思维的空间，而不限制学生的思维，恰到好处，整个教学过程充满了数学情趣和理性思考。

三、数学规则的教学策略

小学数学的规则教学一般要经历规则的导入、揭示与理解、巩固与运用三个阶段，在不同阶段，有不同的教学组织策略，下面介绍几个策略。

(一)情境化与去情境交互策略

情境化策略是指教师创设一个具有现实意义的、蕴含着某个规则的问题情境，情境吸引着儿童的兴趣和注意力，学生积极地参与到感知和思维活动中去，经历数学化的过程，将情境问题抽象为数学问题，完成规则的导入。接下来是数学问题的分析、解决、组织与概括，进入规则的揭示与理解阶段，这是一个去情境化的过程，是规则教学的主要阶段。而在巩固与运用阶段，用规则解决实际问题，回归现实，又回到情境化中，所以情境化导入或运用教学与去情境化抽象教学交互进行，是规则教学的常用策略。

【案例 3-20】 "小数的加法和减法"教学片段①

在学习"小数的加法和减法"一课时，吴老师做了这样的设计：课前安排学生到附近的商场、超市购物，并请同学们把购物小票带到课堂，向同伴介绍自己购买的物品，同时提出问题，请大家一起帮助解决。这里展示的是学生 A 的购物小票。

新世界超市			
欢迎惠顾			
日期	流水号		款机号
品名	单价/元	数量	金额/元
笔记本	15.6	1.00	15.6
橡皮	0.8	1.00	0.8
三角板	5.54	1.00	5.54
铅芯	4.4	1.00	4.4
应收	26.34 元	优惠	0 元
实收	30 元	找零	3.66 元

学生 A 提出的问题是：(1)1 个笔记本和 1 块橡皮共用多少钱？(2)1 盒铅芯比 1 副三角板少多少钱？随着学生 A 的提问，各个小组积极核对起来，同学们首先列出了算式：

$15.6+0.8$；$5.54-4.4$。

"看到这张购物小票还可以提出什么问题？"吴老师插问了一句。同学们的思维活跃起来。

学生 B：我想计算以下四种物品的价钱是不是与计算机算出的价钱正好相等？请大家一起来算一算。

学生 C：我想帮 A 验证一下售货员阿姨找的钱对不对。

随着同学们的提问、回答，黑板上出现了不同的算式，同学们也讲出了算式的道理：

$15.6+0.8+5.54+4.4$，

$(15.6+4.4)+0.8+5.54$，

$30-15.6-0.8-5.54-4.4$，

$30-(15.6+0.8+5.54+4.4)$。

列了这么多算式，该怎样计算呢？试试好吗？吴老师提议道。同学们立刻行动起来，有的找出了整数加减法法则作依据，有的悄悄地打开了教科书，想从例题中受点启发，有的干脆拿起笔试着做……同学们尝试着，争论着，最后终于发现了小数加减的计算方法。

一张小小的购物小票，为枯燥的计算教学赋予了生活的气息，在具体的情境下，数学算式不再是令人生畏的枯燥符号，去情境下的法则探索，成为学生的火热思考，学生亲历了数学化的过程，计算教学变得鲜活起来。

---

① 吴正宪，张秋爽，贾福录．听吴正宪老师上课．上海：华东师范大学出版社，2012：116—117

(二)活动性策略

游戏活动是儿童的天性,儿童在游戏活动的过程中常会更加倾向于尝试与探索,更多地投入思考。因此一个很好的教学策略就是教师先创设一个有趣的、有价值的游戏活动,让儿童在有目的、有计划的游戏活动中发现并提出问题,从而激发儿童去尝试、思考、探究,最终获得对某一规则的理解和掌握,实现日常经验的数学化。

【案例 3-21】 "进位加法"教学片段①

吴老师与孩子们一起摆小棒。共同分析"35+36"的竖式计算。有的同学先加整捆的,也就是先从十位加起,再加个位上的数;也有的同学先加单根的,也就是先从个位加起。吴老师没有急着统一学生的做法,而是让大家互相交流各自的做法。

生 1:我是先从个位加起的,个位上 5+6=11,十位上 3+3=6,加上进的 1,十位写 7。

生 2:我也是先从个位加起的,5 个一加 6 个一是 11 个一,向十位进 1,个位写 1,3 个十加 3 个十再加 1 个十是 7 个十,和是 71。

吴老师拿出一个同学的作业本,指着本子上十位数上的涂抹痕迹,问道:"这是怎么回事?"

生 3:我是先从十位加起的,3 个十加 3 个十是 6 个十,十位上写 6,5 个一加 6 个一是 1 个十和 1 个一,需要向十位进 1,这时需要把原来十位上的 6 擦掉,改成 7。

师:听了这个同学的回答,你们有什么想法?

生 4:先从十位加起,比较麻烦,最好先从个位算起,免的进位时,十位上的数字还得擦掉重新写。

生 5:我觉得可以先看看个位加起来是不是满十,如果满十,十位相加时就多加一个。

生 6:你的这种方法可以,但是有时会忘记,计算就不准确了。

生 7:这样的题应该先从个位加起比较方便,满十向十位进 1。

听到这里,吴老师面带笑容地望着生 3:"听了同学们的建议,你有什么新想法?"

生:我觉得大家说的有道理,从个位加起不会产生麻烦。

师:快把掌声送给她,这位同学很善于接纳好的方法。

进位加法法则就这样自然地由学生"再创造"出来了。

(三)合情推理策略

小学生的认知特点决定了小学数学规则的教学一般不采用严格的演绎推理的模式,而是结合儿童的实际运用合情推理,即归纳或类比的方式得出规则。

---

① 吴正宪,张秋爽,贾福录.听吴正宪老师上课.上海:华东师范大学出版社,2012:6—7

　　小学数学中，生活经验是儿童理解规则的基础，儿童在学习规则时要经历实物表征到符号表征的过程，通过大量的实物操作或运算例证或直观形象的场景展示，使儿童形成感性认识，然后运用合情推理，归纳概括出规则，这是例—规法的思路。而规—例法中，先呈现规则，然后通过举例说明、操作检验等验证方法达到对规则的理解和掌握，同样是合情推理使然。

　　正如著名数学教育家波利亚所言："用欧几里得方法提出来的数学看来却像是一门系统的演绎科学；但在创造过程中的数学看来却像是一门实验性的归纳科学。"小学数学可谓是创造过程中的数学，一个基本的教学原则即先猜后算（验证），合情推理是主要的推理方式，它利于儿童的发散思维和创造意识的养成。

　　【案例3-22】"乘法分配律"教学片段[①]

　　吴老师设计了三个问题情境，让学生在用两种不同的方法解决问题的过程中，感受两种方法之间的联系与区别，帮助学生从具体情境中进行抽象概括。

　　情境1 "六一"儿童节，学校为同学买了5套服装。每件上衣100，每件裤子60元，一共要付多少元？你怎样计算？（请画图表示出思考过程）

　　方法一：$100 \times 5 + 60 \times 5 = 800$ 元。

　　方法二：$(100 + 60) \times 5 = 800$ 元。

　　情境2 四年级同学美化校园，要给一块长方形花坛种上花，每班安排男生15名，女生10名，5个班一共有多少名同学参加这次活动？

　　学生采用了两种方法：

　　方法一：$(15 + 10) \times 5$。

　　方法二：$15 \times 5 + 10 \times 5$。

　　当吴老师问学生这两个算式可否用"＝"来连接时，学生果断地回答"没问题"。这表明学生能够从乘法意义的角度来进行解释和说明，他们的思维也从关注两个算式的结果转移到关注它们之间的关系。

　　情境3 师：你能算出这块长方形地的面积吗？

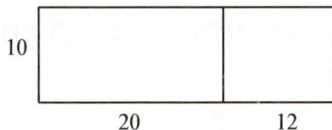

　　观察以下三个算式，你发现了什么？你能用自己的方式表示它们共同的规律吗？（先独立思考，再交流）

　　$(100 + 60) \times 5 = 100 \times 5 + 60 \times 5$。

　　$(15 + 10) \times 5 = 15 \times 5 + 10 \times 5$。

---

　　① 吴正宪，张秋爽，贾福录. 听吴正宪老师上课. 上海：华东师范大学出版社，2012：148－149

$(20+12)\times10=20\times10+12\times10$。

生：我发现两个数的和与一个数相乘，就是把这两个数分别先和它相乘，最后把所得的积加起来。

学生用自己的符号表示了对这一规律的理解：

（甲＋乙）×丙＝甲×丙＋乙×丙。

$(\bigcirc+\triangle)\times\stackrel{\wedge}{\approx}=\bigcirc\times\stackrel{\wedge}{\approx}+\triangle\times\stackrel{\wedge}{\approx}$。

$(a+b)\times c=a\times c+b\times c$。

在这样的学习过程中，学生从关注一个个的算式，到关注算式之间的关系，直至发现一类事物的共同特征，他们感受到用具体数来表示的局限性，产生了用文字、符号、字母等形式表示的需要，在这一过程中，学生慢慢触及了等式内在结构变化的本质，吴老师让学生进行抽象和概括，用自己的方式诠释对这一乘法运算律的理解。这个教学过程充分印证了"在创造过程中的数学看来却像是一门实验性的归纳科学"的观点，其中恰当的情境设计遵循了现实原则，充分运用了情境性策略，而通过归纳、抽象、概括让学生经历了数学化、再创造过程，是合情推理策略同时也是过程性策略的运用实例。

（四）过程性策略

《课程标准（2011）》对教学目标的阐述："经历数与代数的抽象、运算与建模等过程（图形的抽象、分类、性质探讨、运动、位置确定等过程；在实际问题中收集和处理数据、利用数据分析问题、获取信息的等过程），掌握数与代数（图形与几何；统计与概率）的基础知识和基本技能。"所以过程性策略应贯穿在规则教学的全过程，具体体现在引入过程的由具体到一般、揭示理解过程中的由浅入深，巩固与运用过程的注重算法思维与多样化，而不只是运用的结果等。

（五）多样化策略

多样化策略主要指巩固与运用阶段练习目的、形式与方法的多样性。

从练习目的看，通常可分为针对性练习，主要针对规则的重点或难点而设计；诊断性练习，为了诊断学生对规则的理解、掌握程度而设计；发展性练习，为促进学生思维与技能的发展而设计。

从练习的形式看，通常可分为表现性习题，为考查学生在运用规则时的表现而设计；趣味性习题，为增加学习兴趣而设计；梯度性习题，一种具有梯度性、题组特点的练习，为发展学生思维的深刻性而设计。

从练习方法看，可分为操作性的，如口算、笔算、改编等；解释性的，如说出我是怎样想的或解释我为什么这样做等。

多样化的目的是给学生更多的思考、表达、发现、改进的机会和空间，同时丰富学生的学习方式，保持学生的学习兴趣，利于规则的理解和熟练。

总之，数学规则教学的每个策略不是独成一体而是有机结合、互相渗透在同一课堂教学过程中，五个策略的提法既不精准，也不全面，只是出于我们的学习与思考，有待丰富和发展。

第五节　小学数学问题解决教学设计

美国著名数学家哈尔莫斯有一句名言：问题是数学的心脏。《课程标准（2011）》将"问题解决"作为阐述课程总体目标的四个方面之一，不再将应用题作为一个独立的学习领域，而将学习解题蕴含在整个数学教学过程之中，其实整个数学学习的过程都是解决问题的过程，不仅所谓的应用题是解题，学习数学概念、规则、几何图形、统计方法等都是在解决数学问题。同时，学习数学就是为了解决问题简便，检测学生数学的学习水平以解题对错为标准，所以，加强数学问题解决的教学，提高学生的问题解决能力是小学数学学习的主要目标之一。

一、数学问题解决学习

数学问题解决的学习是数学概念、规则学习后的自然延伸，是一种运用数学概念和规则对内调控的技能，是学习者调控自己的数学认知活动以提高数学认知操作水平的能力，本质上也是一套操作步骤支配学习者的认知加工的活动，因此，数学问题解决的学习是一种策略性知识的学习。

（一）数学问题的含义

波利亚指出："问题是指有意识地寻求某一恰当的行动，以便达到一个被清楚地意识到但又不能立即达到的目的。"[①]这里的问题是指一种为了达到某种目的的行动，与人的心理状态相联系。事实正是这样，问题是相对的，如"5＋7＝?"对于一年级小学生来说可能是一个问题，而对于三年级小学生就不是问题。所以问题一般说是指没有现成方法可以解决的情境状态。数学问题就是一个与数学有关的被意识到但又不能立即达到的情境状态。

数学问题包括教材上的问题，也包括那些来自实际的问题；包括条件充分，结论确定的封闭问题，也包括条件不充分、结论不唯一的开放性问题。在小学数学教学中，作为导入数学概念或规则的问题属于数学问题，而学完概念或规则后的练习不能算作数学问题。

一般来说，小学"数学问题"的设计有以下三个基本要求：思考性、现实性和趣味性。思考性是指对于儿童来说，问题要具有一定的思考空间。现实性是指问题是学生生活中可能发生的或是儿童熟悉的。趣味性是指问题要具有童趣，语言要简单明了。

---

① （美）G·波利亚．怎样解题——数学思维的新方法．上海：上海科技教育出版社，2011：5

（二）数学问题解决及其特征

何谓问题解决，大致有五种基本的描述：第一，问题解决是一种心理活动，是人们面对新情境时产生的一种探究冲动，想要设法解决的心理活动。第二，问题解决是一种过程，就是将学到的知识运用于新的问题情境中，去积极获得答案的过程。第三，问题解决是一种教学模式，就是一种组织学生开展学习活动的形式。第四，问题解决就是学习数学的一种主要目的。第五，问题解决是一种能力，一种将数学运用于各种不同问题情境中的能力[①]。五种说法，各有侧重，但都不将问题解决仅仅看作一种解题技巧与技能。

实际上，在数学学习心理学中，问题解决一般被理解为一种操作或心理过程。再根据数学问题的含义，我们将数学问题解决解说为：学生在新的情境状态下，运用所掌握的数学知识采用新的策略和方法寻求问题答案的一种思维活动过程。或者说，问题解决就是指以思考为内涵，以问题目标为定向的心理活动过程。所以小学数学问题解决具有下面的基本特征：

第一，数学问题解决中的问题是学生初次遇到的新问题，而不是巩固练习题。

第二，数学问题解决所采用的途径和方法是新的，至少其中某些部分是新的，是已有知识和方法的重新组合。

第三，数学问题一旦得到解决，解决问题的策略方法就成为学生认知结构的一部分，可以作为进一步解决新问题的策略方法。

总之，数学问题解决是学生进行数学思考的历程，是发展学生数学思维的载体。

二、问题解决教学案例分析

（一）小学数学问题解决教学的步骤

关于数学问题解决，我们已在第二章学习了著名的数学教育家波利亚的"怎样解题"表，表中提出的四个步骤：弄清问题，拟订计划，实行计划和回顾，给出了解题的一般思路。在小学数学教学中，指导学生沿着这样的思路去思考，进而解决问题，是可行的。类比解题表的四步，小学数学问题解决教学的四个步骤如下。

1. 了解问题，弄清条件和目标

了解问题就是认真地读题，并通过画一画，做一做，比一比等活动知道问题陈述的是什么。进而将问题的条件和目标从问题情境中分离出来，使之清晰化。

2. 寻找解决方法

寻找解决问题的方法，需要学生对已有信息和掌握的知识、策略进行加工和重新组合，最终架起由已知到目标的桥梁。这是解决问题的核心。

---

① 杨庆余．小学数学课程与教学．北京：中国人民大学出版社，2010：409

3. 写出解答并检验

根据寻找到的解决方法，写出求解过程。检验过程是否完整、方法是否合理、计算是否正确、结果是否合乎题意等。

4. 回顾反思

回顾反思的内容有：回忆问题是如何解决的，还能简化吗？运用了哪些数学思想方法？还有其他解法吗？哪种解法最简捷？你从中受到了哪些启示？等。

回顾反思是优化思维，提高解题能力的重要步骤，也是容易丢掉的一步。

(二)问题解决教学案例分析

1. 问题解决教学案例

问题情境：把一根1.5米长的长方体木料竖锯成4个小长方体，则表面积增加9.6平方厘米，问这根木料的体积是多少？

(1)了解问题，弄清条件和目标。

让学生读题思考，或画图或操作一个长方体学具，弄清该问题是要把一个长方体木料竖向锯成竖截面不变，长改变了的4个小长方体，4个长方体的长没有要求。锯完后由于竖截面积增加了，所以表面积增加了9.6平方厘米，求这根木料的体积是多少？条件：长方体木料的长1.5米，竖锯成4个，表面积增加9.6平方厘米。目标：求长方体的体积。

(2)寻找解决方法。

已知知识，长方体体积＝长×宽×高＝底面积×高，要求长方体体积，已有条件为长1.5米，表面积增加量9.6平方厘米，如何建立这个9.6和宽、高或底面积的联系？再看问题情境的过程，9.6＝小长方体的(8－2)个侧面的面积，可求得每个侧面面积＝9.6÷6＝1.6(平方厘米)，对照长方体体积公式，有长但没有宽和高，也没有底面积，而已求出的侧面积＝宽×高，所以长方体体积＝长×宽×高＝长×侧面积，即可求得。

(3)写出解答并检验。

由已知，长方体的侧面积＝9.6÷(2×4－2)＝1.6，所以长方体体积＝150×1.6＝240(立方厘米)，检验方法和计算正确，问题的答案是：这根木料的体积是240立方厘米。

(4)回顾反思。

解决问题的关键是找到已知条件和目标间的内在联系，从这个问题中可发现长方体体积公式不能机械套用，要根据已知条件进行适当的变形，也就是注意转化化归思想的运用。

2. 案例分析

按照四个步骤解决问题，思路是顺畅的，四个步骤缺一不可，但最关键的是第二步，寻求解决方法，不要丢掉的是第四步回顾反思。

三、小学数学问题解决的教学策略

由于数学问题的复杂性和多样性，数学问题解决教学常常需要运用有效的策略，策略和方法的不同之处在于，策略提供的是一般性的思路，更强调思考的方向，而不是具体的模型公式。可以运用的策略有：选择一种合适的运算；发现一个模式；转化策略；猜测、检验和修正；逆向反推等。

(一)选择一种合适的运算

四则运算加、减、乘、除是解决许多小学数学问题的方法，解题时，根据条件和目标，选择一种合适的运算很关键。如何做出正确选择呢？——理解每种运算，找出关键概念。比如，加法的关键概念是寻找一系列事物的"总和"。减法有"拿走"和"对比"两种模式，从一组物品中拿走一些物品属于"拿走"模式，一个物体比另一个物体高、宽、重或多多少属于"对比"模式，还需要多少物品才能使两组物品相等，也是"对比"模式。乘法同加法一样，是用来寻找物体"总和"的，但要求每一部分都要有相同的数目。除法是将一大部分分成若干小部分，不像减法那样取走，除法解决的是分成了多少个小部分或是每一个小部分里有多少个物体。

教学时可以通过组织不同形式的练习，如分组活动或讨论，选择加、减、乘、除卡片，根据数据提出问题并解决问题等形式帮助学生理解各种运算。

(二)发现一个模式

模式也就是规律，是数学系统的主要组成部分。例如，数字变化方面：10，20，30，40，…（每次加10）；2，4，8，16，…（每次让数加倍）

当学生分析问题时，发现了数据间的关系可用一个模式来表示，当应用它时，问题就容易解决了。

【案例3-23】 问题情境：由图所示，搭1个正方形要4根小棒，搭2个正方形要7根小棒，搭3个正方形要10根小棒。

问：搭5个这样的正方形要多少根小棒？搭10个呢？

学生手中有小棒的话，可以摆摆试试，然后数出来，问题就解决了。随着学生认知水平的发展，更简洁的方法是用符号表征，画出图形，再数出小棒的数目。但对于搭10个正方形的情境，前面两种方法就比较麻烦了，可以运用模式解决，画一个表，将正方形数和所需小棒数依次填入表中（见下表），找出规律，每次加3，即建构了模式，所以搭5个正方形需16根小棒，搭10个正方形需31根小棒。

正方形个数	1	2	3	4	5	6	7	8	9	10
需要的小棒数	4	7	10	13	16	19	22	25	28	31

(三)转化策略

在很多情况下，学生遇到的数学问题中蕴含的模式难以识别，这就常常需要将原有的数学问题进行转化，即通常所说的"等价变形"或"多重表征"，通过对问题的转化，使转化后的问题便于解决。转化的目的是化繁为简、化不熟悉为熟悉、化抽象为具体等。转化策略是问题解决中使用最广泛的策略之一，其实质上就是化归思想方法的运用。

(四)猜测、检验和修正

当不知道该从哪儿开始解决问题的时候，教师可鼓励学生，先猜一猜！再把结果放到问题中去检验，如多了，就调少点；如少了，就调多点，直至发现了正确的结果，这就是猜测、检验和修正策略。

【案例3-24】　问题情境：小明到商店看到了标价分别为3角、4角、5角和6角四种糖，他买了其中的三块，共花了1.4元钱，问他买了哪三块糖？

先猜测，买了前三块糖，花费 $3+4+5=12$（角）$=1.2$（元），不对，少于1.4元，将3角的去掉，换6角的，$4+5+6=1.5$（元），不对，又多于1.4了，再换少1角就行了，将4角的换成3角的，$3+5+6=1.4$（元）对了！

(五)逆向反推

【案例3-25】　问题情境：小明来到一家饼店，拿出一半钱吃午餐，又花了1.5元买点心，还剩2元，问他带了多少钱？

对于这道题，解题时，我们应该从结果入手，通过反着推，来发现开始时的情况。"我们知道他现在有2元钱，他花的最后一笔钱是1.5元的点心钱，我们把它们加起来，发现在买点心之前他有3.5元。如果他花了一半钱吃午餐，还剩3.5元，那么他吃饭一定花了3.5元，$3.5元+3.5元=7元$，所以他原来有7元钱。"接下来可以顺推检验一下是否正确。

当我们知道情境的结果而不知道开始的数据时，我们就可以使用逆向反推策略。

总之，小学数学问题解决的5个教学策略，是必要而不充分的，有待老师们在具体的教学实践中不断丰富和完善。

本章回顾

本章我们共同探讨了小学数学常用教学方法，小学数学教学设计的内容、要求和性质，并分别讨论了概念、规则和数学问题解决的学习、教学设计、案例分析及教学策略。

关键术语

数学　教学　学习　数学教学方法　数学教学设计　概念　规则　数学问题解决　策略

思考题

1. 什么是小学数学教学方法？教学方法与教学方式有什么关系？

2. 什么是小学数学教学设计？谈谈你对小学数学教学设计的认识。

3. 数学概念学习的本质和基本形式是什么？做一个数学概念教学设计。

4. 数学规则教学的基本形式是什么？做一个数学规则教学设计。

5. 简述数学问题解决教学的步骤。做一个数学问题解决的教学设计。

6. 谈谈你对教学策略的认识。

案例研究

分析下面案例中用了哪些教学策略及不同策略下计算方法的思维水平。

20 以内进位加法——"有几瓶牛奶"①

要求学生独立解决这个问题不难。这节课的挑战性在于进一步探索和发展计算策略，体验算法多样化，培养计算策略的灵活性与创造性。

计算 9+5，除了应用"继续往下数"的计数策略外，还有哪些算法呢？

分别数出 9 根和 5 根小棒，摆成如下图形。

上图怎样摆，可以一眼看出一共有多少根小棒呢？用算式记录摆小棒的过程与结果。

从 5 根小棒中取出 1 根，和 9 根小棒合成 1 捆(1 个 10)。

---

① 王永. 情境教学不可忽视"去情境化"问题——从打通加减法与计数策略的联系谈起. 小学教学(数学版)，2011(4)

用算式记录：$5+5=10$，$10+4=14$。

如果从算式 $9+5$ 出发，直接用抽象的数字进行思考，怎样算出结果呢？下面，我们用"数字轨道"或算式记录心算的过程与结果。

算法 1 利用 $5=1+4$。

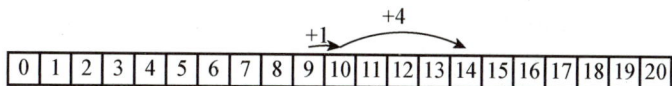

即 $9+1=10$，$10+4=14$。

算法 2 利用 $9=10-1$。

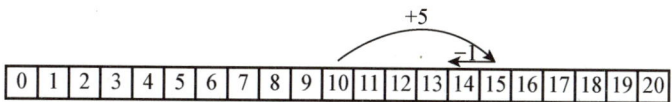

即 $10+5=15$，$15-1=14$。

算法 3 $10+5=15$，$9+5=14$。

根据是：两个数相加，其中一个数少1，另一个数不变，结果也少1；或多加了1，要去掉1。

📖 拓 展 阅 读

1. 吴正宪，张秋爽，贾福录. 听吴正宪老师上课. 上海：华东师范大学出版社，2012。

该书概括总结了吴老师的课堂教学特点，附"搭配"和"重叠问题"的教学实录，是小学数学教学方法、设计与策略运用的典型范例。

2. 任景业. 分享孩子的智慧——改进教学的建议. 长春：东北师范大学出版社，2014。

该书从教育的源头思考，提出"问题—思考—分享—完善"的教育教学方式，进而从理论和操作层面给出了改进教学的建议。

3. (美)G·波利亚. 怎样解题——数学思维的新方法. 上海：上海科技教育出版社，2011。

该书围绕"探索法"这一主题，采用动人的散文笔法，阐述了解题的思维过程。

第四章　数与代数的教学研究

教育名言 ▶ ┈┈┈┈┈┈┈┈┈┈┈┈┈┈┈┈┈┈┈┈┈┈┈┈┈┈┈┈┈┈┈┈┈┈┈┈

　　数学是知识的工具，亦是其他知识工具的泉源。
　　所有研究顺序和度量的科学均和数学有关。

——笛卡儿

学习目标 ▶ ┈┈┈┈┈┈┈┈┈┈┈┈┈┈┈┈┈┈┈┈┈┈┈┈┈┈┈┈┈┈┈┈┈┈┈┈

1. 知道小学数学数与代数的课程目标与主要内容。
2. 掌握小学数学数与代数初步知识的核心概念与学情特征。
3. 掌握小学数学数与代数初步知识的主要教学策略。

导入案例 ▶

L老师是一位特级教师，在一节常态课"异分母分数加减法"上，她提出了这样一个问题25−13＝？是如何计算的？当学生说出答案是12，并讲清"12"是用个位数5减3、十位数2减1得来的之后。L老师追问："为什么这样减呢？"许多同学举手回答。

学生回答说："因为相同数位上的数才能相减。"L老师问："题中减数'13'上填上一个小数点，13变成了1.3，5还能减3吗？"

学生回答说："不能。"师追问：为什么？

学生回答："因为它们的数位不同。"教师在黑板板书出"计数单位相同"几个字，接着又问："那么这道题该怎么计算呢？"学生回答："从个位上退下1，变成10个0.1，然后相减，最后得23.7。"也就是说，要将一个1转化为10个$\frac{1}{10}$之后，才能相减。边说L老师边板书"转化"。

亲爱的读者，这是"异分母分数加减法"的引入部分，这个引入过程给你什么想法呢？教师如何发展学生的理解？感受到数学思想的作用了吗？数与代数内容在小学课程中是怎样设计与发展的？数与代数内容的教学组织策略又是什么？让我们带着这些问题一起进入本章的学习。

"数与代数"的主要内容有：数的认识、数的表示、数的大小、数的运算、数量的估计；字母表示数，代数式及其运算；方程、方程组、不等式、函数等。"数与代数"领域特别强调三个核心概念：数感、运算能力与符号意识。

第一节　数的认识

一、课标要求

《课程标准(2011)》在"课程内容"的第一学段中提出①：

"1. 在现实情境中理解万以内数的意义，能认、读、写万以内的数，能用数表示物体的个数或事物的顺序和位置。

2. 能说出各数位的名称，理解各数位上的数字表示的意义；知道用算盘可以表示多位数。

3. 理解符号＜，＝，＞的含义，能用符号和词语描述万以内数的大小。

4. 在生活情境中感受大数的意义，并能进行估计。

---

① 中华人民共和国教育部．义务教育数学课程标准(2011年版)．北京：北京师范大学出版社，2012：16−17

5. 能结合具体情境初步认识小数和分数，能读、写小数和分数。

6. 能结合具体情境比较两个一位小数的大小，能比较两个同分母分数的大小。

7. 能运用数表示日常生活中的一些事物，并能进行交流。"

《课程标准(2011)》在"课程内容"的第二学段中提出[①]：

"1. 在具体情境中，认识万以上的数，了解十进制计数法，会用万、亿为单位表示大数。

2. 结合现实情境感受大数的意义，并能进行估计。

3. 会运用数描述事物的某些特征，进一步体会数在日常生活中的作用。

4. 知道 2，3，5 的倍数的特征，了解公倍数和最小公倍数；在 1~100 的自然数中，能找出 10 以内自然数的所有倍数，能找出 10 以内两个自然数的公倍数和最小公倍数。

5. 了解公因数和最大公因数；在 1~100 的自然数中，能找出一个自然数的所有因数，能找出两个自然数的公因数和最大公因数。

6. 了解自然数、整数、奇数、偶数、质(素)数和合数。

7. 结合具体情境，理解小数和分数的意义，理解百分数的意义；会进行小数、分数和百分数的转化(不包括将循环小数化为分数)。

8. 能比较小数的大小和分数的大小。

9. 在熟悉的生活情境中，了解负数的意义，会用负数表示日常生活中的一些量。"

《课程标准(2011)》中对"数的认识"的具体目标是：通过观察、操作、解决问题等丰富的活动，感受数的意义，体会用数来表达和交流，初步建立"数感"。在课程实施中，要突出对"计数单位"的认识，进一步感知、理解"十进制""位值制"两个基本概念。重视口算，加强估算，提倡算法多样化。

二、核心知识与数学思想

(一)核心知识

《课程标准(2011)》[②]中提出，数感主要是指关于数与数量、数量关系、运算结果估计等方面的感悟。建立数感有助于学生理解现实生活中数的意义，理解或表述具体情境中的数量关系。运算能力主要是指能够根据法则和运算律正确地进行运算的能力。培养运算能力有助于学生理解运算的算理，寻求合理简介的运算途径解决问题。符号意识主要是指能够理解并且运用符号表示数、数量关系和变化规律；知

---

① 中华人民共和国教育部. 义务教育数学课程标准(2011 年版). 北京：北京师范大学出版社，2012：20—21

② 中华人民共和国教育部. 义务教育数学课程标准(2011 年版). 北京：北京师范大学出版社，2012：5—6

道使用符号可以进行运算和推理，得到的结论具有一般性。建立符号意识有助于学生理解符号的使用是数学表达和进行数学思考的重要形式。

数是小学数学学习的基本内容，数可以用来表示一类集合的数量，可以表示一群事物的顺序，还可以用来表示测量的结果。

在小学阶段，数的概念主要包括自然数、负数（自然数和负数统称为整数）、分数和小数。它们的形成过程主要是数概念外延多次扩张的过程。数的认识一般包括数的意义、数的表示、数的性质、数的大小比较、数的应用五个方面。

1. 自然数

自然数在小学数学课本中的说明[①]：数起源于数，一个个的数东西。由此而产生的用来表示物体个数的数 1，2，3，…就叫自然数。"0"表示没有东西可数，"0"也是自然数。"1"是自然数的单位。任何一个自然数都是由若干个"1"组成的。

皮亚诺公理。为了建立自然数的公理化体系，意大利数学家和逻辑学家 G・皮亚诺（G・Peanuo，1858—1932）在 1891 年给出了关于自然数的五条公理。

①0 是一个自然数。

②0 不是任何其他自然数的后继。

③每一个自然数 a 都有一个后继。

④如果自然数 a 与 b 的后继相等，则 a，b 也相等。

⑤（数学归纳法公理）如果一个由自然数组成的集合 S 包含 0，并且当 S 包含某一个自然数 a 时，它一定也包含 a 的后继，那么 S 就包含全体自然数。

不同的自然数既表示事物不同的数量，也体现从小到大的顺序，相邻两个数之间可以通过添去"一"的方法进行转换。随着人类活动能力的不断增强，产生表示更多数量的需求，计数的方式由"个的计数"进入到"群与个相结合的计数"人们自然就会对事物的"群体数量"进行约定。在诸多的记数方法中，将 10 作为一个表示数的单位，"十进制计数法"成为被人们普遍采用的方法，并在以"十"为单位的基础上，再形成"百""千""万"等单位，表示任意大的数。

因此在自然数学习过程中，数字所表示具体事物的意义、数字的读写、基数概念（表示多少数量）、序数概念（表示第几）、数的组成（表示有几个计数单位）、数的大小比较等都是数的认识的核心知识。

就主流教材而言，学生认识自然数大约需经历五个阶段。

第一阶段：10 以及 10 以内数的学习，要注重应用"一一对应的思想"借助实物（如手）与直观模型（小棒、方块、计数器）等来加深学生对数的基数及序数概念意义的理解。

第二阶段：20 以及 20 以内数的认识，正式开始由逐一计数到按群计数。首先理

---

① 金成梁．小学数学疑难问题研究．南京：江苏教育出版社，2010：1—3

解"1 个十相当于十个 1",此时教师要鼓励学生操作小棒,把一捆小棒捆在一起当作"1 个十"对应计数器上十位上 1 个珠子,从而理解两位数的组成,初步体会位值概念。

第三阶段:100 以及 100 以内数的认识。除了要进一步扩充对数位的理解,学习"10 个十是 100"还将进一步体会到"同一个数字在不同的数位上表示的意义不同"。

第四阶段:万与万以内数的认识。学习千和万,并且体会到这些计数单位的十进关系,同时学习数位顺序表,将这些计数单位系统整理起来。

第五阶段:多位数的学习,将"个级"扩充到"万级""亿级"……学习表示大数的方法。

2. 负数

在数学上指小于 0 的实数,如 -2,-3.2,-807.5 等,与正数相对,也是一个不可数的无限集合。负数与 0 统称非正数。负整数可以被认为是自然数的扩展,使得等式 $x-y=z$ 对任意 x 和 y 都有意义。负数是 2001 年新课程改革以来小学数学课程新增加的内容。认识负数,是小学生数概念的又一次拓展。

负数概念对于小学生来说比较抽象。因此,课程标准要求"在熟悉的生活情境中,了解负数的意义,会用负数表示日常生活中的一些量"。教学中要注意为学生的学习提供丰富多彩的素材,如气温的表示方法、收入与支出的记录方法等,让学生在实际生活中感受和体会负数产生的必要性、正负数的含义。学生学习完负数后,自然数的集合就可以扩充为整数集合,小学阶段学习的整数包括正整数、0、负整数。初步渗透数轴的概念,认识数轴上数的顺序,加深学生对于数的认识的理解。

3. 分数

分数是小学阶段的重要内容,是对数的认识的重大飞跃。分数产生的原因有两类:第一,需要对一个物体进行切割与分配时,整体中的部分无法用自然数来表示,就需要有刻画"部分"的方式方法;第二,在计算过程中,如 $2÷3=?$ 无法用自然数表示计算的结果,就需要有刻画这类除法运算结构的符号。分数有几种定义[①]:

份数的定义。教材很多都是从份数的定义开始的。一般都这样描述:单位 1 平均分为若干份,表示这样的一份或几份的数叫作分数。

商的定义。分数是两个正整数 p 除以 q 的商。所以分数是一个商。用 p 除以 q,在除不尽的情况下面,就得到了一个分数。

比的定义。分数的第三个定义是比的定义。两个自然数 p 比 q,$q≠0$,即 $\frac{p}{q}$ 叫作分数。

当 p,q 都是正整数时,分数 $\frac{p}{q}$ 不仅可以看作把单位"1"平均分成 q 份,表示这样的 p 份的数。也可以看作是把 p 个单位平均分成 q 份表示这样的一份的数。

---

① 张奠宙."分数"教学中需要澄清的几个数学问题.小学教学(数学版),2010(1):4—6

分数在小学阶段主要有两个作用，一是作为有理数出现的一种数，它能和其他的数一样参与运算；另一个是以"比"的形式出现的数，表示部分与整体或部分与部分之间的关系，而后者是小学分数教学的重点。从"比的维度"考虑，要注重打通分数与除法之间的关系，对分数的认识转化为一个运算的过程。从"数的维度"考虑，重点让学生体会到分数与自然数一样都是计数单位的累积。例如，$\frac{3}{4}$ 就是 3 个 $\frac{1}{4}$，就是用分数 $\frac{1}{4}$ 度量 3 次的结果。对于分数不同维度意义的理解也是小学分数学习中的核心知识。

就主流教材而言，学生认识分数大约需经历五个阶段：

第一阶段(二年级)：经历"平均分"的活动，为初步认识分数积累经验。

第二阶段(三年级)：初步认识分数，直观认识部分与整体的关系。

第三阶段(四年级)：学习分数的意义和分数的基本性质，沟通分数与除法的关系，感受分数意义的丰富性。

第四阶段(五年级)：分数四则运算及运用对于分数意义的多个维度的理解来解决实际问题。

第五阶段(六年级)：认识比，沟通分数、除法和比的关系。

4. 小数

小数概念的定义[①]是把单位"1"平均分成 10 份、100 份、1000 份……这样的 1 份或几份，可以用分母是 10，100，1000，…的分数来表示，如 $\frac{1}{10}$，$\frac{7}{100}$，$\frac{329}{1000}$，…这种分母是 10 的正整数次幂的分数叫作十进分数。这些分数的单位分别是 $\frac{1}{10}$，$\frac{1}{100}$，$\frac{1}{1000}$，…每两个相邻的单位间的进率都是 10。从 $\frac{1}{10}$ 到整数个位的计数单位 1，进率也是 10。所以这些分数可以仿照整数的写法，写在整数个位的右面，并用小圆点"."隔开，写成 0.1，0.07，0.329，…用这种形式写出的用来表示十分之几、百分之几、千分之几……的数叫作小数。

小数产生基于两个前提：一是十进制记数法扩展完善的需要；二是分数书写形式的优化改进，小数的出现标志着十进制记数法从整数扩展到分数，使分数与整数在形式上获得了统一。根据十进制的位值原则，把十进分数改写成不带分母形式的数就叫小数。小数中的圆点叫作小数点，小数点左边的部分是小数的整数部分，小数点右边部分是小数的小数部分，整数部分是零的小数叫作纯小数，整数部分不是零的小数叫作带小数，整数可以看作小数部分是零的小数。小数的学习使学生建构起完整的十进制位值规则的数位表。

---

① 金成梁. 小学数学疑难问题研究. 南京：江苏教育出版社，2010：15

小数的意义及小数的性质、小数大小的比较是小数认识中的核心知识，需要让学生明确把小数点向右移动 n 位，小数就扩大 10^n 倍，小数点向左移动 n 位，小数就缩小 10^n 倍。小数大小的比较是根据数位从左往右依次比较，哪个数位上的数大，这个数就大。通过学习让学生感受到小数与整数、分数的关系。

(二)数学思想

在小学数学学习中，基本的数学思想有三个：抽象、推理、模型，第三章中已有论述。这三个基本思想演变、派生、发展出许多其他的较低层次的数学思想，如分类思想、归纳思想、方程思想、函数思想[①]等，结合"数的认识"分别阐释。

1. 集合思想

把指定的具有某种性质的事物看作一个整体，就是一个集合(简称集)，其中每个事物叫作该集合的元素(简称元)。例如，在数的概念学习方面，自然数可以从对等集合的基数(元素的个数)的角度来理解。一年级通过两组数量相等的实物建立一一对应关系，让学生理解"同样多"的概念，实际上就是在两个对等集合的元素之间建立一一对应关系。分数的份数定义最终要发展为理解"集合"意义上的"份数定义"。

2. 符号化思想

"符号是数学的语言，也是数学的工具，更是数学的方法。"也就是说，用符号表示既是一种数学思想，也是一种数学方法。数学符号是数学的语言，并使得数学具有简明、抽象、清晰、准确等特点，同时也促进了数学的普及和发展；国际通用的数学符号的使用，使数学成为国际化的语言。例如，在数的表示这一部分，阿拉伯数字用 0～9 表示，百分号用％表示，千分号用‰表示，等等。

一般地，数学符号可以分为以下五种类型。

数量符号：表示数量的数学符号。例如，1，$2+3\sqrt{2}\mathrm{i}$，π，e，％等。

运算符号：表示数学运算的数学符号。例如，$+$、$\times$、$\cup$、$\log$、$\sin$ 等。

关系符号：表示数学对象的空间结构或者数量关系的数学符号。比如，$=$、$\leqslant$、$>$、$\cong$、$\approx$等。

结合符号：表示运算、关系顺序的数学符号。例如，( )、[ ]、{ }等。

性质符号：表示数学对象的性质的数学符号。例如，$+$、$-$、$|\quad|$等。

3. 数形结合思想

数形结合思想就是通过数和形之间的对应关系和互相转化来解决问题的思想方法。数学是研究现实世界数量关系与空间形式的科学，数和形之间是既对立又统一的关系，在一定条件下可以互相转化。这里的数是指数、代数式、方程、函数、数量关系等，这里的形主要是指几何图形和函数图像等。例如，在小学"数的认识"中实数与数轴上的点的对应关系正是数形结合思想的应用。

---

① 王永春. 小学数学与数学思想方法. 上海：华东师范大学出版社，2014：13－35

4. 分类思想

人们面对比较复杂的问题，有时无法通过统一研究或者整体研究解决，需要把研究的对象按照一定标准进行分类并逐类进行讨论，再把每一类的结论综合，使问题得到解决，这种解决问题的思想方法就是分类讨论。例如，小学"数的认识"，数可以分为正数、0、负数，有理数可以分为整数和分数，分数可以分为真分数和假分数，这些就渗透了分类思想。

5. 有限与无限思想

有限与无限的思想主要体现在两类问题中：一类是所研究的对象是无限的，选取一些有代表性的例子，通过计算归纳算法，采取了通过对有限的研究来解决无限的问题。另一类是所研究的对象是有限的，将有限的问题转化为无限来解决。例如，在数的认识中体会有限与无限思想，小学生从一年级开始就认识自然数 0，1，2，3，…同时知道每个自然数加 1 就等于它的后继数。到了认识亿以内的数时，进一步知道了最小的自然数是 0，没有最大的自然数，自然数的个数是无限的。也就是说，任意给定一个足够大的自然数 N，只需要把它加 1 就会得到一个更大的自然数 $N+1$，$N+1>N$，所以总是找不到一个最大的自然数，从而体会到自然数列的无限多和趋向无穷大。

三、学情研究

皮亚杰的儿童智慧发展阶段理论表明 7～11 岁的儿童处在具体运算阶段，这一阶段标志逻辑—数学思维的开始，此时的逻辑思维是建立在对客体的具体操作的基础上的。皮亚杰认为"数"概念的获得不是通过语言教会的，而是儿童通过感知、操作、活动在动作中体验、发现、创造的。

理解数的意义包含三个方面：（自然数、分数、小数、正负数的）形、音、义。形是指符号，音是读音，义是含义。其中含义包括自然数、分数、小数、正负数的含义；在自然数中包含 0～9 的含义，了解十进制计数法，认识数位，识别数位上数字的意义。

由以"一"为计数单位，到以"十"和"一"为计数单位的连用，是学生认知上的飞跃，也是学生认知的难点。为了突破难点，首先教学应重视让学生在操作中建立"十"这个计数单位。例如，在认识 11 时，教师可以指导学生数出 11 根小棒，先以"一"（单根小棒）为单位去数数，让学生清楚以"一"为单位数数要数 11 次。再将 10个一变成 1 个十，数出 1 个十，再数 1 个一，11 只要数两次就可以了，让学生体会两点：其一，数数有不同的方式；其二用不同方式数数，数出的结果一样。其次，指导学生体会以"十"为单位的作用。例如，教师让学生数出 20，学生可以以"一"为单位数数，也可以以"十"为单位数数，让学生体会到以"十"为单位数数的重要性。以"十"为单位，有 2 个十数着方便，一眼就能看出来是 20；以"一"为单位计数 20

很难一眼看出来。最后，让学生清楚什么数可以用"十"和"一"两个计数单位连用表示数的大小。例如，引导学生关注 11~19 各数，为什么这几个数的组成我们表述为 1 个十和几个一，20 要表述为 2 个十。

许多小学生不能掌握分数不同的解释及记法。他们通常混淆分数不同的解释及记法。例如，$\frac{1}{2}$ 可理解为整体的一部分，或当 $1 \div 2$ 时的商是 0.5 等。同时，$\frac{1}{2}$ 可写成 $\frac{3}{6}$，$\frac{4}{8}$，…

很多学生未能掌握等分的概念。例如，当要求学生将一个圆或等边三角形分半时，他们常会出错。同时，学生亦未能清晰理解整体与部分的关系。例如，若将 ▭▭▭▭ 当一整体，则 图中阴影的部分应是这整体的 $\frac{7}{4}$ 而不是 $\frac{7}{8}$。

分数教学应利用各种图形增强学生对整体与部分关系的理解，帮助他们从具体事例逐步过渡至抽象思维的阶段。多让学生用分数的语言将思考过程表达出来，这样，可以了解和思考学生的某些经验，有利于纠正学生分数的一些误解。

小数是从整数扩充来的，所以整数知识对小数知识学习会有两种迁移作用：一是正迁移。例如，整数的记数位值原则、十进关系等对小数学习有促进作用。二是负迁移作用。例如，小数大小的比较，数位名称及读法、写法都会受整数知识思维定势的干扰，因此教学中要加强对比，要充分利用已有的整数知识来学习小数。让学生理解小数的意义以及小数点位置移动引起小数大小变化的规律。小数的意义是系统学习小数的开始，是理解小数四则计算法则、进行小数四则计算的基础。而小数点位置移动引起小数大小的变化规律又是小数乘、除法计算的根据。小数和复名数的相互改写，学生往往在判别是用进率去乘还是除以进率，小数点是向右移还是向左移的问题上出现错误，因此教学中要加强计量单位之间的进率、名数的互化、小数点位置移动引起小数大小变化等知识的综合训练。

负数的出现，是生活中表示两种相反意义的量的需要。而对于小学生来说，负数概念仍是一个抽象的概念。因此，在教学时，应正确把握负数概念教学的"度"。通过丰富多彩的生活实例，特别是小学生感兴趣的一些素材来唤起已有的生活经验，激发学习兴趣，在具体的情境中体验学习负数的必要性，并通过两种相反意义量的对比，初步建立负数的概念。例如，可以利用气温的变化来体会负数，零度以上的用正数表示，零度以下的用负数表示。这样就有了"零上 5 摄氏度"用 $+5\ ℃$ 表示，"零下 5 摄氏度"用 $-5\ ℃$ 表示。也可以把收入的钱用正数表示，支出的钱用负数表示。"收入 100 元"就是 $+100$ 元，或者 100 元，"支出 100 元"就是 -100 元。在引入负数概念以后，要鼓励学生举出生活中用正负数表示两种相反意义的量的实际例子，培养学生用数学的眼光观察生活，感受数学在实际生活中的广泛应用。

【案例4-1】 "分数初步认识"的学前调研①

一、问题的提出

学生在学习分数之前是什么认知水平？学生学习分数的认识过程是怎样的？学生具有怎样的学习新知识的能力？怎样才能让学生更好地学习分数呢？

二、调研对象

选择了三年级的学生进行研究。这个班级组建于二年级，学生之间存在明显的差异。

三、前测题目、结果及分析

1. 在括号里填上合适的数。

（ ）   （ ）   （ ）   （ ）

测试目的：了解学生是否能用分数表示半个苹果。

结果：

对半个苹果的表示方法	人数
$\frac{1}{2}$	7人
0.5	4人
"半个"或"一半"	7人
"$\frac{2}{1}$""$\frac{5}{0}$""$\frac{1}{1}$"	4人
0	2人
分别用6、4、2、1来表示	2人

分析：

通过这道题目可以看出，42.3％的学生知道可以用分数或小数表示半个物体。这些知识有家长长期的讲解，也有学生自己从书上看到的或从奥数课上学到的。有26.9％的学生认识水平只能停留在文字描述上。另外有两个孩子的思路非常有趣，把题中3个、2个、1个、半个苹果分别用6，4，2，1来表示，因为"我看见了半个苹果，如果把半个苹果看成1，那么一个苹果就是2，两个苹果就是4，三个苹果就是6"。能将半个苹果看成一份来解决这个问题，但是没有关注到与前面学习知识之间的冲突。

---

① 王笑晖，北京石油学院附属小学，中学高级教师；孙家芳，北京市朝阳教育研究中心，中学高级教师

2. 你认识下面的数吗? 认识就在下面数右边的括号里画"√", 并读出来。

$\frac{1}{2}$ ( ),　　　读出来: (　　　　　)。

$\frac{1}{3}$ ( ),　　　读出来: (　　　　　)。

$\frac{2}{5}$ ( ),　　　读出来: (　　　　　)。

$\frac{3}{7}$ ( ),　　　读出来: (　　　　　)。

测试目的:

了解学生是否认识分数; 了解学生是否会读这些分数。

结果:

学生情况	人数
正确读出	15 人
部分正确	3 人
用比的方法读出(1 比 2; 1 比 3; 2 比 5; 3 比 7)	1 人
理解其中的意思(2 份的一份; 3 份的 1 份; 5 份的 2 份; 7 份的 3 份)	1 人
完全不会。读法有: 1 和 2; 1 乘 2; 2÷1=2	6 人

分析:

可以看出, 有四分之三的学生之前见过分数, 并会读。完全不了解分数的孩子只在四分之一左右。

3. 下列图形中涂色部分的表示方法对吗?

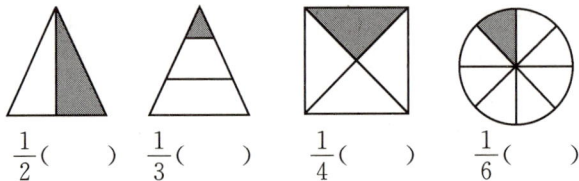

$\frac{1}{2}$ (　　) 　 $\frac{1}{3}$ (　　) 　 $\frac{1}{4}$ (　　) 　 $\frac{1}{6}$ (　　)

测试目的:

了解学生对分数概念的理解, 即是否理解分数是在平均分的基础上产生的, 是否关注平均分的份数。

结果:

学生情况	人数
完全正确	9 人
忽略"平均分"概念, 即只认为第四个是错误的	14 人
认为全是正确的	2 人
只认为第三个是正确的	1 人

访谈：

师：为什么认为第二幅图是错误的？

生：每份大小不一样。

生：每份的大小不相等，不是平均分。

生：3个应该是同等的，但这三个不一样！只能分成$\frac{1}{2}$。

师：能用一个数来表示吗？

生：不知道。

生：$\frac{1}{9}$。

师：为什么？

生：我想继续分。能分成9份，所以是$\frac{1}{9}$。

师：太棒了！

师：（指第四幅图）你为什么认为这个数是错误的？

生：这个图分成了8份，不是6份。

师：你能写出正确的数吗？

生：$\frac{1}{8}$。

（有一个学生写成$\frac{1}{7}$。问她为什么，她说白的有7个，黑的有1个。）

师：（指第二幅图）你怎么看这幅图和这个数？

生：分成了3份，所以是对的。

（其中有一个学生说完又改变主意，认为应该是错的。教师马上问应该怎么写，学生回答不会写。）

分析：

通过访谈和学生的答卷可以看出：学生可以根据这些不同图形的特点进行分析推理，但是他们的推理还仅仅局限在分成的份数上，还不能很好地关注分的方式，即平均分。这将作为课堂教学的一个重点进行。

4. 你能用几种方法表示出$\frac{1}{2}$？请你画一画。

测试目的：

了解学生对分数的前期知识基础，关注学生解决新问题的策略和方法。

结果：

学生情况	人数	备注或访谈
正确画出	19人	他们涉及的图形有圆、等腰梯形、长方形、正方形、三角形、平行四边形、苹果、心形、菱形……只是有些学生画图不够规范，但都能表达出图形的 $\frac{1}{2}$
基本正确	2人	能画出图形，并进行平均分，但没有明确标出或画出其中的一份
部分正确	3人	有的图形进行了平均分，有的图形没有进行平均分。另外1人在画图时只关注到自己的方法多样，但是最后在份数上出现错误
其他情况	2人	1人空白。没有方法。1人用一个圆和两个圆来表示 $\frac{1}{2}$

分析：

通过观察和统计，发现学生通过前面三道题目的测试已经对分数有了一些简单的认识，从第一道题目那么多人不能用 $\frac{1}{2}$ 来表示，到最后大多数的孩子都能简单描述 $\frac{1}{2}$，可以看出三年级的学生已经具备简单的推理能力，完全可以自学一些新知识。同时，从孩子们画的图形中还可以看出孩子们的学习受到一定的制约。由于前面题目中所涉及的大多是平面图形或平面图案，直接影响到学生的思考，因此在教学中教师应该为孩子们提供更广阔的素材，以达到全面理解的目的。

5. 比较下面两组数的大小，并用文字或图示说明理由。

(1) $\frac{1}{2}\bigcirc\frac{1}{3}$；　　　　　(2) $\frac{2}{5}\bigcirc\frac{3}{5}$。

结果(第一组)：

$\frac{1}{2}\bigcirc\frac{1}{3}$	人数	解释
$\frac{1}{2}>\frac{1}{3}$	12人	生1：因为 $\frac{1}{2}$ 是一个东西平均分成两份中的一份，$\frac{1}{3}$ 是一个东西平均分成三份中的一份，所有 $\frac{1}{2}$ 比 $\frac{1}{3}$ 大 生2：因为分子一样，所以只能比较分母，分母小的大，所有 $\frac{1}{2}$ 大 生3：画图
$\frac{1}{2}<\frac{1}{3}$	11人	生1：$\frac{1}{2}$，还剩1个；$\frac{1}{3}$，还剩2个 生2：3比2大
$\frac{1}{2}=\frac{1}{3}$	3人	生1：因为分子一样大 生2：因为2里分出1和3里分出1是一样的

有趣的是，在比较第二组分数的大小时，部分学生的观点发生了变化，正确率大幅提高，说明如果提供一些方法的指导，学生是能够自我纠正的。

结果(第二组)：

$\frac{2}{5} \bigcirc \frac{3}{5}$	人数	百分比
$\frac{2}{5} < \frac{3}{5}$	22 人	84.6％
$\frac{2}{5} > \frac{3}{5}$	4 人	15.4％

正确解答的学生有以下几种解释：

(1)因为分母一样，所以只能比较分子，分子大的为大。所以 $\frac{3}{5}$ 大。

(2) $\frac{2}{5}$ 是一个东西平均分成五份中的两份，$\frac{3}{5}$ 是一个东西平均分成五份中的三份，所以 $\frac{3}{5}$ 比 $\frac{2}{5}$ 大。

(3)因为分子 2 比分子 3 小。

(4) $\frac{2}{5}$ 是把 2 个东西平均分成 5 份，$\frac{3}{5}$ 是把 3 个东西平均分成 5 份，所以 $\frac{3}{5}$ 大。

(5)画图进行解释。

回答错误的学生的解释有：

(1) $\frac{2}{5}$ 是把 5 分成 2 半(瓣)，$\frac{3}{5}$ 是把 5 分成 3 半(瓣)，所以 $\frac{2}{5}$ 大。

(2) $\frac{2}{5}$，还剩 3 格，$\frac{3}{5}$，还剩 2 个。

(3)不会做。

分析：

通过这组统计可以看出，分数比较大小的教学一定要建立在对分数意义的理解和掌握之后才能进行，这也就验证了为什么各个版本的教材都要首先进行分数意义的教学。同时，分母相同的分数比较大小对于学生来说比较容易掌握，分子相同的分数比较大小会难一些。

四、教学案例

"千的认识"的教学设计[①]与评析

(一)教材版本

经典教学"千的认识篇——千与千寻"及北京师范大学出版社出版的新版数学教材(以下简称"北师大版")。

(二)教学目标

1. 结合在计数器上拨数、数小棒、数方块等多种数数活动，理解大数的实际

---

① 汤佳佩，北京第二实验小学朝阳学校，中学一级教师

意义。

2. 借助操作活动，认识新的计数单位"千"，了解个、十、百、千计数单位之间的关系，初步发展位值概念。

3. 结合对比、想象的活动，感受千的大小，初步发展数感。

（三）教学重点、难点与关键

教学重点：认识新的计数单位"千"，了解单位间的关系。

教学难点：理解并掌握计数单位之间的十进制关系。

教学关键：学生已经掌握以"个""十""百"为单位按群计数的基础上，运用旧知识，寻找新的计数单位"千"，继续感受位值概念，发展数感。

（四）教学过程

（借助计数器感知计数单位之间的关系。在数的过程中唤起学生满十进一的经验，渗透十进制，揭示课题后）寻找"千"的活动教学展示过程如下：

问题：找一千活动。

规则：

· 每组观察学具特点，制定数数方案；

· 合理分工，全员参与找一千。

要求：让别人一眼看出，你们的"一千"。

【师生活动】活动开始，教师巡视指导。商量汇报：怎么让大家一眼看出数的一千。

【设计意图】运用多种学具，让学生充分感知"千"的过程，并在头脑中对"个""十""百""千"这些计数单位有一个鲜明的表象，同时让学生了解"十进制"关系；通过学具培养学生数感。感受"千"的大小。

1. 小棒组。

百根一捆的 5 捆、十根一捆的 47 捆，单根的 1200 余根。

【预设1】

生1：一根根数的还没有数完！

【预设2】

生2：我们是 100 一捆的数，发现有 5 捆是 500，我们再十个一小捆捆成一大捆，最后我们捆出了 10 个大捆，是一千。

【设计意图】通过"数小棒"的操作，学生自我选择策略，培养学生的优化选择意识，充分感知"千"的形成过程。

2. 圈图组(1)。

一张方格图，彩笔一支。

【预设1】

生1：从整百开始圈，然后圈整十，最后零散整块。

【预设2】

生2：从小块开始数，还没有数完。

【设计意图】通过小组进行找一千的"圈图"活动，运用满十进一，利用"个""十""百"已经认知计数单位进行优化圈图找一千。

3. 拼图组。

百个一片的8片，十个一条的18条，单个的1200余块。

【预设1】

生1：一片片拿我们发现一片代表一百。又一条条数的，发现10个条是100，然后发现还不够一千，最后我们继续数小方块。十个小方块贴一条，代表一个十。这是我们找到的一千。（因为有10行，每行10个，所以是100）

生2：因为10个一是十。

生3：因为10是十是一百。

【设计意图】通过"拼图"组的找一千活动与"圈图"组的找一千活动展示结合，更加清晰感受到10个一百是一千。

4. 圈图组(2)。

一张方格图，彩笔一支。

【预设1】

生1：这个图形表示300，加上七个一百，就凑成了十个一百是一千。

学生操作(质疑)

生2：这个图形是个正方体，有六面，应该是六百加上六个百就是一千。

【预设2】

生3：直接圈的一千。

【设计意图】通过"不同圈图"活动，看似与2组"圈图"活动是一个活动，本组圈图活动进一步让学生感受"千"。培养学生空间想象能力和读图能力。

5. 方块组。

第纳斯积木，其中整片9片，若干条，其他零散。

【预设1】

生1：我们先数的小方块，想十个十个数，但是没有还没有数完。

【预设2】

生2：我们先数整片，一个整片发现是100，有个8个整片就是800，拼出很多个条，10个一条的再组成一百。

【设计意图】通过"第纳斯方块"操作活动，让学生充分感知"千"的过程，通过拼摆操作学具培养学生数感。感受"千"的大小。

6. 钱币组。

100 元面值的 9 张，10 元的 20 张，1 元 50 张。

【预设1】

生 1：我们先选择了 1 元数，发现不够 1000 元，我们还没有找到一千。

【预设2】

生 2：我们先选择了 100 元 9 张，是 900 元，10 元 10 张，凑了 100 元，这样就是 10 个一百元，我们找到了 1000 元。

【设计意图】通过"钱币"组，让学生感知"千"的同时，体会生活中的数学乐趣。

7. 黄豆组

一瓶装 100 粒黄豆，另一瓶为空瓶，黄豆若干；记号笔一支。

【预设1】

生 1：我是粒粒数的还没有数完。

【预设2】

生 2：我们是 100 粒 100 粒数完装进瓶子里，想数出 10 个一百，这样就找到了一千。

【预设3】

生 3：我们是估的，在瓶子上画出大约的刻度，因为这么高是一百，所以有十个这么高，就是一千。

【设计意图】通过数"黄豆"的活动，让学生进一步体会 10 个一百是一千，同时培养学生的估算意识。

小结：（略）

【评析】

百尺竿头，更进一步。千是一个计数单位，也是个级计数的最高单位。本节课特别突出的是在圈一圈，画一画，摆一摆，讲一讲等活动中，既让学生们能够从多角度来认识数，同时也完成了数的组成中 10 个百是一千，把认识数的过程转化为寻找十个百的过程，同时也有数的运算在内。

殊途同归，千里寻千。学生有七种不同的寻千的方法，这些方法间看似离散的，其实它们间有着内在的联系，其核心都是先找到标准 1 百，而后努力找到 10 个百，另外在"圈图"与"摆第纳斯方块"间的相互印证，学生在圈立体方块图中，可能出现的问题，可以借助实物方块来解惑，这样课堂上就形成了生生学习的好氛围。在给学生提供的各种学具中，既有整百整十的，也有非整百整十的数，这样就能保证了孩子了连续思考，在寻找 10 个百的过程中，自然而然地会去寻找 10 个十和 10 个一。同时也突出了 9 的特殊地位，9 加一就是十，满十进一在此处也很重要！圈图学具中，也有不同的设计，一种是平面的，一种是立体的。这样既能使得学生体会到千的不同的组合方式，也能有一些简单推理与空间的体验。

学生能够在游戏中感悟数学的美。"学"是学生的天职，"玩"是学生的天性。学得轻松学得愉快是学的最高境界，玩中求知、玩中悟理是玩的最高形式。"数学好玩"应该是学生对数学课的最高评价。

五、教学策略

（一）注重使学生经历从现实世界抽象出数的过程

小学阶段学生将首先学习自然数（包括 0），然后逐渐扩充到分数（非负分数）和小数（非负小数），最后简单学习有关负数的内容。这些数的产生和发展，都是人类生活实践的总结。因此，对它们的学习要关注其与现实世界的联系，教学中应重视揭示从现实世界中的数量关系抽象出数的过程。

（二）借助具体情境理解数的意义

现实的、有趣的、具有挑战性的问题情境容易激活学生已有的生活经验和数学知识，激起学习的愿望，调动学生解决问题的策略因此，教学应注意从学生熟悉的生活情境或虚拟世界出发，选择学生身边的、生动有趣的、有利于学生主动探索的事物，创设鲜明的问题情境。学生对大数缺乏体验，教学中应安排有关大数的感受的内容，鼓励学生运用身边熟悉的事物，从多种角度对大数进行估计。

（三）把握核心概念理解数的意义

重视数字 10 的概念建立以及计数单位的累加；重视数字、位值、数级的理解。理解数的意义要与数的读写和计算紧密结合起来。上面的案例中，教师有效地利用了方块、计数器、特别是数线，使学生更好地理解数的意义同时发展了学生的数感。

（四）借助多种模型使学生体会数的丰富意义

弗赖登塔尔指出："数的概念的形成可以粗略地分成以下几种：计数的数、数量的数、度量的数、和计算的数"。在实际教学中数的意义的丰富性是随着年级而不断增加的，要关注数的意义的不断扩展及其联系。正确理解数的意义是读好数、写好数、用好数的基础。

第二节 数的运算

一、课标要求

（一）整数运算

《课程标准（2011）》[①]在两个学段分别提出具体的内容要求。

第一学段：

"1. 结合具体情境，体会整数四则运算的意义。

---

① 中华人民共和国教育部. 义务教育数学课程标准（2011 年版）. 北京：北京师范大学出版社，2012：16—17

2. 能熟练地口算 20 以内的加减法和表内乘除法，能口算简单的百以内的加减法和一位数乘除两位数。

3. 能计算两位数和三位数的加减法，一位数乘两位数和三位数、两位数乘两位数的乘法，两位数和三位数除以一位数的除法。

4. 认识小括号，能进行简单的整数四则混合运算（两步）。"

第二学段：

"1. 能计算三位数乘两位数的乘法，三位数除以两位数的除法。

2. 认识中括号，能进行简单的整数四则混合运算（以两步为主，不超过三步）。

3. 探索并了解运算律（加法的交换律和结合律、乘法的交换律和结合律、乘法对加法的分配律），会应用运算律进行一些简便运算。

4. 在具体运算和解决简单实际问题的过程中，体会加与减、乘与除的互逆关系。"

(二)分数、小数和百分数运算

第一学段：

"5. 会进行同分母分数（分母小于 10）的加减运算以及一位小数的加减运算。"

第二学段：

"5. 能分别进行简单的小数和分数（不含带分数）的加、减、乘、除运算及混合运算（以两步为主，不超过三步）。

6. 能解决小数、分数和百分数的简单实际问题。

7. 在具体情境中，了解常见的数量关系：总价＝单价×数量、路程＝速度×时间，并能解决简单的实际问题。"

(三)估算和计算器

《课程标准(2011)》分别在第一、二学段提出估算的要求，以及交流算法的要求，在第二学段提出使用计算器的要求。

第一学段：

"6. 能结合具体情境，选择适当的单位进行简单估算，体会估算在生活中的作用。

7. 经历与他人交流各自算法的过程。"

第二学段：

"8. 经历与他人交流各自算法的过程，并能表达自己的想法。

9. 在解决问题的过程中，能选择合适的方法进行估算。

10. 能借助计算器进行运算，解决简单的实际问题，探索简单的规律。"

二、核心知识与数学思想

(一)核心知识

"数的运算"主要涉及三方面内容：第一，使用法则进行计算，形成基本的运算技能。例如，能正确计算三位数加减三位数、两位数乘两位数、三位数除以一位数、自然数四则混合运算等。这里既包括法则的使用与技能的形成，也包括对于法则及其法则背后道理("算理")的理解。第二，结合具体情境进行估算。包括估算的意识与估算的方法。第三，运算的意义及解决实际问题。

"数的运算"主要涉及运算能力与推理能力的发展。首先，在运算教学中应强调算理与算法。算理是指四则运算的理论依据，它是由数学概念、性质、定律等内容构成的基础理论知识。算法是实施四则计算的基本程序和方法，如四则运算的意义、运算定律、运算性质。例如，减法的运算性质：$a-(b+c)=a-b-c$，$a-(b-c)=a-b+c$，除法的运算性质(除数不能为 0)：$a\div(b\times c)=a\div b\div c$，$a\div(b\div c)=a\div b\times c$。四则运算分为两级，加减法为第一级，乘除法为第二级。四则运算的顺序：没有括号的算式里，同级计算从左往右按顺序计算。含有两级计算，先算第二级计算，再算第一级计算。有括号的先算小括号，再算中括号，最后算括号外面。算理为算法提供了理论指导，算法使算理具体化。学生在学习计算的过程中明确了算理和算法，就便于灵活、简便地进行计算，计算的多样性才有基础和可能。

其次，重视估算的学习和运用。估算不仅要求选择恰当的单位进行估计，而且需要选择合适的方法具体操作。估算的问题一般是具有现实情境，学生要分析具体的情境，合理的选择单位并进行估计，在这个过程中建立数感。下面是《课程标准(2011)》附录 2 中的例 26：

李阿姨去商店购物，带了 100 元，她买了两袋面，每袋 30.4 元，又买了一块牛肉，用了 19.4 元，她还想买一条鱼，大一些的每条 25.2 元，小一些的每条 15.8 元。请帮助李阿姨估算一下，她带的钱够不够买小鱼？能不能买大鱼？

在估算时首先判断选择元做单位估计就可以，没有必要精确到角(0.1 元)。

第一问，够不够买小鱼？可以这样估算：买一袋面不超过 31 元，两袋面不超过 62 元；买牛肉不超过 20 元；买小鱼不超过 16 元；总共不超过 62+20+16=98(元)，李阿姨的钱是够用的。

第二问，能不能买大鱼？可以这样估算：买一袋面至少要 30 元，两袋面至少要 60 元；买牛肉至少要 19 元；买大鱼至少要 25 元；总共至少要 60+19+25=104(元)，已经超过 100 元了，李阿姨不能买大鱼。

从数学上看，第一问要判断 100 元是否超过三种物品的价格总和，适当放大；第二问要判断三种物品的价格总和是否超过 100 元，适当缩小。一般不需要精确计算，只需要估算就可以了。

估算在解决实际问题中经常用到，估算与精算相互补充，在实际运用时有不同的功能。现代学习理论认为，面对一个运算问题时需要学会：第一，迅速判断它是否需要计算？第二，判断出它是否需要做出精确的计算？第三，考虑采用什么方法进行计算？两个学段对于估算的要求侧重点不同。第一学段的估算强调在具体的情境中选择合适的单位。例如，估计教室的长度时，通常以"米"为单位；估计书本的长度时，通常以"厘米"为单位。也可以用身边熟悉的物体的长度作单位，如步长、臂长等，进而体会估算在生活中的作用。第二学段强调学生在解决问题的过程中，选择合适的方法进行估算。这个问题可以是现实世界的问题，也可以是纯数学问题。

大数的计算可以使用计算器来完成。同时，利用计算器还可以帮助学生探索数学规律，特别是与数的计算有关的规律。学生可以把注意更多地用于观察和思考，用更多的时间学习重要的数学知识，而不是重复的计算。

(二)数学思想

这部分内容主要涉及模型思想、数形结合思想、集合思想、转化与化归思想以及归纳推理与类比推理①。

1. 数形结合思想

小学数学中数学结合思想主要体现在以下几个方面：第一，利用"形"作为各种直观工具帮助学生理解和掌握知识、解决问题。例如，从低年级借助直线认识数的顺序，到高年级的画线段图帮助学生理解实际问题的数量关系。第二，是数轴及平面直角坐标系在小学的渗透。例如，数轴、位置、正反比例关系的图像等，使学生体会代数与几何之间的联系。第三，统计图本身和几何概率模型都是数形结合思想的体现，统计图表把抽象的枯燥的数据直观地表示出来，便于分析和决策。第四，用代数(算术)方法解决几何问题。例如，角度、周长、面积和体积等的计算，通过计算三角形内角的度数，可以知道它是什么样的三角形等。

2. 集合思想

集合思想在小学数学中有很多渗透，数的运算也可以从集合的角度来理解，如加法可以理解为两个交集为空集的集合的并集。再如求两个数相差多少，通过把代表两数的实物图或直观图一对一的比较，来帮助学生理解用减法计算的道理。实际上就是把代表两数的实物分别看作结合 A、B，通过把 A 的所有元素与 B 的部分元素建立一一对应，然后转化为求 B 与其子集(与 A 等集)的差集的基数。

3. 转化与化归思想

转化思想在小学数学中有广泛的应用，如四则运算法则的学习。小数加减法的法则是：小数点对齐，然后按照整数的方法进行计算。小数乘法的法则是：先按照整数乘法进行计算，再点小数点。小数除法的法则是：把除数转化为整数，基本按照整数除法的方法进行计算，需要注意被除数的小数点与商的小数点对齐。分数加减法的法则是：异分母分数加减法转化为同分母分数加减法。分数除法的法则是：转化为分数乘法。

4. 归纳推理

小学数学中常用不完全归纳法。归纳推理在小学数学的探究学习和再创造学习

---

① 王永春.小学数学与数学思想方法.上海：华东师范大学出版社，2014：18—94

中应用广泛。例如，四则计算法则的总结、运算定律的总结大多运用归纳推理。

5. 类比推理

类比推理在小学数学中也有广泛应用。例如，多位数加减法与两位数加减法类比，多位数乘多位数与多位数乘一位数类比，除数是多位数的除法与除数是一位数除法的类比。小数的运算是把整数的运算法则、顺序和定律推广到小数。分数的运算是把整数的运算顺序和运算定律推广到分数。

三、学情研究

学生对于数的运算的学习一般可以分为三个步骤：第一，计算方法的探索及算理的理解；第二，计算方法的形成与内化；第三，计算方法的掌握。

如图，在 34×12 的竖式中，箭头所指的这一步表示的是（　　）。

A.10 个 34 的和　　　　　　B.12 个 34 的和

C.1 个 34 的和　　　　　　　D.2 个 34 的和

```
    3  4
 ×  1  2
 ─────────
    6  8
  3 4  0   ←
 ─────────
  4 0  8
```

许多学生看似掌握了法则，但其实没有真正理解算理，特别是对于"竖式"背后的算理的理解（如图 4-1 所示的问题）。例如，学习两位数乘两位数 14×12。实际上，学生要完成两个过程：第一，要将 14×12 转化为已经学习过的知识。比如，学生可以利用"拆数"将其转化为"10×12，4×2，再相加"，或者将其转化为"$14 \times 6 \times 2$"。这些过程同样需要教师的指导。第二，进一步将"10×12，4×12，再相加"的过程写成竖式，这个转化学生更是难以自发完成。

如何从初始"竖式"到简化的"竖式"呢。形成了初始竖式后，不必过早抽象出一般算法，而应该让学生运用这种初始模式再计算几道题，促进学生对初始竖式的内化，再引导学生观察，反思，讨论这些算式的共同点，此时引入简化的"竖式"就水到渠成了[①]。

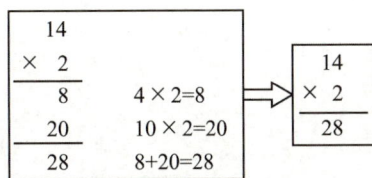

```
    14          4×2=8          14
 ×   2                      ×   2
 ─────                      ─────
     8          10×2=20        28
    20
 ─────          8+20=28
    28
```

从初始竖式到简化的竖式

```
   13          11          32
 ×  2        ×  7        ×  3
 ─────       ─────       ─────
    6           7           6
   20          70          90
 ─────       ─────       ─────
   26          77          96
```

初始竖式练习

──────────────

① 张丹．小学生真的理解运算法则吗．基础教育课程，2010(8)：12. 内容有修改

1. 学生的已有基础

在学习本节课之前学生已经掌握了"100 以内数的认识及比较大小；20 以内数的加法、减法及其应用和 100 以内数的不进位加法、不退位减法及其应用以及两位数加一位数进位加法"。能够用竖式计算上述题型，对自然数的十进关系有一定的认识。

学生已经具备了利用直观模型表征数的能力，而且具备了一定的用直观模型解释算式、竖式的经验以及估数的经验。

2. 前测分析

(1)前测题一：29＋18＝(对该校一(4)班 40 名学生)。

先让学生独立完成，然后在将自己的算法和计算的过程在下面的空白处画一画，最后对出错的学生进一步访谈和帮助，找到错因。

被测试的学生中有 80％能正确计算出"29＋18"的结果，这表明算出两位数加两位数进位加法的结果对于大多数学生困难不大。

再继续分析结果正确的 32 名学生的具体情况。

	图与式对应	图与式不对应	不会画图解释
人数	11	8	13
	↓	↓	↓
用竖式计算的人数	8	4	4

从上面的数据中能看出：只有 27.5％的学生能正确地画出自己的想法和计算过程，所以即使学生会算了也是需要直观操作来帮助他们解释算法理解算理的。而且在没有具体要求用什么方法的前提下，共有 16 位学生用了竖式计算，其中有 8 名同学能够用计数器或小棒对竖式方法进行表示。

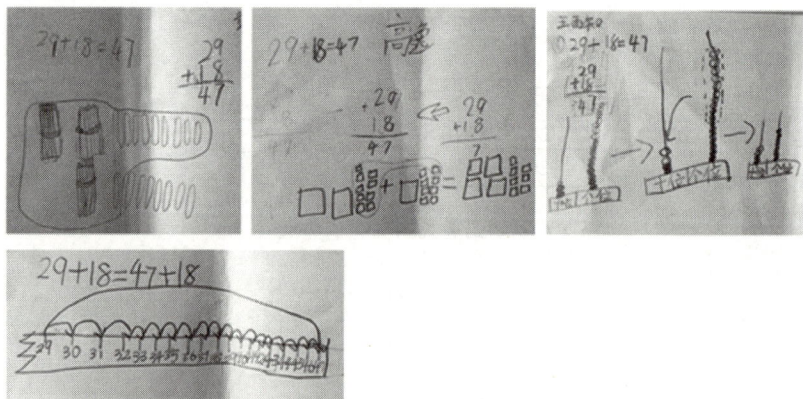

图与式对应举列

再分析计算结果不正确的 8 名学生的具体情况。

对这 8 名学生又进行了第二次测试(访谈并提供直观学具图)。

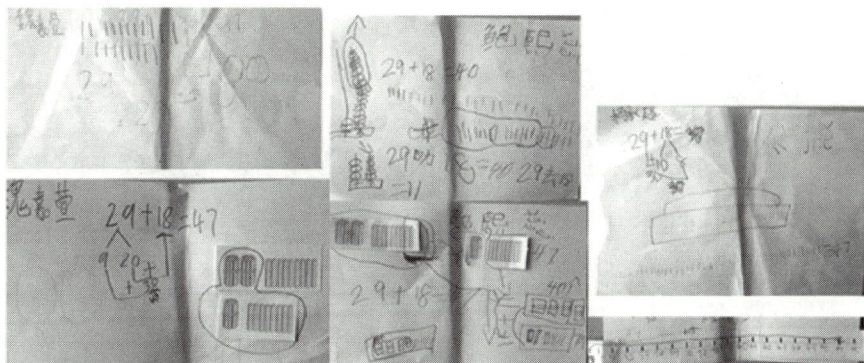
前后两次测试对比图举列

从上面的图中能清楚地看到，以前这 8 位学生解决两位数加两位数进位加法是有困难的，但有了直观模型的帮助，他们也能比较顺利地解决问题。而且由于学生之间存在着差异，他们所选用的模型也是不同的，因此，在教学中要为学生提供更多直观模型(小棒、小方块、计数器、数线等)，以满足不同层次学生的不同需求，让他们用自己喜欢的模型来帮助算理的理解以及算法的掌握。

(2)前测题二：用竖式计算 38＋17＝(对该校一(4)班 40 名学生)。

测试结果：

	正确	不正确		
		没加进位	对位正确但不会算	对位不正确
人数	28	5	3	4
百分比	70％	12.5％	7.5％	10％

从结果中能看出有 70％的学生已经会用竖式解决两位数加两位数进位加法，但仍有 30％的学生用竖式出错或不会用竖式。这表明对于竖式算法、算理，学生理解和掌握的还不是很清晰。因此，虽然大多数学生都已经会用竖式了，但还要将竖式的算法、算理的探索和理解作为本节课一个教学重点，让学生通过多种表征之间的相互转化，沟通多种模型之间的联系理解算理掌握算法。

(3)前测题三：(对该校一(1)班 40 名学生)。

在这个前测之前在课上给学生直接出示了教材中的主题图，要求学生"估一估，这个箱子装得下吗?"学生的回答几乎都是精确计算出结果后进行比较，最后通过启发，有一位学生用了估算的方法。

这就引发了思考：教材中首次出现的估算学生最大的障碍在哪里？在教学如何培养学生的估算意识，发展数感？

这个箱子能装下吗？

	能	不能
人数	32	8
百分比	80%	20%

下面来具体分析一下学生的回答。

回答"能"的 32 名学生：

	理由不清	就 40 个	举例说明	有 40 多个	最多 50 多个
人数	4	12	10	4	2
百分比（占全班的）	10%	30%	25%	10%	5%

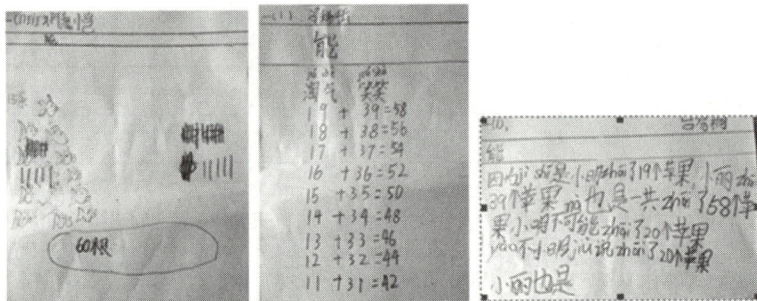

回答"不能"的 8 名学生，有 2 名学生题意理解错误，有 3 名学生理由不明，有 3 名学生估得太大了。

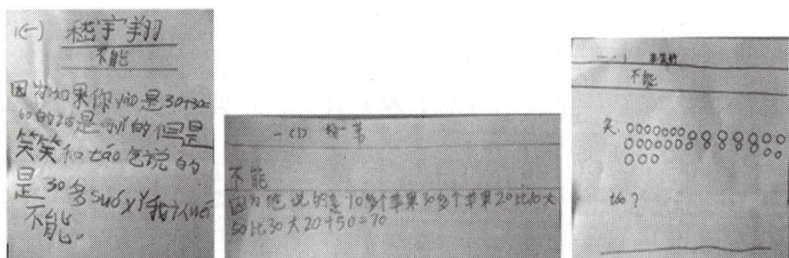

从数据中看到，这一情境触及学生的最近发展区，引发了他们的思考和探索。学生对"估"的认识是建立在"算"的基础之上，通过学生不断地列举计算，使他们不

断地逼近估算的目的，这就在学生的已有基础和估算之间搭建起了一架梯子，这个梯子就是学生学习估算的最近发展区。

四、教学案例

(一)教材分析案例

深入研究教材是教学设计的关键环节。首先，要通读教材，系统归类，全面了解各部分内容在本册书与本单元中的位置和作用；其次，要深入解读教材，准确把握每节课的知识点，弄清重点，理解编写意图，并挖掘出教材中蕴含的数学思想方法；最后，还要跳出教材，超越教材。以课程标准为依据，在充分把握教材编写意图的基础上，根据学校与学生的实际情况灵活变通教材中的与学生不相符，或者滞后于学生发展的素材。

教材体系一般有两条线：一条线是数学知识，这是呈现在教材上的明线；另一条线是数学思想方法，通常蕴含在数学知识的形成过程中，是一条暗线。在"数的运算"中同样蕴含了丰富的数学思想方法，如数形结合、数学模型、转化、推理、符号化、类比等思想方法，但这些并没有明确地写在教材上，是一条暗线。例如，一年级下册"两位数加一位数、整十数"一课，在探究 $25+2=\square$ 的算法时，教材呈现小棒图，先把五根小棒和两根小棒合起来，为学生直观呈现要先算 $5+2=7$ 的算理，将"数形结合的思想方法"巧妙地蕴含其中。

【教材分析】

一、在本册教材中的地位及前后知识联系

本节课是北师版小学数学一年级下学期第六单元的内容，教材中通过摘苹果的情境，引入两位数加两位数的进位加法。教材主要设计了三个问题，层层递进地展开学习过程。问题一"估一估，这个箱子装得下吗？"让学生用合理的方法进行估算。这是教科书中第一次出现估算的内容，通过估算箱子能否装得下，帮助学生初步了解在什么样的情境中需要估算，以及如何估算，初步培养学生的估算意识。问题二"一共摘了多少个苹果？算一算，说一说。"帮助学生学习两位数加两位数的进位加法。教材中列举了三种思考方法，而且三种方法都配有直观模型解释计算的道理。问题三"算一算，说一说。"脱离情境直接从算式出发进行计算，并解释自己的计算过程，帮助学生巩固并梳理竖式的算法，提高运算能力。

学习本节课的知识基础主要有两个方面，一是数的运算，另一个是数的意义。数的运算："20 以内数的加法、减法及其应用和 100 以内数的不进位加法、不退位减法及其应用以及两位数加一位数进位加法"。数的意义："100 以内数的认识及比较大小"。同时本节课又是学生后续在二年级学习 100 以内数的连加、连减、加减混合运算，万以内数的加减法与混合运算；以及小数、分数加减法；乃至于中学学习代数式加减运算的基础。

二、不同版本教材的对比

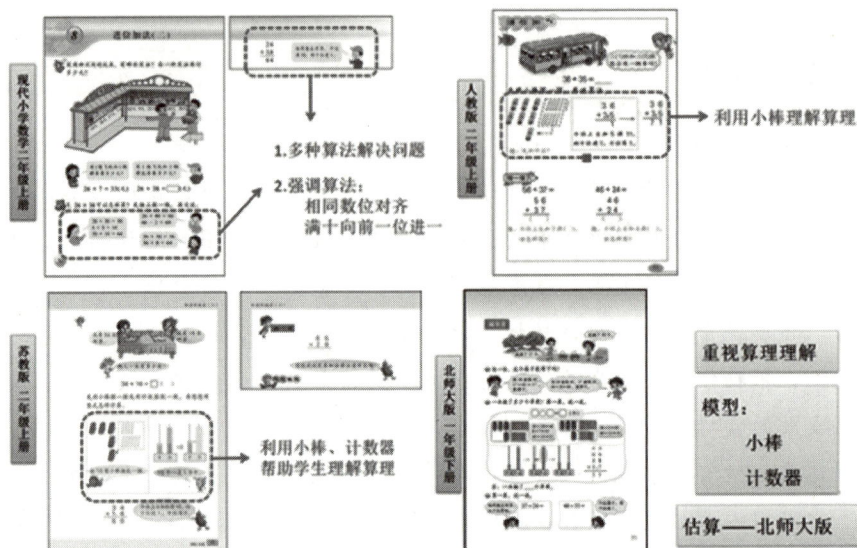

三、教师的思考

1. 还可以为学生提供哪些直观模型帮助学生理解算理?

2. 相同数位对齐和个位满十向十位进1在前面的学习中学生都已经掌握了,那么本节课学生的困难在哪里?

(二)"两位数加两位数①"教学案例

一、教学目标

1. 通过"估一估"的活动,亲身经历估算的过程,初步培养学生的估算意识,发展数感。

2. 利用学习的多元表征方式,在具体情境中,通过小棒、小方块、计数器和数线等模型展开探索活动,理解算理,能正确计算两位数加两位数进位加法。

3. 能运用所学知识解决有关的实际问题,感受数的运算与生活的密切联系,培养初步的解决有关简单实际问题的能力。

4. 在解决问题的过程中,体会学习的乐趣,激发学习数学的兴趣。

二、教学重点与难点

教学重点:1. 探索并掌握两位数加两位数进位加法的计算方法,理解算理。

2. 培养学生的估算意识。

教学难点:1. 沟通多种表征之间的联系以及对算理的理解。

2. 培养学生的估算意识。

———————————

① 岳志刚,中国农业大学附属小学,中学一级

三、教学流程

教学流程图:

估一估——培养意识，发展数感 ├─ 学生独立解决
│ 展示汇报
│ 总结估算方法
↓
算一算——自主探究，解决问题 ├─ 摆一摆
│ 写一写
│ 说一说
↓
连一连——沟通关系，明理清源
↓
试一试——尝试计算，总结算法
↓
练一练——巩固练习，深化理解

四、教学过程

(一)估一估——培养意识，发展数感

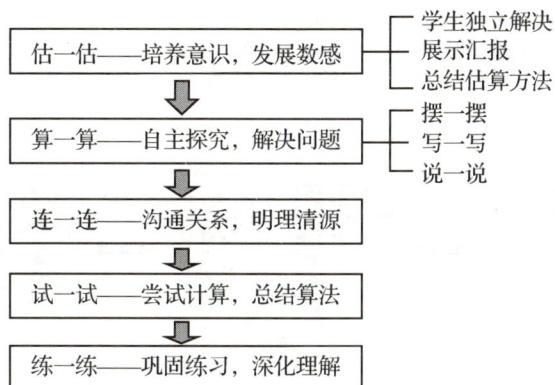

这个箱子能装下吗?

(二)算一算——自主探究，解决问题

问题:他们一共摘了多少个苹果?

1. 摆一摆。

学生可能的摆法举例:

小棒：

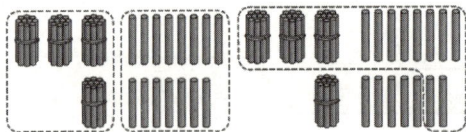

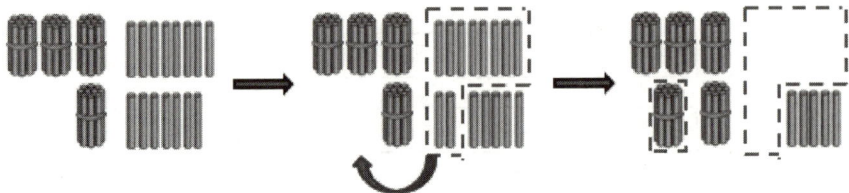

......

小方块：

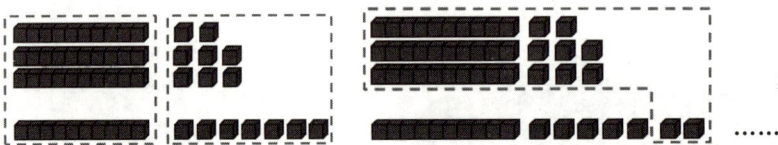

......

数线：

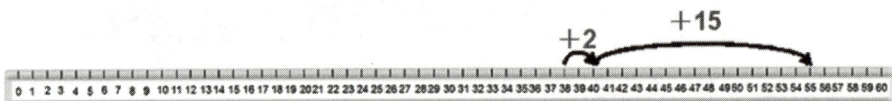

......

计数器：

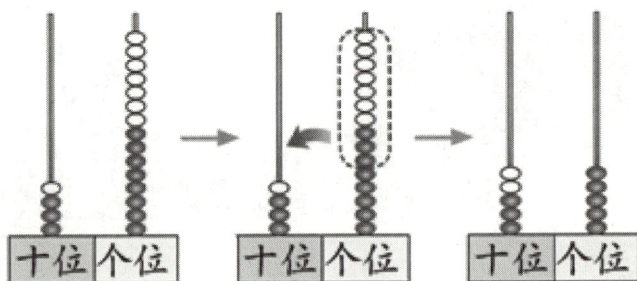

......

2. 写一写。

学生可能的写法举例：

(1)30＋10＝40，8＋7＝15，40＋15＝45。

(2)38＋2＝40，40＋15＝45。

（3）竖式。

$$
\begin{array}{r}
3\ 8 \\
+\ 1_{\,1}7 \\
\hline
5\ 5
\end{array}
$$

3．说一说。

（1）先在小组内互相交流。

要求：如果你能看懂组内同学的方法，你就用他的学具将他的方法给演示出来；如果看不懂，那就请你的同桌帮你演示并讲解他的方法。

（2）全班交流汇报。

要求：如果你能看懂展示的方法，那就请你选择合适的学具进行演示汇报。

【设计意图】

在"摆一摆"活动中，由于学生存在的差异，不同层次学生的收获是不同的。已经会算的学生，由于这个环节必须经历动手操作解决问题，所以他们经历了将自己头脑中的数学符号表征转化为动作表征和形象表征；还有就是之前不会的学生，他们经历了将动作表征转化为形象表征，最终实现数学符号表征。后面的"写一写""说一说"使学生不断经历由直观到抽象，再由抽象到直观的相互转化，就是在这种"有来有去"的转化过程中，学生对算法、算理的认识逐渐清晰。

（三）连一连——沟通关系，明理清源

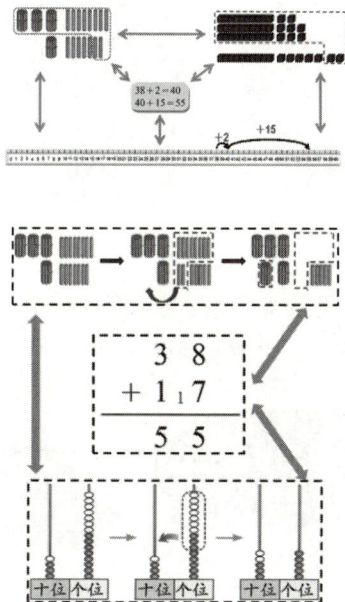

【设计意图】

借助学生展示的各种表征，通过不同的设问，帮助学生在各种表征之间建立联系，清楚每个符号背后的内涵。通过绑一捆、摆一条、进一个珠和竖式中的进位"1"的联系，为进位"1"找到丰富的表象支撑，使学生更加深入地理解算理，掌握算法。

(四)试一试——尝试计算，总结算法

1. 尝试用竖式计算。

37＋24＝   46＋35＝

2. 你能说一说用竖式计算时应该注意什么问题吗？

相同数位对齐，从个位算起。个位满十，向十位进1。

【设计意图】

这个过程是在学生进行了大量的直观操作和寻找联系之后进行的，是将学生直观操作转化为头脑中的抽象操作的过程，让学生在亲自尝试的过程中总结出两位数加两位数进位加法的计算方法。

(五)练一练——巩固练习，深化理解

1. 估一估，哪两袋珠子合起来够穿一条项链？

43颗   19颗   38颗

70颗珠子能穿一条项链。

2. 森林医生。

【学习效果评价】

1. 本节课你觉得哪个活动最有意思？

2. 你能帮淘气估一估吗？把你的想法写一写。

我有80元够吗？

16元   57元

3. 竖式计算，并在下面空白处画出你的计算过程。

47 ＋ 35 ＝

(三)教学设计的评价

1. 放慢估算的脚步，经历估算的过程，体验估算的价值

学生在一年级上学期所学计算都是准确计算，没有涉及有关估算的内容。学习"100以内的数的读、写"时积累了一些估数的经验。例如，估计一把豆子有多少粒？本节课是学生第一次对一个算式的运算结果进行估计。如果只是让学生在解决问题前先估一估，那么他们永远不会把估算作为一种解决问题的方法。因此，本课的学习目标是学生意识到估算也是一种解决问题的方法。

2. 沟通多种表征之间的联系，促进学生对算理的理解

本节课上教师利用小棒、小方块、计数器和数线等直观模型帮助学生理解算理，尊重了学生差异，满足了不同层次学生需求。笔算是"直观的算理，抽象的算法"，因此沟通学具操作、口算与竖式表示的笔算之间的联系，尤其是将直观的学具操作转化为头脑中的抽象操作，学生才能真正掌握算法、理解算理：运算的意义、数概念背后所蕴含的十进制、位值制思想。此外，沟通多种表征之间联系，不仅为学生理解算理提供了丰富的表象支撑，而且有利于培养学生多角度思考问题的意识。同时让孩子们认识到数学上任何一个符号的背后都有深刻的道理，感受到数学的抽象性、严谨性，体验借助具体事物理解抽象问题的途径与方法。

五、教学策略

(一)运用多种方式促进学生理解算理

教学中既要重视法则的教学，还要使学生理解法则背后的道理，在理解算理的基础上掌握运算法则。为了帮助学生更好地理解算理，教师可以重复利用实物原型、直观模型、学生的已有知识等设计多种形式的活动。其中实物原型指的是具有一定结构的实物材料，如元、角、分等人民币，千米、米、分米等测量单位；直观模型指的是具有一定结构的操作材料和直观材料，如小棒、计数器、长方形或圆形图、数直线。利用概念的多元表征方式促进学生理解算理，掌握算法。

(二)鼓励学生自己探索如何进行运算，并且尝试说明运算的道理

学生的初步想法与探索往往蕴含着算理，鼓励学生运用自己的语言有条理地表达，并引导学生对这些方法进行比较和交流是理解算理的基础。事实上，学生在阐述自己的方法时，同时都在进行着推理。

(三)应注重在具体情境中体会运算意义

四则运算是小学数学最基础的知识。心理学研究表明，当一个数的运算与所代表的情境中的物体相联系时，才能在学生的头脑中获得真正的意义。情境可以赋予数以意义，从而使抽象的数成为具体的物体。因此，《课程标准(2011)》提出了"结合具体情境"的要求。

第三节 量与计量

量与计量的内容分散在第一学段的"数与代数"以及第一、二学段的"图形与几何"领域当中，本章主要探讨数与代数领域中涉及的量与计量内容。

一、课标要求

在《课程标准(2011)》第一学段的"常见的量"中要求：

"1. 在现实情境中，认识元、角、分，并了解它们之间的关系。

2. 能认识钟表，了解 24 时记时法；结合自己的生活经验，体验时间的长短。

3. 认识年、月、日，了解它们之间的关系。

4. 在现实情境中，感受并认识克、千克、吨，能进行简单的单位换算。

5. 能结合生活实际，解决与常见的量有关的简单问题。"

二、核心知识与数学思想

(一)核心知识

这部分内容与数感、空间观念、应用意识的培养有密切联系。空间观念主要是指根据物体特征抽象出几何图形，根据几何图形想象出所描述的实际物体；想象出物体的方位和相互之间的位置关系；描述图形的运动和变化；依据语言的描述画出图形等。应用意识有两方面的含义：一方面，有意识利用数学的概念、原理和方法解释现实世界中的现象，解决现实世界中的问题；另一方面，认识到现实生活中蕴含着大量与数量和图形有关的问题，这些问题可以抽象成数学问题，用数学的方法解决。

根据《课程标准(2011)》，量与计量的内容要求包括：使学生建立常用计量单位的观念(表象)，知道并逐步掌握有关单位间的进率，初步学会用所学的一些单位进行计量。计量单位包括：长度单位米和厘米("知道 1 米、1 厘米的实际长度")，质量单位千克("初步建立 1 千克的质量观念")，时间单位时、分、秒("初步建立时、分、秒的时间观念")。其次，从计量科学的角度来看，上述单位中长度单位米、质量单位千克、时间单位秒是国际单位制中的基本单位，其他各种单位是利用基本单位表示的导出单位。

在人民币单位元、角、分和时间单位时、分、秒的内容要求中，课标还明确提出要使学生"爱护人民币""养成遵守和爱惜时间的良好习惯"。这些要求都是结合小学数学学科特点，渗透思想品德教育，培养良好行为习惯的具体体现。

(二)数学思想

这部分知识主要渗透了：第一，符号化思想。例如，用字母表示计量单位，长度单位：km、m、dm、cm、mm，面积单位：km^2、m^2、dm^2、cm^2、mm^2，体积单位：km^3、m^3、dm^3、cm^3、mm^3，质量单位：t、kg、g，等等。第二，转化与化归思想。主要渗透在高级单位和低级单位之间名数的转化改写。第三，类比推理。例如，线、面、体之间的类比：线段有长短，用长度单位来度量；平面图形有大小，用面积单位来计量；立体图形占空间的大小，用体积单位来计量。

三、学情研究

首要的任务是使学生对计量单位的实际"大小"形成较鲜明的表象。做到了这一点，就容易掌握单位间的进率，也有助于正确运用这些单位进行估测或实测。比如，学生形成了1厘米、1米实际长度的表象，就不至于产生"1米＝10厘米"的错误，才有可能利用表象进行一些简单的估测，如估计窗子的宽和高约是几米。反之，学生在掌握计量单位间的进率的过程中，在进行实际测量的活动中，也能进一步加深和巩固有关计量单位的观念。但要达到这种相互促进的效果，需要教师提出明确的要求并加以引导。比如，在教学1米＝100厘米时，让学生用拇指和食指比画1厘米有多长，伸开两臂比画1米有多长，通过两种比画的体验和比较，既巩固了厘米、米的长度观念，又加深了对进率的印象。

在以往的教学中，常常发现，有些学生虽熟记进率，并能正确进行名数的转化，但在完成诸如"一张床长2（　），一个文具盒长2（　），一本书厚2（　）"之类的练习时，却不能正确选用适当的长度单位。这样的例子从另一个侧面提醒，应当重视计量单位概念的形成。比如，教学千克时，可以让学生亲手掂一掂1千克重的东西（如沙袋），通过亲身感觉体验1千克的实际重量。还可以出示一些重1千克的常见物品，如一大袋洗衣粉、两袋精盐、奶粉等，让学生掂一掂，为他们形成1千克的重量观念提供形象具体的支柱。以1千克的重量观念作基础，也便于认识重量单位吨。

对那些比较大的计量单位，如千米、吨，虽然没有明确提出初步建立表象的要求，但仍需要通过一些间接的手段，使学生获得一些感性认识或间接体验。教学长度单位米和厘米时，还要使学生初步学会用刻度尺量物体的长度（限整厘米）。这种动手测量的能力，应注意从小培养，并随着教学的展开逐步巩固提高。

时间和时刻是学生容易混淆的两个概念。教学时，可以联系学生的生活经验，举例说明。例如，×时×分是开始上课的时刻，×时×分是下课的时刻，两个时刻之间经过了40分，就是一节课的时间。也可以借助线段图，使学生看到时刻好比直线上的点，时间好比两点间线段的长。

四、教学案例

了不起的挑战——认识千克和克①

（一）教学内容

北师大版数学三年级下册第四单元《有多重》第一课时。

（二）学情分析

"千克与克"这一内容的学习，学生有两方面的经验。一个是学习度量的学习经验。学生是在已经学习了长度、面积等几何度量单位，时、分、秒等时间度量单位的基础上，再来学习质量单位的。孩子们已经有了学习度量的经验，学习过程中一定包含如下几个环节：非标准度量单位和国际标准度量单位，感受一个度量单位量的大小，同一属性的不同度量单位间的关系，根据需要选择恰当的度量单位。另一个是生活中的经验。比如体重，购买水果时的经验，也有轻重的经验，同时还有非标准国际质量单位的经验，如斤、两、公斤等。也听说过标准国际质量单位千克、克、吨等。

（三）教学目标

1. 结合具体生活情境，认识质量单位"千克"和"克"，知道"1千克＝1000克"。

2. 感受1千克和1克有多重，能根据生活实际选择合适的质量单位。

3. 能运用千克和克的相关知识解决简单的实际问题，感受质量单位在实际生活中的应用。

4. 在操作活动中，积累一个标准质量单位的大小是多少的经验，体验不同材质的1千克物体所占的空间是不一样的。初步理解选择恰当的质量单位的意义。

（四）教学重点与难点

教学重点：了解1千克和1克的实际质量，初步建立1千克和1克的质量单位。

教学难点：培养学生估测意识。

（五）教学准备

课件、实物投影、任务单、磁贴、视频、电子秤5 kg；

牛奶组（各种克数牛奶若干），果冻组（每个果冻50 g，30个左右），爆米花组（爆米花若干包），哑铃组（不同重量一根），苹果组（6～8个苹果），柠檬组（8～12个柠檬），鸡蛋组（30枚鸡蛋），哑铃（7个1 kg哑铃），塑料盒（7个装以上物品，每盒内有塑料袋各1个），信封一个，7个小盒（盒内装有若干2分硬币）。

---

① 汤佳佩，北京第二实验小学朝阳学校，中学一级

（六）教学过程

教学过程			
教学环节	教师活动	学生活动	环节意图
引入环节1	我们先来看一段视频"了不起的挑战"！（教师准备暂停："等着你送我鱼"。）估的质量与实际质量相差不到半斤，你会怎样判断谁挑战成功？刚才录像看到可以用掂一掂方法估测物体有多重，用称可以准确测量物体的质量。关于质量单位都有哪些了解？（根据学生汇报进行板书） 评（无说到千克和克）：同学们知道这么多质量单位，今天这节课汤老师跟大家一起认识两个新的质量单位。（板书课题：千克、克） 评（说到千克和克）：同学们说的这些都是质量单位，今天这节课汤老师跟大家一起认识（板书千克、克）这两个质量单位。	预设： 生1：用秤称重看看到底几斤。（工具秤） 生2：需要称出鱼的质量，估的数据和测量数据比比看，如果相差不到半斤，获胜。 预设： 国际通用质量单位：毫克（mg），克（g），千克（kg），吨（t）。其中千克是质量的国际标准单位。国内常用：两（50克），斤（10两，500克），公斤（1000克）。超市中看到的 500 g＝1斤，1斤＝10两，1 kg＝2斤＝1000 g，至于 1 kg 到底是什么概念，你想一下 1 立方分米的水有多重，那就是 1 kg 了，1000 kg＝1 t，1 t 就是 1 立方米水的重量。不常见的重量单位还有毫克和微克，1 克＝100毫克＝1000 微克，目前吨是最大的质量单位！	引出生活总的估重应用和质量单位。
引入环节2	由这幅图你知道什么？（出示主题图同时出示：淘气和小鸟） （如果学生指读数据，师问）他们俩谁更重一些？说说你的理由！（借助学生的解答板书千克？克） 预设1：你有一定的生活经验进行判断！ 预设2：看来你知道千克是比克大的质量单位！	预设： 生1：淘气更重，小鸟更轻。 生2：淘气的体重是用"千克"作质量单位，小鸟的体重是用"克"作质量单位。淘气重。 生3：千克的单位大，克的单位小。 生4：1千克＝1000克。	初步认识"千克"和"克"，体会这两个质量单位大小关系，同时认识体重秤和天平这两种称重物体的工具。

续表

教学过程			
教学环节	教师活动	学生活动	环节意图
感受 "1千克"	老师在每组桌上准备了一个小哑铃，你们有什么办法知道它有多重？ 预设1： 1 kg 就是 1 千克。（板书） 评1：你真是个善于观察的孩子！ 这个哑铃的质量就是 1 千克，大家小组内轮流掂一掂感受下 1 千克到底有多重！	预设： 生：从包装上找 1 kg 就是 1 千克 生轮流感受。	认识秤；感受 1 千克重量，明确 1 千克国际表示法。
了不起的挑战寻找 "1千克" 寻找 "1千克" （牛奶组）	刚刚我们每个人都感受到 1 千克有多重！ 你们今天想不想也玩"了不起的挑战"这个游戏！ 我们先来看看游戏规则： 了不起的挑战—寻找"1千克"： 借助 1 千克哑铃的质量； 利用本组盒子里的物品，寻找"1千克"，并完成任务单。 哪个小组找的最接近 1 千克获胜！ 小组合作评价指南： 小组要有分工； 组长组织好每个人要体会到寻找 1 千克的过程； 记录员负责把组内估测物品数量记录到任务单； 老师为每个小组准备了不同的学具盒，请组长上来进行抽签。 我们进入到过秤环节！ (1)牛奶组 预设1：我们一起验证一下好吗？（电子秤显示数字，师黑板记录数字） 评价：你们用了计算的方法。看样子包装是在我们估测当中要思考的重要因素！ 预设2：你们留心生活认真观察，用数据找到了你们的 1000 克。我们来一起验证一下吧。（电子秤显示数字，生黑板记录数字）	生读。 生代表抽签领回本组物品。 预设： 生1：我们小组没有找到 1 千克牛奶，开始我们在估测的时候，我们选择 5 个 200 克相加，但是我们发现有更大的包装 500 克，我们就选择 500 克两包，结果称重发现大于 1000 克。 生2：我们小组找到了 1 千克，我们没有称重发现包装上就有 500 克，两个 500 克就刚好是 1 千克。我们的一千克是两袋 500 克牛奶。	通过各种小组活动，寻找 1 千克，来对 1 千克估重感进行体会，再体会。

教学过程			
教学环节	教师活动	学生活动	环节意图
寻找"1千克"（果冻组）	(2)果冻组 请果冻组！ 你们组是不是发现每个果冻重量是50克了！是利用数据找的1000克。有没有可能通过刚才组你们有些调整？可以估计一下，这些果冻的质量？ （生可能估计大一些了） 称重看结果。（出现大数据差，请学生记录） 有没有想和大家说说的？ 评价：再一次验证包装是有一定质量的！ 预设： 你们小组利用数据找到了1000克，又用秤称量后，发现了包装的秘密。 他们找到的结果我们一起来验证一下吧！ （电子秤显示数字，师黑板记录数字） 学生可能会在此发现包装误差问题	预设： 生1：我们小组也是利用果冻上面的重量50克找到了我们的1千克（生开始数）。 生2：估算后我们小组发现20个果冻重量正好1000克，但是经过称重我们发现多出很多克。 生3：有可能是包装的占了重量，所以我们小组最后决定是16个果冻是1000克。	
寻找"1千克"（器材组）	(3)器材组 请器材组！ （生带着一个小器材就上来） 你还挺轻松的！ 我们一起来验证一下吧！ （电子秤显示数字，生黑板记录数字）	预设： 生：我们小组发现这些器材上都写这重量。比如，这个圆形器材写这0.5千克，这个写这1千克。我们就直接选择1个1千克进行称重。	
寻找"1千克"（爆米花组）	(4)爆米花组 预设：好震撼啊，这么大一袋，到底多重呢？我们一起来验证一下吧！ （电子秤显示数字，生黑板记录数字） 体积与质量对比（3、4组） 刚才的两个小组比同学们有什么感受吗？ （细心的同学有什么发现？） 评价：看来我们不能只看物体的体积大小来判断质量轻重，还要看实际质量多少！ 还剩下三个下组，一起上来验证吧！	预设： 生：我们小组的爆米花太多了，是在无法统计数量了，只好装进这个塑料袋里面，我们觉得这些是1千克。 生：爆米花比较轻，所以就需要很多很多，器材组那个写是铁的比较重，所以就看上去小很多。	

续表

教学环节	教师活动	学生活动	环节意图
寻找"1千克"（苹果组）（柠檬组）（鸡蛋组）	（5）苹果组 我们一起来验证一下吧！ （电子秤显示数字，师黑板记录数字） （6）柠檬组 （电子秤显示数字，师黑板记录数字） 能不能预测一下鸡蛋数量会是几个？ （7）鸡蛋组 （电子秤显示数字，师黑板记录数字） 评：我们一起看看这个比赛谁赢了！ 获胜的小组代表，请收到智慧老人送给你们的勋章和一封信。给同学们读读吧！	预设： 生：我们小组找到了4个苹果是1千克，称下看看吧。 预设： 生：我们小组6个柠檬是1千克。 预设： 生：我们小组16个鸡蛋是1千克。 预设： 生：都是1千克，物品数量不同。	
寻找"1千克"（信封组） 感受"1克" 寻找"1克"	（8）信封组 了不起的挑战—寻找"1千克"终极目标： 请聪明的小朋友们，你们能"不"利用老师提供给你们的物品，除此之外，你还能在你的身边找到1千克吗？（提示：每人都有，要众志成城哦！） （倒计时时间） 评：每个小组是不是也都有这样的一千克呢？小组配合也把四本书这样放，大家试着掂一掂感受一下你们身边的1千克。 奖励这个小组智慧勋章，帮大家找到了身边的1千克。 刚才我们知道了1千克有多重，那1克有多重呢？ 这样一枚2分的硬币约重1克。 （称量验证） 想不想感受一下1克！ 每组拿出小盒（每人学生拿出一枚2分硬币） 1克放在手心是怎样的感觉呢？请大家掂一掂硬币，静静感受，把1克的感觉记在心里，可以吗？开始吧。	生评判。 生开始找。 预设： 生1：我们找到了笔袋，我们加一起正好是1千克。 生2：数学书，四本，我们称了正好1千克。	

教学过程			
教学环节	教师活动	学生活动	环节意图
体验 身边1克	了不起的挑战——寻找"1克" 看游戏规则之前,我们分成3个大组。 现在我们来看游戏规则: 了不起的挑战—寻找"1克": 以2分硬币为标准(1克),每人从自己身边找到你认为接近1克的物品; 小组内称一称,看看谁找的物物品质量最接近1克,获胜! (每人只能称重一次) 各组获胜的同学起立! 你们敢不敢当着全班面进行终极PK。 学生上前面来称重量! 评:恭喜你,你找的物品最接近1克! 虽然1克很轻,生活中也有一些约重1克的物品。 每组拿出B号盒,借助手里的2分硬币重量是1克,请同学们找找"1克"。 看哪个小组找的更准些,开始吧! (生讲台验证:曲别针2枚,黄豆几粒,大米几粒等) 今天老师身上也带来了1克,你们想不想知道在哪?(手链珠—拆—称量)	学生通过2分硬币感受1克。 生组内评选。	认识感知1克;1克有多重呢。 通过全员参与找1克,提供教具找1克,教师找1克来加深对1克的感受。
小结	今天这节课我们一起认识了千克和克质量单位,还感受了他们的质量。同学们有什么收获? 总结:对,所以平时我们在称量轻的物品时一般用克作单位,称量重的物品时一般用千克作单位。	生总结。 根据具体需要,为了方便人们约定:满了1000克就用一个更大的单位千克来表示,1000克就是1千克。	
练习(弹)	数学教材第46页2、3。	生练习。 生汇报交流。	巩固练习。

续表

教学过程			
教学环节	教师活动	学生活动	环节意图
是真的吗？	关于物体质量的学问，还有很多很多，下面再来一起看一段视频！ 一张纸能撑起一杯水吗？ （视频播放） 一张大纸，能撑起鱼缸吗？ （装满水的鱼缸） 了不起的挑战还有很多等着你们呢！	观看。	知识延伸。

【评析】

"挑战了不起——千克与克"三年级的度量概念的综合实践课。本次课教师设计了三次动手体验和寻找 1 千克的活动。第一次，感受 1 千克有多重。为每组学生准备了重 1 千克的哑铃，每个学生都用手拿起来，通过掂一掂形成 1 千克有多重的初步感受。第二次，寻找 1 千克。以哑铃为标准，寻找教师提供给小组的物品中大约 1 千克有多少。借助标准来找与标准相当的物品。第三次，寻找身边的 1 千克。在前两次活动积累和优化经验的基础上，再一次形成更多的经验。

本节课教师能够以游戏化的方式组织有效的学生活动，在活动中充分体现了游戏的几个重点特征：趣味性、挑战性、成功的标准。趣味性的体现如人人能参与，而且是与他之前的经验是不一样的。挑战性体现在方法的未知和不确定。成功的标准如所找到的 1 千克与实际的 1 千克的误差在 50 克内就可以，这样能使得在活动之间就清楚了获胜的标准，是否成功不是由教师一个人当裁判的，而是大家都可以是裁判，同时在活动中选择了记录员又提高了大家的参与程度。

本节课促进了多感观的参与，并把度量概念的学习与数感有效结合。为如何积累和优化思维经验，提升思维品质提供了一个很好的示范。选定标准的重要性，还有多次尝试和体验，充分感受 1 千克有多重，积累了经验，同时把不同材质的 1 千克的物品放在一起进行比较，这又是在优化学生的思维经验，1 千克的苹果大约有几个，1 千克的鸡蛋大约有几个，1 千克的杜果大约有几个，1 千克的爆米花大约有几个，1 千克的果冻大约有几个。建立 1 千克熟悉物品的质量与的个数之间的关系。同时还通过比较可以看出不同物品同是 1 千克它们所占的体积是不一样的，可以给孩子们今后的物理学习打下一个伏笔。

五、教学策略

（一）让学生经历由非标准单位到标准单位的体验

例如，物体的自然个数计数与单位质量之间的关系。1 千克的苹果，1 千克的梨，1 千克的枣，1 千克的米条各有多少个？在计量单位教学中，教师可以通过选择

"参照物"的方法，找到一个物体，让它成为某一计量单位的代言或是比较的标准，让抽象的计量单位变得形象直观。在教学中选择参照物来进行比较辨析，可以使学生建立良好的计量单位观念，同时提升了学生解决实际问题的能力。

(二)引导学生充分体验 1 个标准度量单位的大小

估测的前提是对标准的感受与体验。感受与体验计量单位是教学的重点，也是学生学习时的难点。

建构不同的计量单位应有不同的目标定位。例如，一样物品大约重 30 克，学生的估计范围偏差可以大一些，甚至学生认为这件物品不会超过 100 克也是允许的，估计时不需要过于追求精确。再如，"吨的认识"，只要学生知道以某一物体为标准，类似这样的物体大约多少个为 1 吨左右即可。对于不同的计量单位，在目标定位时需要教师有不同的思考与把握，感知的数量要适宜，使得教学更为合理，学生的学习更为顺畅。

(三)设计一些选择适当度量单位的任务

在教学过程中，教师可以设计一些推理活动，让学生在推理过程中思考相应计量单位的填写。学生需根据已知的信息去思考、判断，并进行合理的推理。在此过程中，计量单位的观念得到了有效地巩固。推理过程中修正检验了体验的效度，让学生的数学思考走向深入，同时也很好地促进了计量单位观念的建立。

在数学学习中，不仅要求学生经历多样的活动，而且还需要通过这些活动引起学生的内心感受、反应和领悟，充分发挥学生在学习实践活动中的主动性和创造性。只有如此，才能真正形成深刻的体验。

第四节　式与方程

一、课标要求

《课程标准(2011)》在"课程内容"的第二学段中提出：

"1. 在具体情境中能用字母表示数。

2. 结合简单的实际情境，了解等量关系，并能用字母表示。

3. 能用方程表示简单情境中的等量关系(如 $3x+2=5$，$2x-x=3$)，了解方程的作用。

4. 了解等式的性质，能用等式的性质解简单的方程。"

二、核心知识与数学思想

(一)核心知识

数学思维是运用数学概念，去判断、推理数学内容，以认识或解决数学问题的心理历程，其中算术思维与代数思维更展现出某种承接关系。用字母表示数是代数的发端，是学生由算术思维向代数思维发展的起点。荷兰著名数学家、数学教育家弗赖登塔尔曾指出：“字母作为数学符号有两种作用。首先，字母可作为专用名词，如 π 是个完全确定的数，或用 A 表示两直线交点。显然特定集合需要使用标准的专用名词，如 **Z**，**N**。其次，字母可作为不确定的名词，就像日常生活中的‘人’，可以表示所有的人。”概括起来，就是①用字母可以表示常数，如 π，e；数轴上的点 A；自然数集 **N** 或整数 **Z**。②用字母可以表示未知数，如方程中的 x，y 等。③用字母可以表示变数，如关系表达式中的变量 $8+g$ 等。④表示算术运算的法则或运算律，如 $a+b=b+a$，$(a+b)(a-b)=a^2-b^2$。⑤表示公式，如路程公式 $s=vt$。代数式是代数学习中最常接触的对象。它由数字、字母、运算符号等串联而成，将给定的数量之间的运算关系表示成一般化、概括化的形式，用来代表一类情况。

方程是刻画现实世界中相等关系的重要模型。“方程”一词出现在中国古代早期的数学专著《九章算术》①中，其“卷第八”即名“方程”。方程集字母、代数式、等号于一身，用等号将互相等价的两件事情联立起来。方程集中体现了代数运算的过程与对象，算法与结构的二重性。

许多学者认为代数思维的养成必须奠基于算术思维之上，尤其是对数量关系的操作与观察。algebra 这个词的前身“Al-jabr”出现在阿拉伯数学家 Khwārizmi(阿尔花拉子米)写的书籍中，其本义为“还原或对消”的科学。由此可知，在代数发展之初，以符号代表数(待解的已定数)只是一个手段，主要的还是藉由对消来达到还原“符号所代之数”的目的。通过下面的例子，可以一窥算术思维与代数思维的联系与区别。

例如，小明有 24 元，买了 5 支相同的铅笔后，还剩 4 元。问每支铅笔是多少钱？

学生在面对这个问题时，可能采用这样的解题方式：

$24-4=20$(还剩 4 元，表示花掉了 $24-4$ 元，也就是 5 支笔的价格为 20 元)   (1)

$20\div5=4$(5 支笔的价格为 20 元，因此每支笔为 20 除以 5，也就是 4 元)   (2)

上述方法可视为学生在解题时运用了算术思维。另一种解决这个问题的思考方式是，先假设每支铅笔的价格是 x 元，并依题意列出下面的式子：

$24=5x+4\cdots$ (3)

$20-4=5x+4-4\cdots$ (4)

$x=4$(再利用等式的性质(或移项法则)求出 x 值)……   (5)

后一种方法，为学生运用了代数思维进行解题。

在算术思维中，表达式的作用是一种思考的记录，而在代数思维中，表达式的作用，不再只是直接连接问题与答案之间的过程记录，也充当一个问题转译的角色，视未知数与已知数同等地位。因此，从代数思维的角度来看，解具体的现实情境题

---

① 郭书春．中国古代数学．北京：商务印务馆，2010

被区分成两个部分：列式与求式子的解。

被区分成列式与求式子的解两部分的代数思维与算术思维是不同的。当问题被转译成代数式后，接下来所做的求解运算并不是针对原问题的答案，而是代数式（或方程式）的解，这个过程是一种与原问题、情境无关的形式（符号）运算，运用的是具有结构性与抽象性的运算法则，最后再对求出的解进行意义上的还原。Usiskin 认为代数思维关系到四个不同的概念：算术的一般化、解特定问题的过程、数量关系的探索和结构的探索。

(二)数学思想

"式与方程"强调了数学的现实情境，以及数学与现实的联系。因此内容主要涉及的数学思想是符号思想、模型思想、方程思想。第一，模型思想。例如，路程模型：时间、速度和路程（$s=vt$），价格模型：数量、单价、总价（$a=np$），等等，应用这些模型发现等量关系，解决问题。第二，方程思想。方程是初等数学代数领域的主要内容，它可以用来描述现实世界中的各种数量关系。方程思想的核心是将问题中的未知量用数字以外的数学符号（常用 x、y 等字母）表示，根据相关数量之间的相等关系构建方程模型。方程思想体现了已知与未知的对立统一。方程思想在小学数学中的应用，例如，用一元一次方程解决整数、小数、分数、百分数和比例等各种问题，二元一次方程组思想的渗透，用方程解决鸡兔同笼问题，等等。第三，转化与化归思想。式与方程的学习经常涉及化实际问题为特殊的数学问题、化未知问题为已知问题。例如，解方程，实际就是不断把方程转化为未知数的系数是 1 的简单方程（$x=a$）的过程。

三、学情研究

在算术知识的学习中，引入代数初步知识，是儿童认识过程的一个飞跃和转折点。数的概念进一步扩展，用字母来表示更普遍意义的数量关系，还让未知数参与运算，产生了数学方法上的一次突变。因此，学生在学习代数初步知识时，不但需要具有较高的抽象思维能力，还应该形成一种新的思维方式——代数思维方式。

算术与代数共享了许多符号，特别是数量符号、运算符号。然而有些符号在算术与代数之间的意义并不同，这也使得学生在面对这些符号时，经常产生混淆。以等号"="为例，算术中"="意味着"得到"或"执行"运算结果，学生通常把等号解释为"答案是……"。而在代数中，"="代表一种等价关系，因此"="左右两边需有相等的数量。一旦学生仍以程序性的运算来看待等号，那么就会使他们无法接受许多的等式。例如，式子 $4+3=6+1$，许多学生认为此等式右边不代表一个运算的结果，所以 $4+3=6+1$ 应再写成 $4+3=6+1=7$ 才算完整。又如，一些小学生刚开始学习解方程时，容易出现下列情况：

$$3x-2+x=6$$
$$=4x-2=6$$

$$=4\ x\ =\ 8$$
$$=x\ =\ 2$$

这些学生都尚未将等号"="视为一种等价关系。

在代数上，许多代数式，如 $a+b$，既可被视为一种运算的过程，也可被视为结果或对象，这是算术中所没有的。类似地，对于"3 的倍数"这个概念，在代数中是可以表征为 $3n$ 而进行操作，如果学生不能顺利地将 $a+b$，$3n$ 等代数式看作结果或对象，就不能对这些式子本身再进行相应的运算。

"等量关系"指数量间的相等关系，是数量关系中的一种。认识方程首先要认识等量关系，列方程解决问题的关键也是找等量关系。小学生在学习方程之前，已习惯于见信息—提问题—列式计算。因此要帮助学生理解等量关系，初步培养学生发现、表示等量关系的意识与能力，就要发展思维习惯：见信息—发现等量关系—概括出等量关系式，再利用等量关系列方程解决问题。

四、教学案例

案例 1："等量关系"[①]的教学设计与评析

一、教学目标

1. 结合具体情境理解等量关系，在采用多种方法表示等量关系的活动中，知道同一个等量关系可以有不同的表示形式。

2. 经历发现等量关系、正确表达等量关系的过程，积累数学思想方法，发展能力。

3. 初步体会等量关系在日常生活中广泛存在，感悟数学的价值。

二、教学重点与难点

教学重点：在用多种方法表示等量关系的活动中，理解等量关系。

教学难点：能用等量关系式表示等量关系，知道同一个等量关系可以有不同的表示形式。

问题 1：

(1)图中有哪些数学信息？

(2)看到这些数学信息，你能想到什么？

---

① 黄利华，北京第二实验小学，特级教师

【预设1】姚明最高、妹妹最矮、笑笑居中。

师：你能想到对三人的身高进行比较，还有其他想法吗？

【预设2】学生直接列式算出三人的身高。

$226 \div 2 = 113(cm)$，$226 \div 2 + 20 = 133(cm)$，$113 + 20 = 133(cm)$。

姚明身高 $\div 2 + 20$ 厘米＝笑笑身高（教师随学生列式进行板书）

师：看来同学们已经很习惯看到数学信息，提问题，并列式计算出具体结果，很棒！看看通过今天的学习，大家对于这样的数学信息能否产生新的想法。

【设计意图】整体考虑新旧知识内在联系，在衔接对比中感受生长。代数中的列方程解决问题与算术方法解决问题有一个共同特点就是基于等量关系。这样，本着比较两种思想方法的目的，可以在课堂教学开始和深入阶段分别让学生对同一个情境进行分析。在教师的引导下逐渐使学生认识到，对于同一个问题情境在这节课学习之前，可以提问题、列式计算，学习之后则可在其中发现及概括出一些等量关系。并且在寻找等量关系时，逐步感受体验不必一定知道具体数量，未知数始终和已知数处于同等地位，这就可以从整体出发，全面考虑发现更多等量关系。

问题2：

(1)喜欢做游戏吗？玩过跷跷板？

(2)认识等量关系。

由这组跷跷板你发现什么数学信息？能用式子表示吗？

（一只鹅质量＞2只鸭质量）

这回呢？（一只鹅质量＜3只鸭质量）

现在呢？（一只鹅质量＝2只鸭质量＋1只鸡质量）

像这样两边相等的关系叫作等量关系，表示等量关系的式子就是等量关系式。

【设计意图】充分激发学生已有生活经验，在平衡变化中初步感知。在教学中，往往存在教师给学生分析等量关系，甚至让学生机械地记忆一些"基本等量关系"。这样的教学，学生缺少了经历数学建模的过程，无法体会基于对等量理解之上的等量关系。而跷跷板不仅是体现等量关系的重要的生活原型，可以帮助学生很轻松地初步了解什么是等量关系，更为重要的是它的平衡及其变化，还可帮助学生更深地体会等量的含义。因此，在教材上一组由不平衡到平衡引出等量关系的启发下，还可进一步设计让跷跷板进入到与前面相关联的新的不平衡状态，激发学生的已有经验，想办法使之再次平衡，并用等量关系式表示……这个动态的、富有挑战性的活动任务，可以帮助学生在观察、分析，写出式子的过程中，从"数学建模"角度的开展等量关系的学习，也使跷跷板真正成了学生头脑中等量关系的重要模型，为学生体会基于对等量理解之上的等量关系奠定了重要的基础。

问题3：

(1)如果这只鸡飞走了，跷跷板会怎样？

如果这边还是就有这两只鸭，又想让跷跷板保持平衡，你们希望这只鹅发生怎样的变化？能用等式表示吗？（2只鸭的质量＝一只鹅－一只鸡的质量）

(2)如果2只鸭子飞走了，这边只剩下这只鸡，还想让跷跷板保持平衡，这只鹅又要发生怎样的变化？能用等式表示吗？（一只鹅的质量－2只鸭的质量＝1只鸡的质量）

【小结】对于同一组量，由确定不同的等量可得到不同形式的等量关系。齐读这几个等式。

【设计意图】深化等量关系，让学生通过童话故事再次体会等量关系价值。

问题4：就姚明身高是妹妹两倍而言，结合图想一想，如果等号的两边都与姚明身高相等，那么需把妹妹身高怎样？用等量关系式怎样表示？如果等号的两边都与妹妹身高相等，那么姚明的身高需怎样？用等量关系式怎样表示？经过这样的思考过程，在学生的头脑中借助直观经历了使等号两边身高相等的过程，进一步体会了基于对等量理解之上的等量关系。

回到一上课信息，这里面是不是也隐含着一些等量关系呢？

(1)请你用画图或写关系式等自己喜欢的方式，表示妹妹身高与姚明、笑笑身高的关系。独立尝试。

(2)小组交流。

(3)全班交流。

【预设1】学生两个倍数关系和相差关系的都画了。

讲讲图的意思。

【预设2】学生只画1个（如倍数关系）。

画图是个好方法，那笑笑比妹妹高20厘米可以怎样画图表示？

【预设3】没有学生画图。

教材呈现了一个学生的作品，你能看懂吗？

问题5：先说说你列的等量关系式，再结合直观图讲讲它的含义。

【师生活动】随着学生的回答，教师适时追问。例如，在"笑笑比妹妹高20厘米"这组数量关系中，如果等号两边都等于笑笑身高，妹妹需要怎样？（就要加20厘米）；如果等号两边都等于妹妹身高，笑笑就需要怎样？（要减20厘米）；20厘米是两人的身高差，能用等量关系式表示吗？

在"姚明身高是妹妹的2倍"这组数量关系中，如果等号两边都等于姚明身高，就要对应几个妹妹身高？也就是妹妹身高×2；如果等号两边都等于妹妹身高，姚明身高就要怎样？即姚明身高÷2；2倍是两人身高的倍数，能用等量关系式表示吗？

还有与大家都不同的等量关系式吗？关系式等号两边都等于谁的身高？

【设计意图】注重发掘学生作品的直观作用，在清晰等量中加深理解。在表示三人身高间的关系时，部分学生会列出等量关系式，这对于学生的抽象概括能力要求是比较高的，是有一定难度的。因此也往往会有学生采取画图的方式来表达。课堂教学时，教师不仅要做到对两种方式分别给予肯定，更要有借助直观帮助学生清晰等量的强烈意识。即对照学生呈现的各式直观图，请学生基于等量去思考各量之间的关系。

问题6：

(1)同学找到了这么多等量关系，你们能把它们分分类吗？

(2)教材上还有同学由这两个等量关系式想到了这样一个等量关系，你能读懂吗？

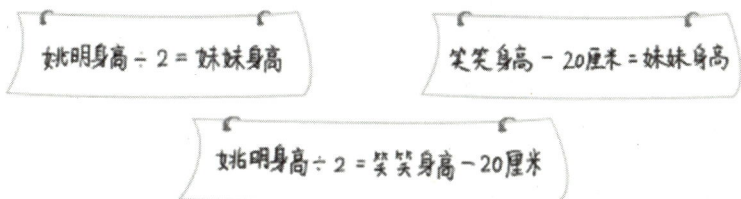

姚明身高÷2＝妹妹身高　　　　笑笑身高－20厘米＝妹妹身高

姚明身高÷2＝笑笑身高－20厘米

小结：算式两边表示同一等量就可以组成等量关系式。

(3)反思提升。

对比回想一下刚上课看到信息你所想到的，和现在看到信息你所想到的，这节课你有什么收获或感受？

【评析】

"情境＋问题串"是这节课的特色，它努力将课程内容的展开过程与学生的学习过程、教师的教学过程和课程目标的达成过程实现统一。为了有效使用问题串促进教与学更加积极、生动，需要坚持做好对数学概念本质的挖掘、学生学习路径的研究、教材与课堂的对接。

案例2：列方程解决问题[①]

一、教学目标

1. 能根据等量关系正确列出方程。

2. 在分析和解决问题的过程中，感悟方程思想。

3. 通过解决现实问题，经历发现问题、提出问题和解决问题的过程，提高能力。

4. 能够感受数学与实际生活的紧密联系，体会数学的应用价值。

二、教学重点与难点

教学重点：能正确列方程解决问题。

教学难点：在解决问题中，体会方程思想。

---

① 李惠玲，北京市北京小学，特级教师

三、教学过程

(一)回顾基本的数量关系

前几天是端午节，国美电器搞促销活动，我们看看哪些家电产品有活动。

1. 呈现信息。

国美电器方庄店销售情况统计图

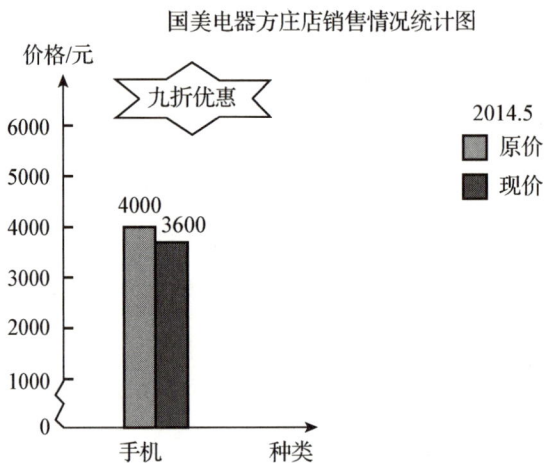

(1)从图中知道哪些信息？提出什么问题？

手机原价 4000 元，打九折促销，现价多少元？

(2)怎么求？为什么用乘法？

$4000 \times 90\% = 3600$（元）

(板书："1"的量×百分之几＝百分之几的量)

小结：解决这个问题，就是依据数量关系帮助我们正确列式。

2. 呈现信息。

国美电器方庄店销售情况统计图

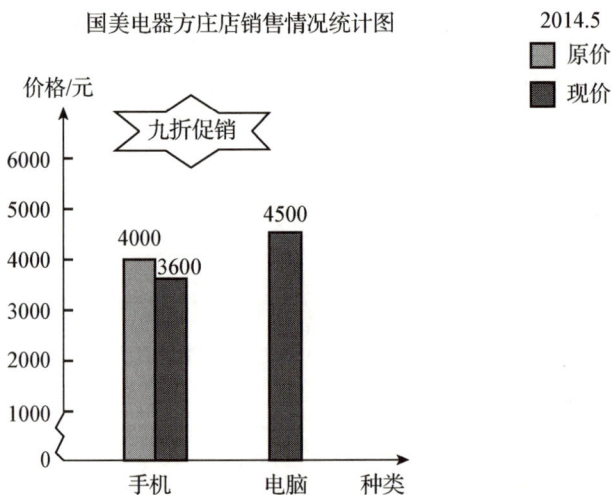

(1)从图中知道哪些信息？提出什么问题？

电脑九折促销后，现价4500元，原价多少元？

(2)怎么求？为什么用除法？

$4500÷90\%=5000$(元)。（板书：数量关系）

3. 呈现信息。

国美电器方庄店销售情况统计图　　　　2014.5

□ 原价
■ 现价

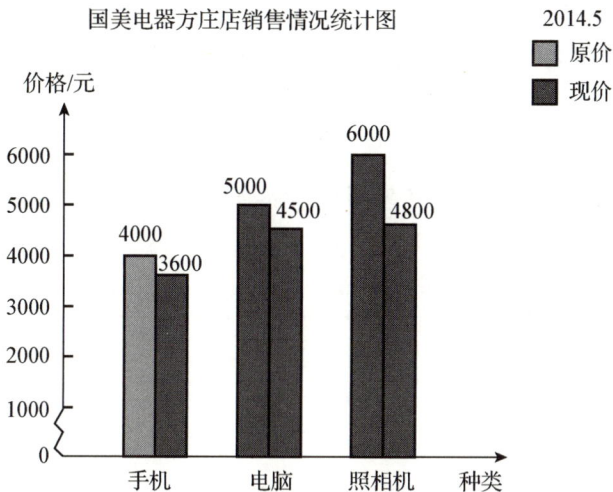

价格/元

6000
5000　　　　　　　4500　4800
4000　3600

6000
5000
4000
3000
2000
1000
0

手机　　电脑　　照相机　　种类

(1)说出信息，提问题。

照相机原价6000元，现价4800元，现在打几折呢？

(2)学生列式，追问：为什么用除法？

$4800÷6000=80\%$（八折）。

（板书：数量关系）

小结：在购物中，我们都能正确解决问题，其实就是运用这些数量关系。看来，数量关系是我们解决问题的依据。（板书：数量关系）

过渡：下面继续运用数量关系解决问题。

(二)沟通数量关系与等量关系，进一步体会、感悟方程思想

糖果店运进一些糖果。

糖果店购进一批糖果情况统计图

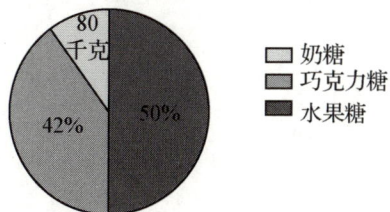

80千克

42%　　50%

□ 奶糖
■ 巧克力糖
■ 水果糖

一共运进糖果多少千克？

1. 说图意, 提问题。

图意: 奶糖有 80 千克, 巧克力糖占糖果的 42%, 水果糖占糖果的 50%。

问题: 每种糖各有多少克? 一共有多少千克? ……

2. 解决问题"一共有多少千克?"

(1)怎么求? 说说你的想法? 用到哪组数量关系?

$80÷(1-50\%-42\%)$。(知"几"求"1")

(2)如果还用这组的数量关系("1"的量×百分之几=百分之几的量), 能不能解决?

学生: 用方程。

教师揭示课题: 这节课继续研究列方程解决问题

3. 列出方程。(看看你都有哪些方法?)

(1)学生动笔。

(2)学生汇报。

解: 设一共有糖果 x 千克。

$(1-42\%-50\%)x=80$,

$80÷x=1-42\%-50\%$,

$50\%x+42\%x=x-80$。

(3)根据学生列出的方程, 先独立思考, 再让学生之间讲一讲、说一说这些方程

在交流: 可以和同桌说说"你没看懂的", 听听他的想法; 或者和同桌说一说你读懂哪一个方程。

(4)学生解读方程。

教师追问: 等式的左边表示什么? 右边表示什么?(左右相等关系)

$$\underset{\text{奶糖质量}}{\underline{(1-42\%-50\%)x}}=\underset{\text{奶糖质量}}{\underline{80}}$$

$$\underset{\text{奶糖的分率}}{\underline{80÷x}}=\underset{\text{奶糖的分率}}{\underline{1-42\%-50\%}}$$

$$\underset{\text{巧克力和水果糖的质量}}{\underline{50\%x+42\%x}}=\underset{\text{巧克力和水果糖的质量}}{\underline{x-80}}$$

强调: 借助等量关系, 使左边和右边都是相等的。

(板书: 等量关系)

4. 沟通数量关系与等量关系。

(1)方程里, 有没有数量关系?

(2)学生举例:

$(1-42\%-50\%)x=80$。

左边: 括号里用到"整体与部分"数量关系, 括号外用到了"知 1 求几"的数量关系。

$80 \div x = 1 - 42\% - 50\%$。

左边：用到了"求几分之几"的数量关系；右边：用到了"整体与部分"的数量关系。

小结：看来，数量关系是等量关系的基础，等量关系的建立又依赖于数量关系，它们是形影不离的好朋友。

5. 进一步体会方程思想。

(1)同一道题，既可以算术方法，也可以用方程的方法，从式子中反映出我们分析的角度似乎不太一样吗？它们有什么不同？

(2)学生交流、讨论。

算术方法：找已知条件与已知条件、已知条件与问题之间的关系，通过已知求问题。

方程方法：将未知量当已知量，找这些数量之间的关系，再根据数量之间的关系找到左右的相等关系。

小结：通过刚才的研究，我们对方程的方法有了进一步的认识，要将未知量看成已知量，并和已知量放在同等地位，运用数量关系找它们之间的相等关系，才能正确列出方程。

过渡：根据你们刚才的理解，挑战自己，独立解决问题。

(三)灵活运用不同的方法解决问题，体会不同的解题方法

沙发和椅子的单价各是多少元？

1. 学生读题。

2. 学生解读："按照家具总价的 10% 进行补贴"。

3. 学生动笔列式。

4. 呈现学生作品，学生解读。

(1)方程：学生错例，进行分析

(2)方程：设小数、设大数；

生1：解：设一把椅子 x 元。

$(x+1400+x)×10\%＝200$。

生2：$(x+1400+x)＝200÷10\%$

生3：解：设一个沙发 x 元。

$(x-1400+x)×10\%＝200$。

生4：$200÷10\%＝2000$。

$x-1400+x＝2000$。

（3）算术解。

$200÷10\%＝2000$（元）。

$(2000-1400)÷2＝300$（元）（椅子单价）。

$300+1400＝1700$（元）（沙发单价）。

小结：面对复杂的问题，你们想到了方程的方法，就可以将复杂问题简单化，根据数量间的关系找到它们之间的相等关系，列出不同的方程；有的同学选择算术的方法，分析条件与条件、条件与问题间的关系，解决问题。不同的方法，让我们进一步体会方程方法和算术方法不同的思考问题的角度。

（四）选一选

1. 呈现信息。

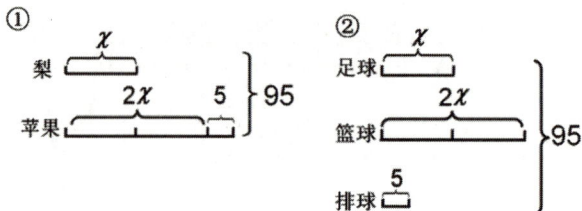

2. 连一连。

（1）这个方程，怎么理解呢，老师给你几幅图，请你仔细观察、思考：这个方程可以表示下面的哪幅图？或者说"哪幅图可以和方程拉起手？"为什么？

（2）学生思考。

（3）学生汇报。

小结：同一个方程，正是因为理解的角度不同，表示的形式也不尽相同，但都可以拉起手。只要找准未知量和已知量之间的数量关系，读懂它们之间的等量关系，就能做出正确的选择。

全课小结：这节课我们继续研究列方程解决问题，让我们进一步体会到方程的方法：就是要将未知量看成已知量，和已知量构建等量关系。随着你们马上步入中学的大门，会接触更多的数学问题，对这种解决问题的方法还会有更深的体会。

五、教学策略

(一)指导学生理解"＝"的不同含义

"＝"既可以表示得到运算结果，又可以作为数量关系符号，连接同一个数量的两种不同的表达式，或者连接数值相等的两种数量的表达式。

(二)列方程教学注重对情境中的等量关系进行"翻译"

在此过程中，指导学生经历两次"转化"：第一次，将情境中蕴含的等量关系转化为"自然语言表达的等式"；第二次，将"自然语言表达的等式"用数学符号加以表达，转化为方程。

(三)注重分析题目中隐含的不变量建立等量关系

有些应用题尽管题目叙述的情节不断变化，但通常前后文都隐含着一个不变量。比如，王师傅加工一批零件，每天加工 600 个，计划 25 天完成。由于改进了设备和技术，每天能多加工 150 个。王师傅将会提前几天完成任务？这道题虽然前后时间和工效发生了变化，但计划加工的零件总个数和改进设备技术后加工的零件总个数是个"不变量"，即指"这批零件的总个数"。因此，等量关系为"改后工效×改后时间＝计划工效×计划时间"。设王师傅将会提前 x 天完成任务，列方程$(600＋150)×(25－x)＝600×25$。建立等量关系的策略很多，除以上方法外，还有根据"总量等于分量和"建立等量关系、借助线段示意图建立等量关系、利用正反比例建立等量关系等。等量关系可以是同一个数量的两种不同的表达式，也可以是数值相等的两种数量的表达式。

(四)解方程教学注重多种方法的使用

例如，"遮盖"法(例如，对 $x＋3＝5$，学生将未知数"遮住"，利用自己掌握的数的事实，发现 $2＋3＝5$，从而 $x＝2$)，试误法(学生将利用尝试和不断调整来解方程)。在上面的例子中，学生将通过尝试发现 $2＋3＝5$，从而 $x＝2$。实际上，试误法与"遮盖法"经常结合使用，学生在"遮盖"以后，往往进行着试误。"逆运算"法，逐步发展到能运用等式的性质解释、交流与推理。不同的方法有着不同的价值。在教学中应该允许学生使用多种方法，学生在不同方法的使用后慢慢会感悟到每种方法的价值。

(五)鼓励学生解决问题策略的多样化

学生的数学学习活动是富有个性的，因此思考问题的方式方法也会有所不同。以数量、运算关系为载体，鼓励学生从不同角度进行思考，既有利于算术思维的发展，也有利于向代数思维的转化与发展。例如，小白兔原有 16 个萝卜，分给你 9 个。小白兔还剩几个萝卜？学生可能从对减法的理解想到：16 个萝卜－分给你的 9 个＝小白兔还剩几个，或 16 个萝卜－小白兔还剩几个＝分给你的 9 个；也可能从加法意义想到：分给你的 9 个＋小白兔还剩几个＝16 个萝卜。表面上看起来需要引导学生对关系式进行转化，比第一种思路烦琐，但它能加深学生对问题的理解，使学生明白未知数也能与已知数放在一起思考，加深了算术方法与代数方法的联系。

第五节　比和比例

一、课标要求

《课程标准(2011)》在"课程内容"的第二学段中提出：

"1. 在实际情境中理解比及按比例分配的含义，并能解决简单的问题。

2. 通过具体情境，认识成正比例的量和成反比例的量。

3. 会根据给出的有正比例关系的数据在方格纸上画图，并会根据其中一个量的值估计另一个量的值。

4. 能找出生活中成正比例和成反比例关系量的实例，并进行交流。"

二、核心知识与数学思想

(一)核心知识

比与比例是建立在除法的意义与基本性质、分数的意义与基本性质，以及分数与除法的关系、分数乘除法的计算，用分数除法解决实际问题的基础上。内容包括比的意义、比的基本性质、化简比、部分与整体的相对关系、同种量的相对关系和不同种量的相对关系、按比例分配解决实际问题，如比例尺。比例关系中学习正比例和反比例等。如果仅从形式上看，比是除法关系的另一种表示方式，这为学生认识比和除法、分数之间的关系奠定了基础。课程标准对于"比"的要求不仅仅从运算的角度去理解比，更重要的是从量与量之间的关系这一角度去认识比，发展学生的代数思想。比和除法、分数有着密切的联系，但又有区别。"比"更强调对于量与量之间的倍比关系进行直接描述，有时并不关注具体比值是多少。而除法、分数更多的是强调两个量之间的一种运算关系，通常也会关注运算的结果。此外，用"比"可以同时表示两个、三个甚至更多的量之间的倍比关系，而除法、分数一般只能表示两个量之间的倍比关系。"比例"的本质是一个等式，描述的是两个比值相等的比之间的关系。在通常情况下，比例尺是一个形式上相对固定的比，即图上距离与实际距离的比，且把前项或后项化简为"1"。

从数学发展史的角度看，人们对于变量的认识也经历了漫长的过程。柯西在《分析教程》中才初次给了变量一个定义：依次取许多互不相同的数值的量叫作变量。现代的变量是指在运动变化过程中可以取不同值的量，而函数就是变化过程中两个不同的变量之间的变化相依关系。对函数思想内涵的理解包括三个方面：第一，函数是刻画变量与变量之间依赖关系的模型。第二，函数有多种表示形式，解析式、图像（表）等。第三，函数是一种特殊的对应，对应是连接两类对象的桥梁。教学中"量"以不定义的原名引入，将"变量"解释为"变化的量"。在现实中，有许多数量关系可以表示为成正比例的量和成反比例的量，其本质是两个量按一定的比例关系发生变化（正比例关系和反比例关系）。从本质上说，正比例和反比例的关系是函数关系。

（二）数学思想

本节内容主要涉及模型思想、推理能力、应用意识等核心概念。第一，模型思想。例如：常用的模型有路程＝时间×速度，总价＝数量×单价等等。正比例关系 $\frac{y}{x}=k$，$y=kx$，反比例关系 $xy=k$，$y=\frac{k}{x}$。第二，函数思想。函数思想的核心是事物的变量之间有一种依存关系，因变量随着自变量的变化而变化，通过对这种变化的探究找出变量之间的对应法则，从而构建函数模型。函数思想体现了运动变化的、普遍联系的观点。例如，在两种相关联的量之间复杂的变化中，抓住商（比值）不变或积不变就可以发现正比例与反比例关系。在小学数学里没有明确提出函数概念，但是正比例关系和反比例关系的学习中渗透了函数思想。第三，数形结合思想。例如，正比例、反比例与图像的对应关系。第四，归纳推理。例如，比和比例的性质的发现。

三、学情研究

小学生一入学就开始接触两量关系的确定与刻画。与正、反比例这部分内容相关的，应该始于"倍"的研究。正反比例关系作为正比例函数、反比例函数的雏形，是刻画现实世界的重要模型之一，也是小学阶段渗透函数思想的重要内容。

这部分涉及许多重要的基础性概念，如比例的意义、比例的基本性质、比例尺、正比例的意义、反比例的意义等，要建构这些概念的意义对于小学生有一定困难。

理解变量是学生函数学习的第一个层次。在引入函数概念之前，学生的认知需要完成从常量到变量的转变。但是，学生往往用常量观点去理解变量。而"变"在现实中与时、空紧密相关，而数学中对时、空又是没有定义的。由此可见学生对于变量的理解困难重重。

"变化的量"的学情分析[①]

1. 看到这幅图，从数学的角度讲，你都能想到什么？

---

① 永飞，北京石油学院附属小学；本内容是 2012 年北京教育学院初等教育系"整校推进项目"的小组成果，刘月艳为指导教师

39 名同学中只有 7 人关注到变化，而这 7 人中只有 4 人谈到随时间的变化而变化。再来看看下面几位同学的作品，感受就会与上面不同。

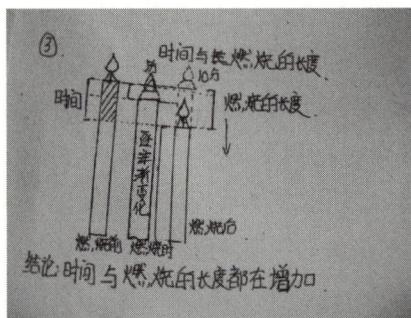

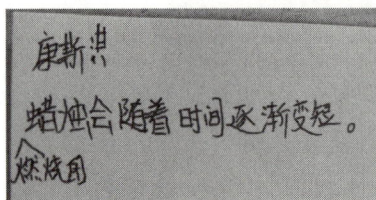

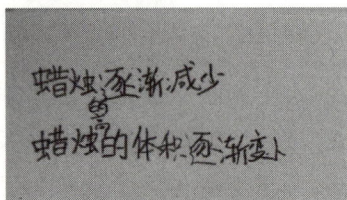

原来惊喜就在那里，不言不语。看孩子们对变化的量的直觉。逐渐，这词用得多好。而且还发现了时间这个无时无刻不存在，却无时无刻被忽视的隐藏的量。可见，认识变化的量还是有突破口的。

2. 用你的方式表示两个变化的量是怎样相关联着变化的？

出示下面的表，让学生任选一组相关联的量用自己喜欢的方式表示两个变化的量是怎样向关联着变化的。

蜡烛燃烧的时间/min	0	1	2	3	4	...
蜡烛剩余长度/cm	20	19.6	19.2	18.8	18.4	...

蜡烛剩余长度/cm	20	19.6	19.2	18.8	18.4	...
蜡烛燃烧的长度/cm	0	0.4	0.8	1.2	1.6	...

蜡烛燃烧的时间/min	0	1	2	3	4	…
蜡烛燃烧的长度/cm	0	0.4	0.8	1.2	1.6	…

学生作品分析：

分类标准：两个变化的量的联系方式。

第一类：几何方法。

水平1：两变量以单位长度的一致性建立联系。

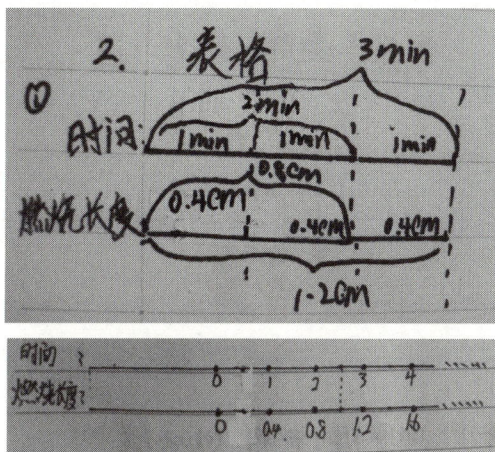

仔细观察这两幅学生作品，可以发现孩子是用怎样的方式关联这两种变化的量的。

先看前两幅作品，他们把时间和燃烧的长度分开画成两条的线段，但是他们以单位时间作为分割时间这条线段的标准，而下面燃烧长度的线段确定以每单位时间燃烧的长度为分割标准，他们巧妙地把两次分割的单位长设置成相同的长度来联系两个变量。当然第二幅作品还展现了变化的持续性。

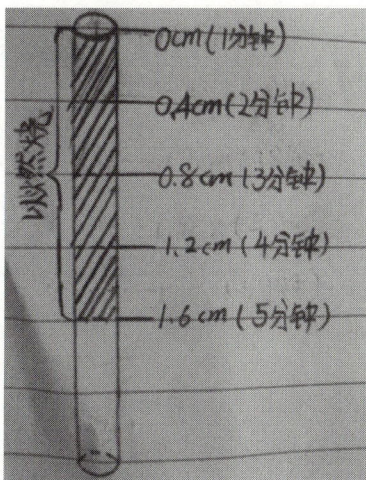

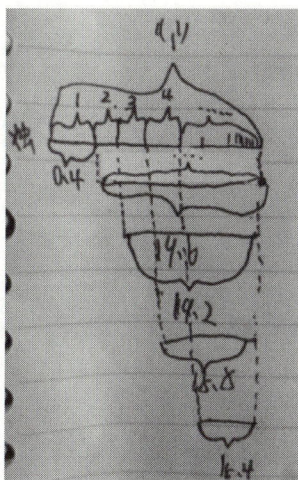

　　第三幅和第四幅作品燃烧时间和长度这两种变量已经结合成了一条线段，可见孩子多么想体现这两种量密不可分的关系，表面上与前三幅都不同，但是当孩子把两条线段合二为一的时候，就与第一、二幅作品的情况是一致的了。

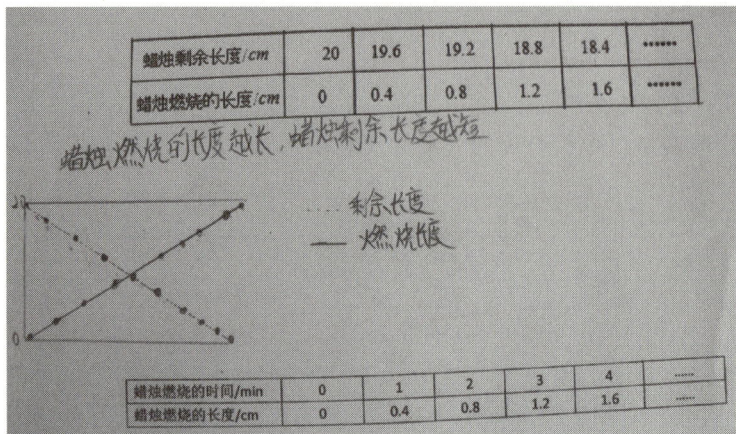

蜡烛剩余长度/cm	20	19.6	19.2	18.8	18.4	……
蜡烛燃烧的长度/cm	0	0.4	0.8	1.2	1.6	……

蜡烛燃烧的长度越长，蜡烛剩余长度越短

------ 剩余长度
—— 燃烧长度

蜡烛燃烧的时间/min	0	1	2	3	4	……
蜡烛燃烧的长度/cm	0	0.4	0.8	1.2	1.6	……

　　第五幅作品看似不同，如果仔细观察却是和前两幅异曲同工，他是以同一条数据轴作为绘制剩余长度和燃烧长度这两种变化的量的线段的标准的。

　　水平 2：两变量以各自数轴方向呈相对方式（水平或竖直）连接建立联系。

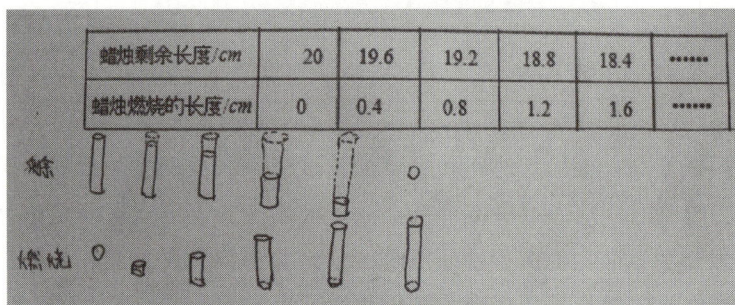

蜡烛剩余长度/cm	20	19.6	19.2	18.8	18.4	……
蜡烛燃烧的长度/cm	0	0.4	0.8	1.2	1.6	……

剩余

燃烧

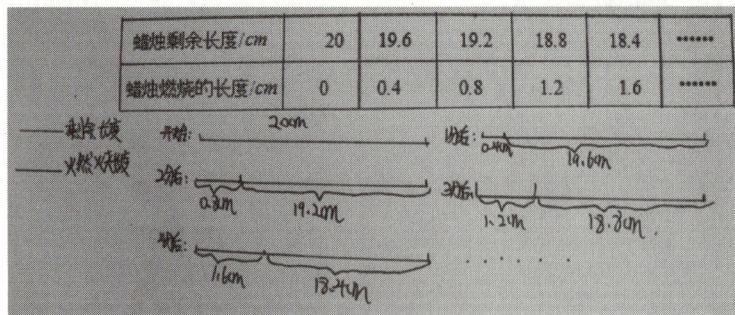

蜡烛剩余长度/cm	20	19.6	19.2	18.8	18.4	……
蜡烛燃烧的长度/cm	0	0.4	0.8	1.2	1.6	……

—— 剩余长度
—— 燃烧长度

开始：20cm
2分：0.8cm 19.2cm
4分：1.6cm 18.4cm
1分：0.4cm 19.6cm
3分：1.2cm 18.8cm
……

　　仔细观察这两幅学生作品，他们又是怎样把两种相关联的量联系起来的呢？由于这两幅作品选择的这组变化的量是同类量，所以孩子把两个变量的数轴方向确定为相对方式并连接起来，从而把两个变量建立起了联系。这样的方式，孩子很容易就发现了总长度这个不变量。

水平 3：两变量以直角坐标系建立联系。

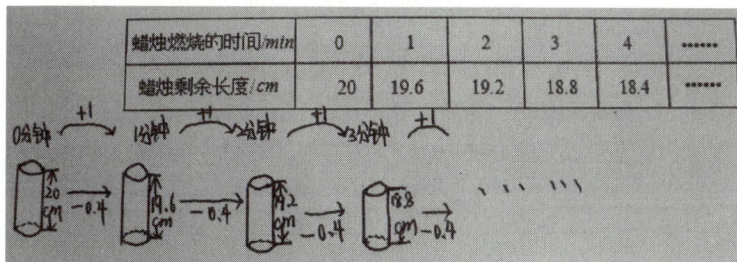

蜡烛燃烧的时间/min	0	1	2	3	4	……
蜡烛剩余长度/cm	20	19.6	19.2	18.8	18.4	……

　　观察这幅作品，看不到明显的横纵坐标轴。但细心观察会发现，孩子的直角坐标系的构成是很朴素的。时间轴设计为水平方向。长度轴设计为垂直方向，两条数轴虽然没有以原点为连接点，但是直角坐标系的雏形清晰可见了。

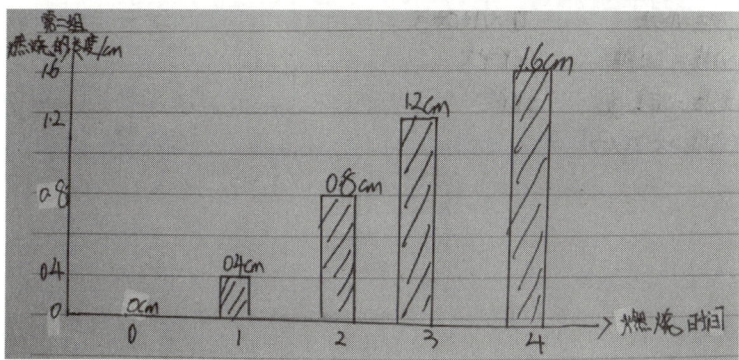

　　这幅作品成功建立直角坐标系，但是能明显地感觉到，这个直角坐标系的建立是以条形统计图为基础的。看来孩子对正比例图像的理解，是建立在统计图基础上的，但是从统计图到函数图像的认识转变又应该怎样完成呢？这又是一个值得探索的问题。

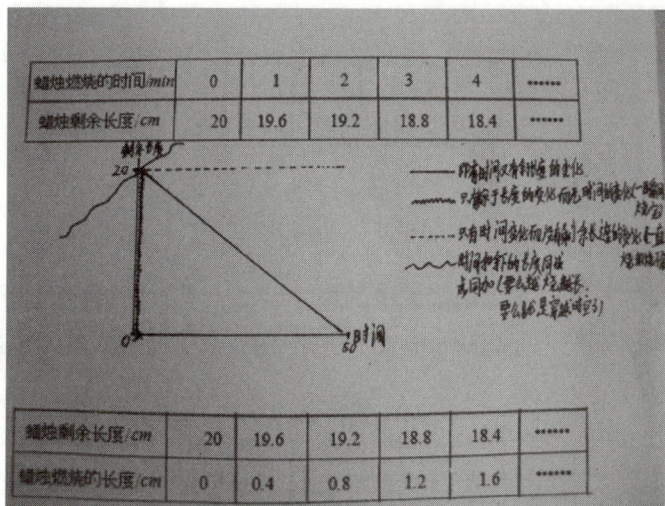

蜡烛燃烧的时间/min	0	1	2	3	4	……
蜡烛剩余长度/cm	20	19.6	19.2	18.8	18.4	……

蜡烛剩余长度/cm	20	19.6	19.2	18.8	18.4	……
蜡烛燃烧的长度/cm	0	0.4	0.8	1.2	1.6	……

蜡烛燃烧的时间/min	0	1	2	3	4	……
蜡烛剩余长度/cm	20	19.6	19.2	18.8	18.4	……

蜡烛剩余长度/cm	20	19.6	19.2	18.8	18.4	……
蜡烛燃烧的长度/cm	0	0.4	0.8	1.2	1.6	……

蜡烛燃烧的时间/min	0	1	2	3	4	……
蜡烛剩余长度/cm	20	19.6	19.2	18.8	18.4	……

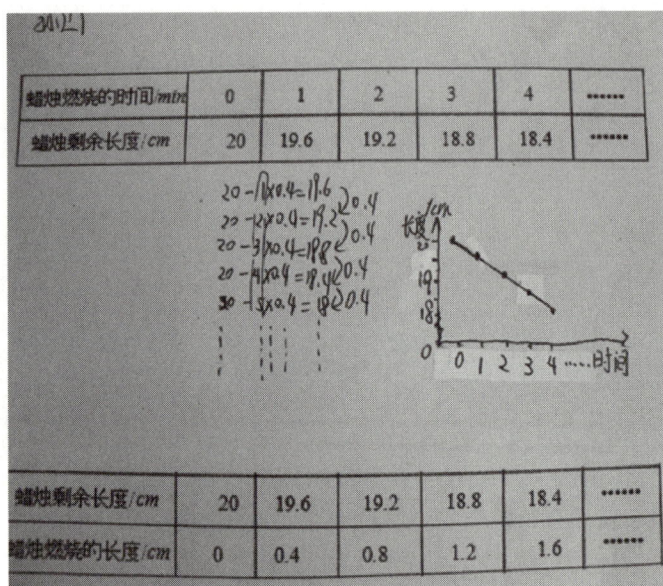

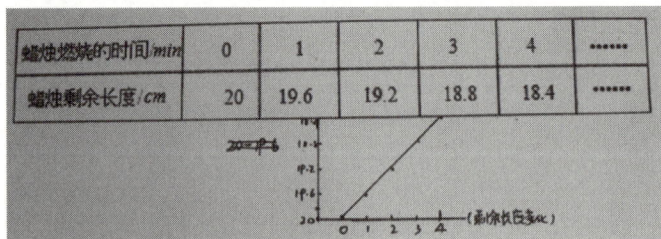

　　这三幅学生作品，已有了函数图像的影子。课堂上教师曾问一名学生为什么要画这样一幅图来表示两个变化的量是怎样相互关联着变化的？她肯定地说：因为折线统计图能够体现变化的趋势。

　　在这一组作品中，第一幅作品是最可爱的作品，从孩子的作品中清晰地看到了他们思维的路径，看到了两个变量是怎样结合成一条直线的，甚至孩子还想到了穿越时空，时间取值在负数部分，多么了不起的想象力啊。

但是孩子们在设计横纵轴数据的时候还是遇到了一些麻烦，看这组最后一幅作品，纵轴的数据设计就受到了表格中数据顺序的影响，而没有关注到两轴相接的点是 0 点。

第二类：算术或代数方法。

水平 1：两变量一一对应，寻找不变量建立联系。

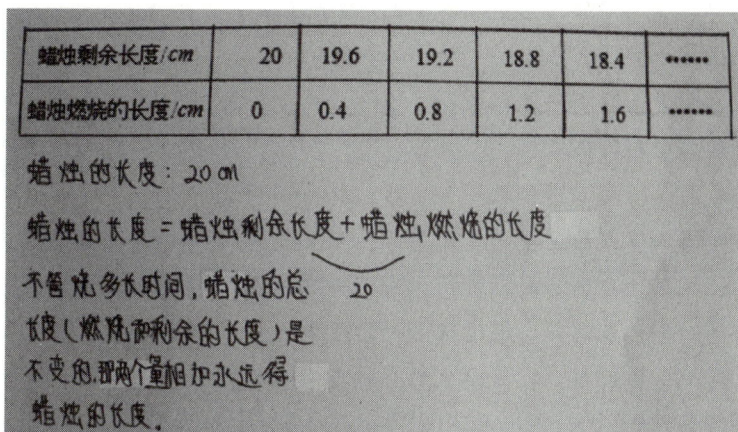

| 蜡烛剩余长度/cm | 20 | 19.6 | 19.2 | 18.8 | 18.4 | ······ |
| 蜡烛燃烧的长度/cm | 0 | 0.4 | 0.8 | 1.2 | 1.6 | ······ |

蜡烛的长度：20 cm

蜡烛的长度＝蜡烛剩余长度＋蜡烛燃烧的长度

不管烧多长时间，蜡烛的总
长度（燃烧和剩余的长度）是
不变的，那两个量相加永远得
蜡烛的长度。

这幅作品，孩子一一对应的感觉比较好，他利用自己比较熟悉的算术方法，把两个变量所取的值一一对应后分别进行了相同的运算，获得了相同的结果，即发现了不变量，建立起了两个变量之间的关系。

水平 2：两变量以关系式建立联系。

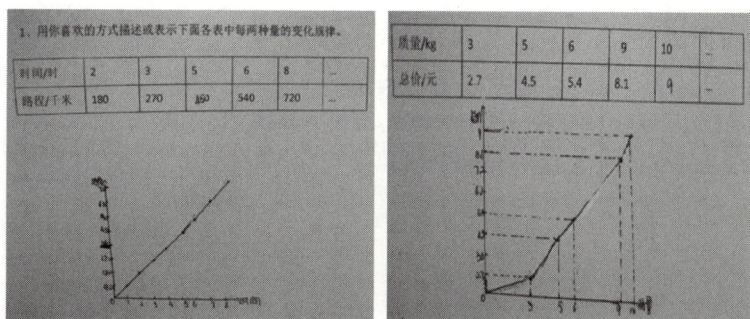

这幅作品，孩子开始用文字代表变化的量，构造了朴素的关系式，建立了两变量之间的关系，抽象的概括的水平比上一幅作品更高。

孩子们选择画图还是选择计算、关系式，也与学生的学习倾向（分析型、几何型、调和型）有关。因此教师不能只关注教学本身，也应该关注学生的心理特点。

四、教学案例

"用正比例解决问题"教学设计①

一、教学目标

(一)知识与技能

在具体情境中认识、理解成正比例的量的意义,掌握和运用正比例知识解决问题。

(二)过程与方法

通过让学生尝试解决问题的过程,培养学生分析问题和解决问题的能力。

(三)情感态度和价值观

主动参与数学活动,感受数学与生活的联系,树立学习数学的信心。

【目标解析】本节课的主要内容是用正比例的意义解决问题。学生在之前的学习中实际上已经接触过这类问题,可用归一、归总和列方程的方法来解答。这里主要是学习用正比例知识来解答,通过解答使学生进一步熟练地进行判断成正比例的量,加深对正比例概念的理解,也为学生的后续学习打下基础做好准备。同时巩固和加深对所学的简易方程的认识。

二、教学重难点

教学重点:使学生能正确判断题中涉及的量是否成正比例关系,并能利用正比例的关系列出含有未知数的等式,运用比例知识正确解决问题。

教学难点:利用正比例的关系列出含有未知数的等式。

三、教学过程

(一)复习回顾

1. 说说正比例、反比例的相同点和不同点。

2. 判断下列每题中的两个量是不是成比例,成什么比例?

(1)已知 $A \div B = C$。

当 A 一定时,B 和 C(   )比例;

当 B 一定时,A 和 C(   )比例;

当 C 一定时,A 和 B(   )比例。

(2)购买课本的单价一定时,总价和数量的关系。

(3)总路程一定时,速度和时间的关系。

【设计意图】通过比较和判断,让学生加深对正比例、反比例意义的理解,使学生体会到数学在生活中的运用,同时为新知的学习做好准备。

---

① 浙江省诸暨市新世纪小学,黄天飞(初稿).浙江省诸暨市教育局教研室,汤骥(统稿).选自 http://www.pep.com.cn/xxsx/jszx/jxzt/xxsx6x/fs_1_1_1/jxfz/jxsj/201504/t20150407_1231379.htm,2015-04-01

(二)探究新知,培养能力

1. 提出问题。

师:看来同学们能正确判断这两种量成什么比例关系了,这节课我们一起运用比例知识来解决一些实际问题。

课件出示教材第61页例5。

思考:题中告诉了我们哪些信息?要解决什么问题?

师:你能利用数学知识帮李奶奶算出上个月的水费吗?

2. 解决问题。

(1)学生尝试解答。

(2)交流解答方法,并说说自己的想法。

师:谁愿意来说一说你是怎么解决的?

预设1:

$28÷8×10$

$=3.5×10$

$=35(元)$。

(先算出每吨水的价钱,再算出10吨水需要多少钱)

预设2:

$10÷8×28$

$=1.25×28$

$=35(元)$。

(也可以先求出用水量的倍数关系,再求总价)

师:谁和这位同学的方法一样?

【设计意图】用以往学过的方法解决例题,有助于从旧知跳跃到新知的学习,同时有利于用比例解决问题的检验,帮助学生在后面的学习中构建知识结构。

3. 激励引新。

师:像这样的问题也可以用比例的知识来解决,我们今天就来学习用比例的知识进行解答。(板书课题:用比例解决问题)

课件出示以下问题,让学生思考和讨论:

(1)题目中相关联的两种量是(   )和(   ),说说变化情况。

(2)（　　　　）一定，（　　　　）和（　　　　）成（　　　　）比例关系。

(3)用关系式表示是（　　　　　　　　　　）。

(4)集体交流、反馈。

板书：

水费	用水吨数
28 元	8 吨
? 元	10 吨

水费：用水吨数＝每吨水的价钱（一定）。

教师概括：因为水价一定，所以水费和用水的吨数成正比例。也就是说，两家的水费和用水的吨数的比值是相等的。

(5)根据正比例的意义列出比例式（方程）。

学生独立完成，教师巡视。

反馈学生解题情况。

解：设李奶奶家上个月的水费是 x 元。

$28:8＝x:10$ 或 $(\frac{28}{8}=\frac{x}{10})$，

$8x＝28×10$，

$x＝280÷8$，

$x＝35$。

答：李奶奶家上个月的水费是 35 元。

(6)将答案代入到比例式中进行检验。

师：你认为李奶奶用了 10 吨水的水费为 35 元钱，这个答案符合实际吗？你是怎么判断的？

(7)学生交流，汇报。

【设计意图】"人人都能获得良好的数学教育，不同的人在数学上获得不同的发展"是课标的教学理念，为此让学生通过合作、交流从而解决问题，能使他们增强学习的信心，能给他们自信。在交流中，让学生充分地表达自己的见解，培养学生的辩证思维能力和口语交际能力。

4. 变式练习。

师：刚才我们用归一法和比例法帮李奶奶解决了水费的问题，同学们真不简单。瞧！王大爷又遇到了什么问题呢？（出现了下面的练习）

张大妈：我们家上个月用了 8 吨水，水费是 28 元。王大爷家上个月的水费是 42 元，他们家上个月用了多少吨水？

(1)比较一下此题和例 5 有什么联系和区别？

(2)学生独立用比例的知识解决这个问题。指名板演。（教师巡视）

(3)集体订正，请学生说一说是怎样想的。

5. 概括总结。

师：刚才我们用正比例知识帮李奶奶和王大爷解决了生活中的水费问题，请大家回忆一下解题思路，再想一想用正比例解决问题的思考过程是怎样的。

学生讨论交流，汇报。

(1)分析找出题目中相关联的两种量。

(2)判断它们是否是正比例关系。

(3)根据正比例的意义列出比例。

(4)最后解比例。

(5)检验作答。

教师总结：同学们不但会解决问题，而且还善于归纳总结方法。就像大家想的那样，先分析题中的数量关系，判断相关联的两种量成什么关系，根据问题中的等量关系列出方程，解方程并检验作答。

【设计意图】本着"以学生发展为本"的理念，围绕生活中的水费问题，让学生经历"尝试—理解—总结"的全过程，从而理解、掌握用正比例解决问题的方法，使学生解决问题的能力有一个提升。

(三)巩固练习

1. 只列式不计算。

(1)一个小组 3 天加工零件 189 个，照这样计算，9 天可加工零件 x 个。

($189:3=x:9$)

(2)小明买了 4 支圆珠笔用了 6 元。小刚想买 3 支同样的圆珠笔，要用 x 元钱。

($x:3=6:4$)

2. 用正比例解决问题。

(1)小兰的身高 1.5 米，她的影长是 2.4 米。如果同一时间、同一地点测得一棵树的影子长是 4 米，这棵树有多高？

(2)小红计划每天跳绳 600 下，2 分钟跳了 240 下，照这样计算，还要跳多少分钟才能完成计划？

【设计意图】通过即时练习巩固，增强学生对具体情境中成正比例的量作出判断和解释的能力，能有条理地解释问题解决的思考过程，有助于提高学生解决问题的能力。

(四)课堂小结，拓展延伸

同学们，谁来说说，上这节课，你收获了什么？

【设计意图】课堂总结，引导学生反思每节课的收获，整理一节课所学习的知识，提高学生归纳、整理的能力，起总结提升的作用。

五、教学策略

(一)引导学生利用已有知识进行比的基本性质的推导

商不变性质和分数的基本性质都是学生学过的知识，比与除法、分数之间的关系也已经形成进一步的理解，因此，教学要激发学生对已有知识的回忆，唤起对先前知识学习的经验与方法，引导学生自主探索，并逐步抽象概括出比的基本性质，建立起新的知识结构。例如，在教学比的基本性质时，可直接提出问题：6∶8 和12∶16 的比值相等吗？如何证明？组织学生自主探索、合作交流，利用已有知识进行类比推理。在具体例证的基础上，再引导学生归纳出一般性的基本性质，并注意到相关的限制条件：同时乘或除以的数不能是 0。

(二)让学生经历从多种生活情境中抽象出变化的量及变量之间的关系

变量和变量之间关系的学习，能使学生感受到存在着大量的变量与变量之间的关系，感受到数学在解决问题中的作用。在实际教学中，教师应创设多种情境，鼓励学生发现情境中变化的量是什么，变量之间的依赖关系是什么，从而抽象出正反比例。指导学生对于变化的量及变量之间关系的体会，使学生感受到正比例关系和反比例关系是两种重要的刻画变量之间关系的模型。

(三)指导学生从多元表征理解正反比例关系

虽然正反比例关系在小学阶段不要求学生从函数的角度认识，但教师应该认识到函数有三种数学表示方法：表格法、解析式法和图像法，再加上语言的描述，一共是四种基本的表征方法。多种研究表明，为了发展学生对函数思想的理解，必须使他们对函数的多元表征有比较丰富的经历，而不仅仅是套用解析式。

(四)有机渗透"函数思想"

小学阶段并不出现函数的概念，而是让学生在现实情境中具体感知两个量之间的关系。不仅可以使学生对数量关系的认识和理解更丰富，而且为第三学段进一步学习正比例函数和反比例函数，以及学习一般的函数知识做准备。因此，教学中应与实际情境紧密联系，用具体的学生可以理解的方式呈现这个内容，引导学生从数量之间关系，两个量之间变化的规律的角度来理解和掌握这个内容。在教学中，要多给学生提供有效的材料，让学生判断、思考并表达思维过程，促进理解。

本章回顾

本章的目的是发展小学教师数与代数的教学知识，它涉及数与代数课程的内容知识、学生学习的知识以及教学法知识。全章包括五大节，分别是：数的认识、数的运算、量与计量、式与方程、比和比例。各大节均按结构化的体例展开，即课标要求；核心知识与数学思想；学情研究；教学案例研究；教学策略。

关键术语

数　数感　符号感　运算能力　数学思想　代数思维

思考题

1. 小学生数的认识学习的学情特征是什么？

2. 小学生数的运算学习的学情特征是什么？

3. 小学生代数学习的学情特征是什么？

4. 小学生量的学习的学情特征是什么？

5. 小学数的认识的教学组织有哪些主要的策略？

6. 小学数的运算的教学组织有哪些主要的策略？

7. 小学代数的教学组织有哪些主要的策略？

8. 小学量与计量的教学组织有哪些主要的策略？

案例研究

"小数乘小数"教学片段①

师：这两题中的两个因数都是小数，该怎样计算呢？我们不妨先来估一估。

师：根据算式 3.6×2.8，你能估计一下房间的面积大约有多大吗？

（学生在小组内交流、讨论）

生1：$4 \times 3 = 12$ 平方米，把 3.6 和 2.8 分别看成最为接近的整数，把两个数都看大了，准确得数比估计的数小，所以积小于 12 平方米。

生2：$3 \times 2 = 6$ 平方米，把 3.6 和 2.8 分别看成整数，用整数相乘，把两个数都看小了，准确得数比估计的数要大，所以积大于 6 平方米。

生3：$3 \times 3 = 9$ 平方米，把 3.6 和 2.8 分别看成比较接近的整数，把 3.6 看小，2.8 看大，所以积在 9 平方米左右。

师：通过刚才的估计，我们知道"3.6×2.8"的积应该在 6 平方米到 12 平方米之间，或者说是 9 平方米左右，那么准确得数究竟是多少呢？我们可以用竖式来计算。

师：根据我们以往计算小数乘整数的经验，猜测一下：用竖式计算小数乘小数可以怎样算？

生1：把一个小数看成整数，用小数乘整数的方法计算，再在积中点上小数点。

生2：把两个小数都看成整数进行计算，再在积中点上小数点。

师：都是这样想的吗？请大家选择第一小题独立做一做，有困难的同学可以在小组内讨论。

---

① 史厚勇，江苏省南通市城西小学．摘录自 http://www.pep.com.cn/xxsx/jszx/xslw/201307/t20130717_1160192.htm. 2013-07-17

（学生独立计算或小组讨论完成，教师巡视，让不同的算法展示。）

板书：

3.6	3.6	3.6
×2.8	×2.8	×2.8
2 8 8	2 8 8	2 8 8
7 2	7 2	7 2
100.8	10.0 8	3.6 0

师：请这些同学说说自己的算法。

生3：把3.6×2.8看成36×28来计算，结果是1008。因为两个因数都是一位小数，所以积也是一位小数，结果是100.8。

生4：我也是把3.6×2.8看成36×28来计算，结果是1008。因为两个因数都是一位小数，所以积中肯定也有两位小数，积是10.08。

师：所得的积到底是一位小数还是两位小数。

生5：我觉得是两位小数。因为3.6到36扩大到它的10倍，2.8到28也扩大到它的10倍，这样乘得的积就扩大到原来的100倍，要使乘积不变，就应该把1008也缩小 $\frac{1}{100}$，所以结果是10.08。

师：按照你的说法，第一位同学的做法是错误的。其他同学，你们怎么想的？

生6：因为3.6约是4，而4×2.8＝11.2，现在是100.08，结果肯定不对。

生7：我们学过3.6×28＝100.08，而现在的因数是2.8，不是28，所以3.6×2.8＝100.08是不对的。

师：同意吗？那么第三种做法你们怎么看？

生8：竖式写错了，数字写错位，下面的2应该写在十位上，7写在百位上。

生9：同样的道理。因为3.6约是4，而4×2.8＝11.2，所以3.6×2.8不会等于3.6。

生10：很明显不对。3.6×1＝3.6，而这里是3.6×2.8，因此，肯定不对。

师：几位同学说得都很有道理。看来问题的关键是积是几位小数。

师：计算3.6×2.8的积为什么要点出两位小数？你能想办法说明吗？

生1：把3.6米和2.8米分别改写成分米作单位，算出面积是1008平方分米，再还原成平方米作单位，所以积是两位小数。

生2：运用"积的变化规律"和"小数点移动规律"，计算时把3.6和2.8分别看作36和28，把两个因数都乘了10，算出的积1008就等于原来的积乘100。为了让积不变，就要把1008除以100。

师：为了更好地让大家理解两位同学的观点，我们不妨来看一看这样一幅推理图。

出示：

师：你能看懂虚线框里的意思吗？谁愿意说一说。

生3：第一个箭头"×10"是把3.6看成36，是乘10；第二个箭头"×10"是把2.8看成28，是乘10；把两个因数都乘10，得到的积就等于原来的积乘100；最后一个箭头"÷100"，表示要得到原来的积就要把得到的整数积除以100。

师：现在我们再来回顾前面第(1)种算法错在哪里？

生4：两个因数都乘10，积也就乘100，算法(1)只把得到的积除以了10。

师：通过推理，我们证明了$3.6×2.8=10.08$，和先前估计的结果是一致的，积确实大于6平方米小于12平方米，接近9平方米。现在你能求出阳台的面积吗？

（让学生根据自己的思考，完成分析图，并交流）

师：你是怎样得到1.15乘2.8的积的？

生5：把两个因数都看成整数，等于把一个因数乘100，另一个因数乘10，所以得到的积就等于原来的积乘1000。要得到原来的积，就要用3220除以1000，从3220的右边起数出三位，点上小数点。

师：3.220可以化简吗？依据是什么？

生6：3.220可以化简，化简以后的结果是3.22。

生7：小数化简的依据是小数的基本性质。

师：我们在计算小数乘小数时，是先确定积的小数点位置还是先化简？

生8：我觉得是先确定小数点的位置。因为我们是把每一个因数都看成整数进行计算的，此时的积是整数的积，不能先运用小数的性质进行化简。

生9：我认为是先确定小数点的位置，如果先化简实际上是把乘得的积变小了，然后再点小数点，这样结果会更小，与我们的估计结果不同。

师：不错。先确定小数点的位置，还是先化简，需要联系我们的计算过程来思考，这样才能保证计算的正确。

师：比较上面两题中两个因数与积的小数位数，你发现它们之间有什么联系？

生1：我发现两个因数一共有几位小数，那么积里面就有几位小数。

生2：积的小数位数，正好和两个因数的小数位数和相等。

师：同意他们的观点吗？（同意）你能根据刚才的发现，给下面各题的积点上小数点吗？（出示）

8.7	72.9	16.5
×0.9	×0.04	×0.6
783	2916	990

师：通过探索，大家对小数乘小数的方法都有了各自的理解。你觉得小数乘小数应该怎样计算？在小组里相互说一说。

（学生先在小组内讨论、交流，然后全班交流）

1. 阅读上面的教学案例，请你说一说案例中主要包括哪些数学活动环节？

2. 根据案例，你认为教师关注的是通过大量的练习让学生会算，并且计算正确吗？请利用案例中教师的行为解释你的观点。

3. 请参考《课程标准(2011)》以及小学数学教材，说一说，学生在学习"小数乘小数"之前，已经学习了哪些数的运算？教师是否关注了学生已有的经验？请根据案例中教师的行为解释你的观点。请你为这个案例增加一个导入环节，包括情境与启发性提问。

4. 你认为这节课的教学目标是什么？请参考《课程标准(2011)》以及教材解释你的观点。

5. 请你结合小学数学教材在"数与代数"领域中选择一课时（新授课）内容做教学设计，要求：有课题、教学内容、教材分析、学情分析、教学目标、教学重难点、教学过程（较为详细）。然后模拟课堂试讲，课后与同学和老师一起交流研讨教学目标达成的效果。

📖 拓 展 阅 读

1.（美）J. L. Martin. 教与学的新方法·数学. 王嵘，等，译. 北京：北京师范大学出版社，2004。

2. 张丹. 小学数学教学策略. 北京：北京师范大学出版社，2010。

3.（英）朱莉娅·安吉莱瑞（Julia Anghileri）. 如何培养学生的数感. 徐文彬，译. 北京：北京师范大学出版社，2007。

4. 史宁中. 基本概念与运算法则——小学数学教学中的核心问题. 北京：高等教育出版社，第1版（2013年5月1日）。

5. 王永春. 小学数学与数学思想方法. 上海：华东师范大学出版社，2014。

6. 金成梁 . 小学数学疑难问题研究 . 南京：江苏教育出版社，2010。

7. 中华人民共和国教育部 . 义务教育数学课程标准(2011 年版). 北京：北京师范大学出版社，2012。

8. 教育部基础教育课程教材专家工业委员会 . 义务教育数学课程标准(2011 年版)解读 . 北京：北京师范大学出版社，2012。

第五章 图形与几何的教学研究

数学的真正的第一大步是由几何迈出的……几何给空洞的公式提供了营养和含义。几何永葆其为丰足的和富有成果的直观的主要源泉，而直观反过来又为数学提供创造的动力。大多数数学家用几何模式在思考，当他们提出复杂的分析结构时，看不见做作的任何迹象，你可以仍然相信柏拉图的名言"几何拽着灵魂走向真理"。①

——M. 克莱因

学习目标 ▶ ┈┈

1. 知道小学数学图形与几何的课程目标与主要内容。

2. 掌握小学数学图形与几何的核心概念与基本的学情特征。

3. 掌握小学数学图形与几何的主要教学策略。

---

① （美）M. 克莱因. 现代世界中的数学. 齐民友，等，译. 上海：上海教育出版社，2004；181—197

导入案例 ▶

W老师是一位有经验的骨干教师。在学生认识了各种立体图形后设计了这样一个辨析活动。

老师这里有一个神秘的盒子，里面藏着一样东西，这回不许看，也不许摸，只能用耳朵听一听，然后根据你听到的声音，猜一猜里面的物体可能是什么形状，你们能行吗？

游戏1：老师把盒子左右晃一晃。问：你听到什么声音了？

你能猜出里面的物体可能是什么形状的吗？（球）

你能肯定是球吗？还可能是什么？（圆柱）

老师再把盒子前后晃一晃，转圈晃一晃。问：现在你能肯定里面的物体是什么形状的吗？（球）

打开看看。你们猜对了吗？

看来，通过听我们也能判断出物体的形状。（板书：听）

亲爱的读者，W老师是如何设计活动来发展学生的理解的？你还可以沿着这个思路设计什么样的活动？

图形与几何内容在小学课程中是怎样设计与发展的？教学组织策略又是什么？让我们带着这些问题一起进入本章的学习。

几何课程与教学在激发学生的直觉思维，增强学生的好奇心，发展学生的想象力与创造力方面具有不可替代的作用。在小学数学课程中，"图形与几何"主要涉及现实世界中的物体、几何体与平面图形的形状、大小、位置关系、运动以及度量，承载着培养学生的几何直观、空间观念、推理能力等重要任务。这部分知识内容丰富，应用广泛，与其他领域的数学知识联系十分紧密，也是学生进入中学之后学习数学知识的重要基础。

第一节　图形的认识

一、课标要求

《课程标准（2011）》①中"图形的认识"的内容要求在两个学段都有涉及。

第一学段：

"1. 能通过实物和模型辨认长方体、正方体、圆柱和球等几何体。

---

① 中华人民共和国教育部. 义务教育数学课程标准(2011年版). 北京：北京师范大学出版社，2012

2. 能根据具体事物、照片或直观图辨认从不同角度观察到的简单物体。

3. 能辨认长方形、正方形、三角形、平行四边形、圆等简单图形。

4. 通过观察、操作，初步认识长方形、正方形的特征。

5. 会用长方形、正方形、三角形、平行四边形或圆拼图。

6. 结合生活情境认识角，了解直角、锐角和钝角。

7. 能对简单几何体和图形进行分类。"

第二学段：

"1. 结合实例了解线段、射线和直线。

2. 体会两点间所有连线中线段最短，知道两点间的距离。

3. 知道平角与周角，了解周角、平角、钝角、直角、锐角之间的大小关系。

4. 结合生活情境了解平面上两条直线的平行和相交（包括垂直）关系。

5. 通过观察、操作，认识平行四边形、梯形和圆，知道扇形，会用圆规画圆。

6. 认识三角形，通过观察、操作，了解三角形两边之和大于第三边、三角形内角和是 180°。

7. 认识等腰三角形、等边三角形、直角三角形、锐角三角形、钝角三角形。

8. 能辨认从不同方向（前面、侧面、上面）看到的物体的形状图。

9. 通过观察、操作，认识长方体、正方体、圆柱和圆锥，认识长方体、正方体和圆柱的展开图。"

图形的认识是分阶段设计，循序发展。在三个学段中，认识同一个或同一类图形的要求有明显的层次性：从"辨认"到"初步认识"，再从"认识"到"探索并证明"。例如，对于长方体、正方体、圆柱和球等几何体，第一学段要求"辨认"；第二学段要求"认识"；第三学段要求了解其中一些几何体的侧面展开图。又如，对于平行四边形，第一学段要求"辨认"；第二学段要求"认识"；第三学段要求"探索并证明平行四边形的性质定理、判定定理"。

二、核心知识与数学思想

(一)核心知识

"几何"一词，最早是在明代利玛窦、徐光启合译《几何原本》时，由徐光启所创。用"几何"译"geometria"（英文 geometry），音义兼顾，堪称神来之笔。几何学主要研究现实世界中物体的形状、大小与位置关系的数学学科。点、线、面、体或它们的组合统称几何图形，简称图形。若一个图形上所有的点都在同一个平面上，则这个图形称为平面图形。空间里点、线、面以及它们所组成的图形称为空间图形。在小学阶段，学生要学习常见的立体图形、平面图形及其性质的内容。

小学课程主要涉及直观几何或实验几何，即用观察与操作、归纳与实验去发现空间的本质，这不同于以逻辑推理为基础的推理几何。因此，空间、体、平面、直线、射线、线段等概念在小学数学中都采取不定义的方式，而是利用实物或模型进行描述，让学生能够体会即可。例如，"平面"，就用"纸面""桌面""水面"来说明。教材中用了许多的"像这样的……就叫做什么"的方式来描述最基本的几何体，即定性的认识。定性是借助直观，通过观察来了解图形的基本性质。从立体图形到平面图形的认识，要求学生能通过对实物、模型等材料的观察，通过描、印、画等操作方式，初步感受平面图形与立体图形之间的关系，直观感悟平面图形的特征。经历图形的比较、分类，能辨认和区分长方形、正方形、平行四边形、三角形和圆，会用这些平面图形拼图，不要求学生对所学各种图形的特征进行准确描述。让学生结合熟悉的生活情景图，通过折叠、拼摆、制作等实际操作活动，抽象出角，知道角的各部分的名称。总之，指导学生主要通过观察与操作，直观地认识图形，经历从实物到几何图形的抽象过程，感悟图形的特征，初步建构各类图形的概念与性质。

图形的认识是由立体到平面，由整体感知到局部特征，由定性到定量的过程。简单地说，对图形认识的要求主要包括两个方面：对图形自身特征的认识；对图形各元素之间、图形与图形之间关系的认识。例如，在平面图形中，边与边的关系，角与角的关系，在立体图形中对面与邻面的关系，棱与棱的关系。

"图形的认识"的内容主线

学段	主要内容
第一学段	辨认长方体、正方体、圆柱、球
	辨认长方形、正方形、圆、三角形
	认识角（直角、锐角、钝角）
	认识长方形、正方形特征
第二学段	认识线段、射线、直线，各种角的大小关系
	了解平行和相交，认识平行四边形、梯形
	了解三角形各边关系及各种类型三角形
	探究长方体、正方体特征
	探究认识圆、认识扇形
	认识圆柱、圆锥

(二)数学思想

"图形的认识"部分主要涉及抽象思想、分类思想、集合思想以及有限与无限思想。第一，抽象思想。任何图形的认识，包括立体的，如长方体、正方体、圆柱等；平面的如长方形、正方形、圆形等；不封闭的平面图形如角等，都是把生活中的原型抽象化、理想化的结果。即保留量的关系和空间形式而舍弃了其他一切物理属性，如颜色、材料，而且线没有粗细，点没有大小，面没有薄厚。最终再抽象为几何概念，即得到具有普遍意义的图形以及图形的关系，并用符号表示。第二，分类思想。

图形认识的过程中，对于各种图形以及相互之间关系的学习都是分类思想的体现，如平面图形的多边形可以分为：三角形、四边形、五边形、六边形……三角形按角可以分成：锐角三角形、直角三角形、钝角三角形；四边形按对边是否平行可以分为：平行四边形、梯形和两组对边都不平行的四边形等。

三、学情研究

从认知规律看，人们学习几何的途径主要是四步：直观感知→操作确认→演绎推理→度量计算。儿童的几何学习与成人不同，不是以几何公理体系为起点，而是以已有经验为起点。

在小学学习前，许多儿童就已经具备了大量的"前科学"的数学知识。对形、体有着初步的感知，如大部分儿童有玩各种积木或玩具的经历，在选择和使用各种生活用具的过程中，在接触到的各种自然现象中，逐渐感觉到了各种几何体的一些基本特点。

小学生对于几何术语以及图形的组成、相互之间的关系缺少深入的了解。他们的思维与推理倾向于依赖直觉，不能主动根据定义、性质去判断。例如，小学生常常不能正确辨别图形，如什么是三角形，容易混淆正方形、长方形、平行四边形之间的关系。在学习"角的认识"时，低年级学生认为角的大小与画出的角的两条边的长短有关等。

儿童的几何概念从描述和命名图形开始，通过图画、积木和语言表征几何图形，通过组合或分割几何图形，分解和重新建新图形来认识与发展他们的图形概念。为了巩固所学的知识，小学生需要画和制作图形，比较和讨论图形的特征，辨别和描述图形的性质，对图形进行分类，学习和思考图形的定义。

小学阶段以直观几何为主，儿童获得几何知识和形成空间观念更多地依靠动手操作。尝试搭建、选择分类、组合分解等活动，增加体验，积累经验，丰富想象。比一比，量一量，搭一搭，折一折，剪一剪，拼一拼，画一画等，实现对图形与几何知识的再发现。例如，指导学生在用圆规画圆的过程中，去观察和圆相关的一些元素，如针尖所在的点、两脚之间的距离，从而导出圆心、半径和直径等概念，再通过折、画、量等活动发现半径、直径的特点及关系。

教师需要积极了解学生的学习经验。指导学生在活动中用观察、动作描述、闭眼想象等方式形成清晰的表象，逐渐学会使用几何术语来描述图形，能辨别不同的几何图形，并通过概念变式发展学生对几何概念的理解。例如，对于角的认识，如果仅从静态上去观察一个角，学生容易关注它的明显因素——两条边，而不去观察相对不是那么明显的"角的张口"。因此，对于图形的认识不仅仅是从静态的角度去认识它，还应该从动态的角度去丰富对它的认识。教学中，教师可以将图形转一转、移一移、翻一翻，使图形动起来，帮助学生认识图形变化中不变的特征。

四、教学案例

认识立体图形①

一、教材版本与教学内容

人民教育出版社出版的《义务教育教科书数学》一年级上册"认识图形(一)"单元第一课时。

二、教学目标

1. 直观认识长方体、正方体、圆柱和球，能够辨认这些图形，准确地说出它们的名称。

2. 经历从实物抽象到图形的过程，发展想象能力和初步的空间观念。

3. 在多种形式的活动中，运用多种感官，体验数学知识的形成过程，感受学习数学的乐趣，体会数学与实际生活的联系。

三、教学重点与难点

教学重点：

直观认识长方体、正方体、圆柱和球，能够辨认这些图形，准确地说出它们的名称。

教学难点：

初步认识长方体、正方体、圆柱和球的基本特征。

四、教学准备

1. 教学设备：计算机、实物投影。

2. 教具。

(1)立体图形的模型：正方体1个，长方体3个(一般的长方体2个、特殊的长方体1个)，圆柱1个。(2)一块硬纸板。(3)红色和绿色盒子各一个。红色盒子里面放一个球。绿色盒子里面放一个长方体。(4)魔术箱(里面放好4种图形各2个)。(5)生活用品、食品的包装盒。(6)4种图形的彩图。(7)课件。

3. 学具。

每组：长、正方体、圆柱的积木各4块；球：小皮球、垒球、乒乓球、海洋球各1个；小筐1个、布袋1个、小片子每人1张。

五、教学流程

图形分类—给出名称—多种感官感知摸、听、辨—回归现实—动手操作。

六、教学过程

(一)创设情境，激发兴趣

出示画面：各种图形。

师：这节课我们一起来学习"图形的认识"(出示课题：图形的认识)

---

① 文静，北京市西城区教师研修中心小学，中学高级

看！这些不同的图形，想知道它们能变成什么吗？（机器猫）

今天，机器猫想请同学们到图形乐园去玩一玩，你们愿意吗？

图形乐园里的景色可真美，机器猫最喜欢玩积木了，你喜欢玩吗？

【设计意图】本节课用"玩积木"引入，选取的是最符合学生年龄特点的，学生最感兴趣的生活实际内容。这一情境的设计，激发了学生的学习兴趣，为后边的各种体验活动奠定了良好的情感基础。

（二）展开活动，提出问题

1. 每个小组的桌上都有一堆这样的积木，现在，你们就一块玩一玩吧！（分小组活动）

2. 由于时间关系，我们先玩到这里。为了便于下一次玩的时候挑选起来方便，我有个建议，能不能把手中的积木先分类，再整齐地摆放回去呢？

3. 请各组同学商量一下，你们想把这些积木按什么分？分几组？

4. 小组汇报。

（请同学们将积木分组的情况一一展示。有的按颜色分组，有的按大小分组，还有的按形状分组……）

这节课我们就按他们分的这种情况（出示按形状分的 4 组）来研究。

【设计意图】一上课，先让学生自己玩，这时是随意地玩，是学生在原有的认知基础上的玩，这时，学生眼中的积木仍旧是玩具。收积木时，老师建议学生把积木分类摆放整齐，这时学生开始关注积木的形状。

（三）引导体验，合作探究

1. 球的认识。

（1）我发现咱们班的很多同学都喜欢球。请每人拿一个球，放在桌子上。

（2）问一位同学：你拿的是什么球？（小皮球）

再问：你呢？其他同学呢？

（3）虽然你们拿的是不同的球，仔细观察，你们发现它们的形状怎样？

（出示图）我们把这样的形状，统称为"球"。

（4）除了刚才你们手里拿的这些球的形状是球，生活中你还见过哪些物体的形状也是球？

（5）老师刚才提的要求是把球放在桌上，可是我发现有的同学总是用手扶着球，这是为什么？

（6）为什么球放不好就容易掉在地上呢？

师：看来，球是能滚动的。

2. 圆柱的认识。

（1）老师拿起一个圆柱形的积木。放在硬纸板上，滚一滚，问学生：这块积木也能滚，它的形状是球吗？为什么不是？

(2)请你从桌上拿一个圆柱形的积木，摸一摸，再看一看，你还发现了什么？

(3)老师用教具演示上下两个面一样大。

(4)(出示图)我们把这样的图形叫作"圆柱"。

(5)生活中你见过形状是圆柱的物体吗？

3. 正方体的认识。

(1)(指大屏幕中正方体这组积木)问：你们把这几块形状相同的积木放在了一起，谁知道它们的形状叫什么？

(2)贴图并板书(正方体)。

(3)请你拿一块形状是正方体的积木，用手摸一摸，说说你有什么感觉？

(板书：摸)

小结：我们通过摸，感觉到正方体的每个面都是平的。

(4)谁还有不同的发现？

(当同学们发现正方体 6 个面都一样时)

提问：你是怎样知道正方体有 6 个面的？能上前面来给大家数一数吗？

(板书：数)

(5)还有的同学说正方体的 6 个面都一样。大家看一看是不是一样？

(板书：看)

小结：我们通过数，知道了正方体有 6 个面。用心观察发现正方体的六个面一样大。

4. 长方体的认识。

(1)(指大屏幕中长方体的积木)问：这些积木的形状是正方体吗？

(2)请你从这堆积木中任意拿出一块，用刚才研究正方体的方法，来研究一下这样的积木有什么特点？

(3)汇报交流：正方体的每个面都是平的。

问：你是用什么方法发现的？（摸一摸）

长方体也有 6 个面。

问：你是怎样知道的？（数一数）请你上前面来给大家数一数。

比比看，谁的注意力最集中，能看清它是怎样数的？

【设计意图】通过"数"的反馈，引导学生掌握"有序地数的方法"。

长方体对着的两个面一样。

(学生发现这一特征后，教师用教具演示长方体的这一特征)

①这些积木的形状叫什么？（长方体）

②我们把这种图形，称作长方体。（贴图并板书）

③老师举起两块长方体（一般的）的积木，让学生判断它们的形状。

④老师再举起一块长方体（特殊的）的积木，让学生判断它的形状。

引导学生进一步认识长方体的特征。

【设计意图】研究长方体的特征，采取放手让学生总结出研究正方体的方法，再进行独立研究，从而培养学生的迁移能力和对学习方法的反思。

下面请同学们收学具，各组把积木倒在袋子里。

看来，我们在玩积木的过程中也能学到数学知识。想一想今天我们认识了哪些图形？

基本练习：看图形，你能说出它们的名称吗？

(四)游戏活动，发展思维

1. 神奇魔术师。

看过魔术表演吗？谁愿意上来当一回魔术师，从这个魔术箱里，变出不同形状的物体。

游戏1：请一个同学在箱子里摸，随意摸到一个物体，先告诉同学们你给大家变出来的东西是什么形状，然后拿出来请同学判断。

游戏2：问同学：你们想得到什么形状的东西？谁能实现他的愿望？

(请一个同学上来，根据同学们指定的形状摸一个物品)

游戏3：以小组为单位继续做这个游戏。

【设计意图】神奇魔术师的游戏，让学生通过用手摸一摸，对各个形体的特征有了进一步的认识，促使学生能够正确区分。

2. 超级侦探。

老师这里有一个神秘的盒子，里面藏着一样东西，这回不许看，也不许摸，只能用耳朵听一听，然后根据你听到的声音，猜一猜里面的物体可能是什么形状，你们能行吗？

游戏1：老师把盒子左右晃一晃。问：你听到什么声音了？

你能猜出里面的物体可能是什么形状的吗？(球)

你能肯定是球吗？还可能是什么？(圆柱)

老师再把盒子前后晃一晃，转圈晃一晃。问：现在你能肯定里面的物体是什么形状的吗？(球)

打开看看。你们猜对了吗？

看来，通过听我们也能判断出物体的形状。(板书：听)

游戏2：再拿出一个盒子，老师用同样的方法晃，让学生听。

谁来说说，你觉得里面的物体可能是什么形状？

(学生根据声音猜出可能是长方体，可能是正方体，也可能是圆柱。)

在同学们出现了不同的意见时，我们想知道谁猜得对，应该怎么办呢？

生：打开看看吧！

(老师打开后，把里面的东西放到实物投影下边。让学生只能看到其中的一个面是正方形，学生猜是正方体，这时再举起来让大家看。)

讨论：说一说为什么会猜错？通过这个游戏，你明白了什么道理呢？

【设计意图】超级侦探的游戏，则是通过"听"使学生在进一步认识的基础上，沟通了形体之间的联系和区别。发现图形特征之间的相同点和不同点。又让学生体会到研究问题时方法不是唯一的，要注意多种方法的综合运用。渗透观察物体、考虑问题时要全面的辩证唯物主义思想。

(五)观察生活，解决问题

1. 欣赏。

五一放假期间，我带孩子出去玩儿，发现周围的环境变化可大了。一座座造型各异的建筑使我们城市越来越美了。请你们欣赏一组我拍的照片。

(展示多种建筑物的图片)

2. 数一数。

(1)小动物们看到我们的城市这么美，它们可美慕了。它们找来了一些材料，准备建一座动物乐园，看看它们都找来了什么形状的材料？

(2)(出示图)动物乐园建好了，请你帮助统计一下，它们所用的建筑材料的数量。

○	⬛	▭	⬭
(　)个	(　)个	(　)个	(　)个

【评析】

任务设计能充分地关注学生的年龄特征与已有的生活经验，使学生在活动中体验到学习数学的快乐。

能充分调动学生的多种感官，通过摸，听，拼，看，来初步感知立体图形的特征及特性。活动中，既有学生的独立思考，又有小组合作。例如，让学生描述所拿的物体的样子，让同学们来猜。或者按照要求从袋子里，取出相应的物体。要想描述清楚，就要抓住立体图形的特征，要能判断正确也必须了解这些立体图形的特征。教学以多样的形式促进学生加深对立体图形特征的了解与运用。

五、教学策略

(一)充分发挥教具、学具的作用

教具是教学中用来讲解、说明事物的图表、幻灯片和实物模型等的总称。实践证明：不使用教具、学具进行教学，学生思维就很难建立在坚实的感性知识和丰富的表象基础上。根据教材内容，充分设计教具演示，引导学生利用学具进行操作，是实现对数学知识理解和掌握的有效途径。

(二)重视几何直观的培养,让学生经历"实物—图形"和"图形—实物"的过程

几何的学习要经历由具体到抽象的过程,首要的是表象的形成,它还包括把头脑中已经形成的表象再现出来,即把看到的做出来或画出来。拼一拼、搭一搭;撕一撕、折一折;量一量、比一比;画一画、想一想等都是几何学习时常用到的学习方法。让学生学会用尺子,量角器画线、角、平面图形和立体图形,能准确地画图对于促进几何的进一步学习有着举足轻重的作用。

(三)运用类比推理的思想方法促进新图形性质的概括

图形之间常常存在着联系,可以运用类比推理指导学生利用已有图形的知识经验来概括图形的性质。例如,对于多边形的认识,课程标准先安排学习长方形、正方形,再学习平行四边形、三角形、梯形等。比如,学习平行四边形,就可以让学生根据长方形、正方形的边与角的特征来分析平行四边形的特征。学习正方形与长方形之间的关系后,再去探索长方体与正方体的关系时,就可以让学生自己总结概括。

(四)充分利用计算机技术,加强几何教与学的可视化

如小学阶段的两个重要命题,三角形的内角和等于$180°$,就可以利用几何画板随意的拖动三角形的一个顶点改变三角形的形状,同时借助它的度量功能可以把三个内角的度数和表示出来,引导学生观察。这可以弥补在动手操作过程中的局限性。三角形的三边关系同样可以借助几何画板来形象地展示。在学习圆时,可以先让学生想象一个定圆的内接正多边形随着边数的增加越来越接近圆。但是如何把这一过程可视化,就可以借助几何画板来完成。也能更好地帮助学生理解为什么通过增加圆的内接正多边形的边数可以提高π的精确值的位数。

第二节 图形的测量

形与量是分不开的。实际上,几何一词的本意就是测地术。测量是把待测定的量同一个作为标准的同类量进行比较的过程,它使物体的属性具有了量化的特征,有助于学生更深刻地理解物体可测量的属性,如周长、面积、体积等。可以说,测量为数与图形之间的联系架构起一座桥梁。同时,测量的实施过程与结果表示也提供了联系其他重要数学概念的机会,如分数、几何图形的特征等。

一、课标要求

第一学段:

"1. 结合生活实际,经历用不同方式测量物体长度的过程,体会建立统一度量单位的重要性。

2. 在实践活动中，体会并认识长度单位千米、米、厘米，知道分米、毫米，能进行简单的单位换算，能恰当地选择长度单位。

3. 能估测一些物体的长度，并进行测量。

4. 结合实例认识周长，并能测量简单图形的周长，探索并掌握长方形、正方形的周长公式。

5. 结合实例认识面积，体会并认识面积单位厘米²、分米²、米²，能进行简单的单位换算。

6. 探索并掌握长方形、正方形的面积公式，会估计给定简单图形的面积。"

第二学段：

"1. 能用量角器量指定角的度数，能画指定度数的角，会用三角尺画 30°，45°，60°，90°角。

2. 探索并掌握三角形、平行四边形和梯形的面积公式，并能解决简单的实际问题。

3. 知道面积单位：千米²、公顷。

4. 通过操作，了解圆的周长与直径的比为定值，掌握圆的周长公式；探索并掌握圆的面积公式，并能解决简单的实际问题。

5. 会用方格纸估计不规则图形的面积。

6. 通过实例了解体积（包括容积）的意义及度量单位（米³、分米³、厘米³、升、毫升），能进行单位之间的换算，感受 1 米³、1 厘米³ 以及 1 升、1 毫升的实际意义。

7. 结合具体情境，探索并掌握长方体、正方体、圆柱的体积和表面积以及圆锥体积的计算方法，并能解决简单的实际问题。

8. 体验某些实物（如土豆等）体积的测量方法。"

《课程标准（2011）》①强调让学生体会建立标准长度单位的意义和作用，关注对长度、周长、面积等概念的理解，突出了统一单位的重要性以及数学的文化内涵。重视估测。估测作为测量的一个重要方面，是《课程标准（2011）》突出强调的内容。这些目标与认识长度单位，会进行长度的简单计算，会求长方形、正方形和圆的周长等传统的课程目标相比较有了重大的发展。

二、核心知识与数学思想

(一)核心知识

长度、周长、面积与体积都是物体可测量的基本属性。面积是指平面图形所围起的部分的大小，或者是物体的表面的大小。物体的体积为此物体所占空间的大小。长度是一维空间的度量，面积是二维空间的度量，体积是三维空间的度量。周长、面积与体积的测量是在理解图形特征，掌握测量方法的基础上进行的。

---

① 中华人民共和国教育部．义务教育数学课程标准（2011 年版）．北京：北京师范大学出版社，2012

从测量结果获得的途径看，测量主要有直接比较和运用度量单位进行测量两种方式。直接比较的方法主要是：第一，通过视觉直接判断各图形的大小。第二，将两图形重叠直接进行比较。例如，较小面积的图形完全被较大面积的覆盖。第三，图形不能被完全覆盖时，将图形先分割，重新拼合为新的图形后再尝试覆盖另一图形。运用度量单位进行测量的实质是借助中介的量来进行比较，需要精确的测量与计算，量化的基础首先是度量单位的确定，而并从非标准度量单位最终过渡到标准度量单位。

度量单位的确定，是测量得以实施的基本要求。度量单位产生于两个物体的长度不能直接进行比较的情况下，需要借助于作为中介的第三个物体长度进行间接比较的过程之中。在间接比较的过程中，由于各人所采用的中介物的长度（非标准度量单位）不一样，导致比较的标准和结果不一致，这样就带来间接比较的困难，于是需要统一比较的标准。度量单位的统一是测量从个别的、特殊的测量活动成为一般化的，可以在更大范围内应用和交流的前提。度量单位都是人为规定的，是根据要了解的事物的属性而规定的。

不同的地域流通着各自不同的度量单位。例如，中国度量长度的标准是"市制"单位，基本的度量单位有1尺、1寸、1里等；英国度量长度的标准是"英制"单位，基本的度量单位有1英尺、1英寸、1英里等。由此又形成了不同地域之间度量长度的换算标准，如1英寸＝2.54厘米＝0.762寸。

标准单位是指世界上最普遍采用的标准度量衡单位系统。由于不同地域之间单位换算的麻烦，产生了国际上通用的度量长度的统一标准"公制"单位，它采用十进制进位系统。其基本的度量单位有1厘米、1米、1千米，等等。长度中单位之间的进率是规定的，而面积（或体积）单位之间的进率是通过运算得到的。平方米、平方厘米、平方分米为面积单位，1个单位正方形的面积为1个面积单位。因此，在课程的实施过程中，应该为学生提供必要的机会，鼓励学生选择不同的方法进行测量，并在相互交流的过程中发现不同的方法、不同单位的选择对测量结果的影响，进而体会建立统一度量单位的重要性。

测量工具是为了取得目标物的某些属性值而进行度量所需要的第三方标准，一般都具有刻度单位。例如，长度测量工具、角度测量工具。使用测量工具是一种标准化的测量手段，不同的测量工具有不同的用途与精度。测量长度依据的原理是重合，即相等。测量长度的工具，如直尺（软尺、卷尺），是根据长度单位的标准而制成的。测量角度的工具是量角器，它的本质是含有180个1度小角的集合。让学生经历用测量工具测量物体长度的过程，初步认识度量单位，并为概念的一般化奠定基础。例如，测量图形的周长。开始可以从任意图形（包括不规则图形）入手，使学生体会到周长是一个一般概念，避免学生形成只有规则图形才能求周长的思维定势。在经历不同图形周长求法的知识形成过程中，充分感知周长是长度单位，是可以测量的，同时感受"化曲为直"的数学思想方法。受仪器本身、测量方法等因素的影响，在测量时，测量结果与实际值之间总会存在一定的差异，即测量误差。

渗透估测策略与方法、培养估测意识。生活中很少需要经精确计算的结果，往往要用到估测的办法解决。估测既是对事物的整体把握，也是对事物数量的直觉判断；既是一种意识的体现，也是一种能力的表现；既有现实的意义，也有助于学生感受度量单位的大小利用估测，不仅可以帮助学生先大致确定测量结果的范围，对测量结果的合理性做出判断，节约认知步骤，还可以帮助学生快速地选择恰当的测量工具，提高解决问题的效率。例如，估算面积有两种基本的策略：用覆盖方格纸（面积单位）数方格来估计面积；转化成某个近似图形用公式计算面积。同时，还应引导学生获得一定的估算方法。例如，可以数出图形内包含的完整小正方形数，估计这个图形的面积；在上面的基础上，再加上图形边缘接触到的所有小正方形数，估计这个图形的面积；对于学有余力的学生，还可以引导他们将所有的小正方形等分成更小的正方形，探索更接近实际面积的估计值。

"图形的测量"的内容主线

学段	内容
第一学段	认识长度单位（厘米、米）
	认识千米、分米、毫米，能进行单位换算
	认识周长，掌握长方形、正方形周长公式
	认识面积及面积单位（厘米²、分米²、米²）
	探索并掌握长方形、正方形面积公式
第二学段	能度量角的度数
	探索并掌握平行四边形、三角形、梯形面积公式
	了解体积意义及体积单位（厘米³、分米³、米³）
	掌握长方体、正方体、圆柱的体积和表面积
	掌握圆的周长公式
	掌握圆柱的表面积和体积计算公式及圆锥的体积计算公式

（二）数学思想

图形的测量涉及"数形结合""符号化""模型""转化""推理""极限"等多种数学思想方法。

1. 数形结合思想

在几何知识的学习过程中，很多时候只凭直接观察看不出什么规律与特点，这时就需要用数来表示，以数释形。在图形的认识中，如一条线段的长是多少厘米？一个角是不是直角？两条边是否相等，周长和面积是多少等。换句话说，就是形的量化研究离不开数。

2. 符号化思想

图形认识过程中，不仅要认识图形的个体，还需要厘清图形之间的位置、大小、形状之间的关系。比如，常用长度单位：km、m、dm、cm、mm；面积单位：km²、m²、dm²、cm²；面积单位：m³、dm³、cm³；平行符号（∥）和垂直符号（⊥）表示在同一平面内两个图形之间的位置关系。在长方形上拼摆单位面积的小正方形，探索并归纳出长方形的面积公式，并用符号表示：$S=ab$，等等。这些活动都涉及一个符号化的过程，使数学交流具有简明、清晰、准确的特点。

3. 模型思想

模型思想重视如何经过分析抽象从现实问题中建立数学模型，重视如何应用数学解决生活和科学研究中的各种问题。图形的测量部分中长方形、正方形、圆的周长；长方形、正方形、三角形、平行四边形、圆的面积；长方体、正方体、圆柱体、圆锥体体积公式的表示都是经过抽象、推理后得出一种模型。

4. 转化与化归思想

转化主要是不能直接运用已有知识解答问题，需要综合运用已有知识或创造性地解决问题，如不知道平行四边形的面积公式，需要通过割补或平移变换把平行四边形转化为长方形，推导出它的面积公式。在小学数学图形与几何中，转化思想常渗透在常见图形的角度、面积、体积计算的推导过程，如三角形的内角和，通过操作把三个内角转化为平角。多边形的内角和，通过分割操作把其转化为三角形来求内角和。正方形、平行四边形、圆需要转化为长方形来求面积。三角形、梯形需要转化为平行四边形来求面积。

5. 归纳推理思想

小学数学学习中一些公式、法则、性质、规律等的获得往往是通过几个特殊例子归纳得来的。例如，长方形面积、体积的计算公式，圆柱体体积、圆锥体体积的计算公式都是经过几个例子或几个实验得出来的结论，其中长方形面积的计算公式是通过让学生在给定的长方形上密铺小正方形，初步猜想长×宽等于面积，再进一步任取几个单位面积的正方形拼长方形，发现长方形的面积等于长×宽，这些都是归纳推理思想的运用。

6. 类比推理思想

应用类比的思想方法，关键在于发现或了解两类事物相似的性质，因此，观察、比较与联想是类比的基础。由于长度、面积、体积概念是具有内在紧密联系的知识结构，例如在度量比较过程中具有类同的思想方法，三维空间的度量工具和单位体系又是在一维度量工具和单位体系的基础上建立起来的。因此可以采用类比的思想方法进行教学。如圆的周长、面积等概念，教材没有给出明确的定义，可以让学生根据以前学习过的长方形、正方形等的周长和面积进行类比，使学生知道围成圆的一圈曲线的长度就是圆的周长，曲线内部区域的大小就是圆的面积。再比如，长方形的面积公式是长×宽，那么运用类比推理可以猜想平行四边形的面积是否是底×高呢。再者，体积与面积进行类比，面积是求一个平面图形所占的平面的大小，即含有多少个面积单位；而体积是求一个立体图形所占的空间的大小，即含有多少个体积单位，本质上都是用单位1去度量，包括角的度量也是如此。因此，体积公式的探索、推导的过程与方法可以类比面积公式。

7. 演绎推理思想

在图形与几何的面积计算推导时，就应用了演绎推理的省略形式。例如，三角形面积公式，先把两个同样的三角形拼成一个平行四边形，再根据平行四边形的面积公式推导出三角形的面积公式，这个过程就是应用了演绎推理，推理的过程为：平行四边形的面积等于底×高，两个同样的三角形的面积等于平行四边形的面积，所以两个同样的三角形的面积等于底×高，那么一个三角形的面积就等于底×高÷2。多边形内角和的推导、正方形、平行四边形、梯形、圆面积及正方体体积公式的推导过程都是运用了演绎推理的方式。

8. 极限思想

例如，在推导圆的面积计算公式时，将圆平均分成若干份，拼成一个近似的长方形，教师可以充分利用信息技术手段，展示等分成32份、64份甚至更多份的情况，让学生直观地看到图形的变化趋势。在此基础上引导学生想象：若分的份数无限增加，最后会是怎样的情况？渗透极限思想。

9. 函数思想

函数研究的是两个变量之间的对应关系，一个变量的取值发生变化，另一个变量的取值也相应发生变化。例如，在测量圆的周长和直径并填写数据的过程中，感受直径变化导致圆的周长的变化，从而让学生体会到函数思想。

三、学情研究

测量客观地存在于人们的工作、生产和生活里。对于小学生，有些已经有经验（如长度、货币、时间等），有些则需要进一步明确（如质量），有些需要创设相关情境才能感受和理解。

学生对长度单位以及周长、面积含义的理解存在一定程度的局限。例如，在解决"一张床长2（　），一个文具盒长2（　），一本书厚2（　）"之类的问题时，不能正确选用适当的长度单位。学生一般都能熟练地计算长方形、正方形与圆的周长，但是面对平行四边形、三角形或者是一些不规则图形等没有给出周长计算公式的图形时往往会感到困惑。在测量过程中，一些学生不懂应依据所量度对象的长短，选择适当的自定单位；不能正确摆放测量工具以及阅读测量结果的数据；不能根据测量对象的长短、大小，选择合适的工具进行量度。教学中，教师要引导学生经历测量的过程，并进行比较与辨析、质疑与探究。例如，提供关于周长概念的正反例子，让学生辨析。逐步形成关于周长的深刻理解：周长只在平面图形上才有意义；平面图形没有孔；外围边界是连续不能断开的直线和曲线；沿着这些线的一点开始绕一圈；终点和起点一定重叠；由开始至终点只走一次而不重复。在教学周长的计算时，要让学生经历一边一边地实际加一加，切实体会周长的本质。例如，正方形的周长应当是 $a+a+a+a$，这是周长的本质属性的体现，不要急于让学生套用 $4×a$。事实上，一些研究已经表明，学生在计算非规则多边形的周长时，经常会出现套用正多边形周长公式的情况，这就是没用深刻理解周长概念。在三角形面积的学习中，指导学生经历面积公式是怎么得来的，并且本质是对应的底与高的乘积的一半。要检验学生是否真正地理解了这一点，可以提供一个三角形让学生来计算它的面积，这样就需要学生自己去画高去度量，再计算。如果直接给出一组数据让学生来计算，就不能评价学生的理解。探究圆的周长时，可以让学生采用围一围、滚一滚的方法先测量出周长，在此基础上引导学生探究周长与直径之间的关系。探索圆的面积时，可以指导学生把圆分成若干等份的小纸片，然后拼一拼，从而"化圆为方"，再通过观察、对比、推理，得出圆的面积计算公式。下面通过一个学情研究的案例，了解学生对面积与面积单位的理解。

学生怎样学习面积和面积单位？

小学生从学习长度到学习面积，是空间认识发展上的一次飞跃。学好本单元内容，不仅有利于发展学生的空间观念，提高解决简单实际问题的能力，而且还能为以后学习其他平面图形（平行四边形、三角形、梯形、圆等）的面积计算打下基础。更重要的是掌握一种探索面积的方法：拼摆法。

按照教学要求，本节课应达到"使学生知道面积的含义，建立1平方米、1平方分米、1平方厘米的表象"的目标。学生在学习面积前，可能听说过面积一词，比如说，"我家的住房面积是80平方米。"到底学生对面积有哪些认识？有哪些生活经验呢？教学应从学生已有的认知基础上去建构，因此有必要调研学生。

前期测评题：（调研人数：33人）

（一）看图，完成下面各题

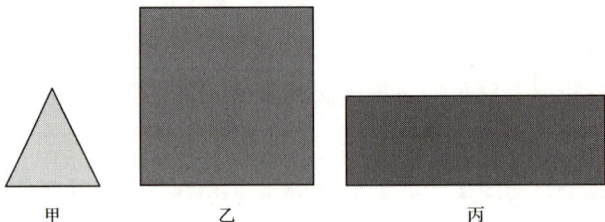

甲　　　　乙　　　　　　丙

1. 想办法求出上面三张图片的周长。

目的：检查学生对周长概念的理解及周长计算方法的掌握。

2. 问答。

（1）甲乙比较，哪张图片大？乙丙比较呢？

目的：了解学生对平面图形大小的直观认识。

(2)这两张图片在比较大小时，是在比什么？

(3)你打算怎样比？请说出你的方法。

目的：了解学生对"面和面的大小的理解"，能用什么方法比较出两个图形面积的大小。

(二)想一想，再回答

1. 教室中的黑板面和课桌面比，谁大谁小？多媒体的大屏幕和电视机的屏幕比呢？你能照这样举个例子，说一句话吗？

目的：了解学生对生活中物体表面大小的直观认识。

2. 平方米、平方分米、平方厘米你听说过吗？它们是什么单位？它们中谁能测量上面图片的大小？

目的：了解学生对面积单位的了解程度。

(三)访谈

你知道上面这些面积单位有多大吗？可以举例。你是怎样知道的？

目的：了解学生是否有面积单位的表象，能否在生活中找到它们。

(四)结果分析

1. 学生已有的知识基础。

由前测的结果来看，学生已经对长方形、正方形的周长有了深入的认识，除一人测量出现错误外，其余学生均能进行准确计算。

2. 学生学习面积和面积单位的生活经验。

(1)学生对物体表面比较大小，有一定的生活经验。但对面积的二维意义并不理解。

(2)对面积单位了解很少。有57.6%的学生对平方米、平方分米和平方厘米一无所知；42.4%的学生曾通过家长、独立查阅字典、课外班学习的渠道听到过平方米、平方分米和平方厘米的名字。由此可以判断出，在学生的脑海里，虽然听说过这些面积单位，但却不了解面积概念，更没有面积单位的正确表象。

(3)面积和周长的认识容易混淆。比较两个平面图形的大小，大部分学生误理解为是在比较平面图形的周长，一些同学认为"周长"长，"面积"就大。通过前测第2题可以看出，63.6%的学生认为比较图片的大小就是在比较周长，而在操作中实际有75.6%的学生在利用计算和重叠这两种比较周长的方法来比较图片的大小，这再次证明了学生不了解面积的概念，没有面积的正确表象。同时在该题的结果中利用剪拼法和重叠法的学生仅各2名学生，用面积公式进行计算的仅1名学生，这也可以看出，学生缺乏实际操作比较的方法，需要教师去引导提升。

总之，从前测来看，学生对一维空间——长度的认识比较清晰，会用工具测量、会计算周长，掌握了厘米等长度单位。对二维空间的认识是模糊的、直觉的，只是了解一些物体有面，能比较两个大小悬殊的面的大小。因此区别"周长"和"面积"的概念是本节课的难点。

【评析】

从前测问题来看，注重抓住概念的本质属性，并且采用了与长度知识进行对比的方法来进行设计。进而找到了学生学习面积和面积单位的真正困惑是，面积的本质属性是什么？面积是一维的量还是二维的量？是不是可以用以前所学的周长来替代呢？以及周长大的面积就大吗？也发现了学生在学习周长时，已经掌握如何比较两个度量对象大小的基本方法，如重合法、计算法等，并决定了学习目标的制定，只有通过各种图形（直边图形和曲边图形）、多种物体（物体的表面有平面也有曲面）来感知面、面积和面积单位，学生才能抓住面积的本质。

在感受面积有大小的时候，学生也需要经历由易到难，由简单到复杂的过程。如把数学书的封面与课桌面的大小进行比较，课桌与讲桌的比较，再到投影幕、墙、地面、操场……这是找面积越来越大的物体。反之也应该让学生找面积越来越小的物体。以后在学习面积单位时，对于为什么要有不同的面积单位就很容易理解了。

精确度的要求是选择不同的面积单位的核心条件，测试题体现了精确度对于选择测量单位的影响。对于学生理解面积单位的区别及现实中的不同选择，有重要意义。最后，不同学生思维水平的差异性，也决定了在学习相同内容时，需要不同层次的问题。

四、教学案例

"面积和面积单位"①

（一）教学目标

1. 知识与技能。

理解面积的意义，认识常用面积单位，初步建立 1 平方厘米、1 平方分米和 1 平方米的表象。

2. 过程与方法。

在直观感知的基础上，能运用观察、重叠、数方格的方法比较面积的大小；掌握用面积单位测量面积的方法。

3. 情感态度与价值观。

在操作的过程中，体验探索的乐趣；在直观感知的基础上，发展初步的空间观念和积极思考的习惯。

（二）教学重点与难点

1. 教学重点：理解面积的含义。

2. 教学难点：(1)在正确理解面积含义的基础上，探究比较面积大小的方法。

(2)建立面积和面积单位的正确表象。

---

① 吕志新，北京教育学院丰台分院

（三）教学过程

活动内容	活动的组织与实施		设计意图	媒体使用	时间分配
	教师活动	学生活动			
一、情境引入，感受线与面的不同	今天很高兴和三(3)班的同学在一起上课，特别想和大家交朋友。 1. 请一位同学上来，互相认识。我们站在一起，谁能用一句话说说我们俩谁高谁矮？那你们比的是什么？ 我的身高是167厘米，他的身高是××，我比他高多少？用线段表示。 2. 出示两条线段：如果是两条绳子呢？（出示两条线段）谁能用一句话说说谁长谁短？这回比的是什么？ 3. 你们比较过手掌面的大小吗？谁愿意和我比一比，大家观察比较。这回比的是什么？ 4. 这回与刚才相比一样吗？ 小结：看来，手掌面是有大有小的。	老师比××高，××比老师矮。比的是高矮。 计算出高多少。 比的是长短。 老师的手掌面比同学的手掌面大，这回比的是手掌面的大小。 刚才比的是身高的高矮和线段的长短；这回比的是面的大小。	建立一维线的概念和二维面的概念，做好一维向二维的过渡，并区分好线与面的不同。	无	5分钟
二、操作中体验概念，建立表象，发展空间观念	(一)进一步感受物体的表面 1. 刚才我们比较了手掌面的大小。那你们能找到课桌面在哪吗？把你的手掌面盖在桌面上，比较一下，谁大谁小？ 师：看来桌面也有大小。 2. 在我们的周围找一找，你还看到或摸到了哪些面？能比较一下它们的大小吗？ 3. 小结：看来像桌面、墙面、黑板面等物体的表面都是有大有小的，我们就把物体表面的大小叫作它们的面积。像我们刚才所说的桌子的表面的大小就叫作桌面的面积，黑板面的大小叫作黑板面的面积。你还能再举几个这样的例子吗？ 我们在比较手掌面和桌面的大小时，还可以说手掌面的面积比桌面的面积小。你能再试着说几个吗？ 4. 现在我们比较一下，电视屏幕的面积与黑板面的面积比谁大？比黑板面的面积还大的有什么？…… (二)感受平面图形的大小 过渡：物体表面是有大小的，如果把物体表面抽象成平面图形，那平面图形有面积吗？	摸一摸桌面。 桌面比手掌面大，手掌面比桌面小。 玻璃、墙壁、地板、黑板面、电视屏幕面、投影幕的面…… 举例。 试着说一说。 比黑板的面积大的是教室地的面积；比教室地的面积大的是操场的面积……	认识生活中的物体的表面，并摸一摸，形成感知；通过操作比较，体会面是有大小之分的，从而建立面积的概念。 认识生活中的面积，感受面积的变化过程。	实物	15分钟

续表

活动 内容	活动的组织与实施		设计 意图	媒体 使用	时间 分配
	教师活动	学生活动			
	1. 出示： (1)这些图形有什么不同？ (2)我们在比较它们的大小时，哪个能比，哪个不能比，为什么？ (3)师：看来我们一般比较的图形的大小都是比的封闭平面图形的大小。 (4)你们看三角形和正方形有面积吗？请你涂一涂。你认为谁的面积大？怎么比较出来的？ 2. 出示：（大小接近） 这三个图形相比较，猜猜谁的面积大一些？你是怎么知道的？ （如果学生出现比周长的现象，出示周长相等而面积不等的图形帮助学生区分周长和面积的不同，感受周长相等，面积不一定相等。） 3. 小结：平面图形也是有大小的，我们把它也叫作面积。 (三)联系生活：你在哪还听到或见过面积这个词。 　　看来面积在我们的生活中用处还是非常大的，我们要学会如何去表述它。	前两个是封闭图形；后面的不是。 最后一个图形的两条射线可无限延伸，也可缩短，不好比较。 涂色 这两个图形的面积差距明显，利用观察法，可以直观地比较出长方形的面积比三角形的面积大。 动手操作、比较，汇报。 举例。	通过观察、操作，进一步感悟封闭平面图形面积的大小，建立面积的概念。 联系生活，体会面积的用处。	多媒体	
三、引起需求，渗透面积单位，建立面积单位的表象	1. 我们每位同学的桌子都有一个桌面，你能想办法让我们知道你的桌面面积有多大吗？ 追问：如果此时我给远方的朋友写信，说我的桌面有 8 本数学书面积那么大或有 12 个铅笔盒那么大，他能准确知道有多大吗？ 看来我们需要一些统一的，大家通用的测量单位。 2.（出示 12 平方厘米的小长方形）你能想办法用你学具袋中的学具，告诉我们这个小长方形的面积有多大吗？ 追问：哪种方法更好，为什么？	实际操作：有 8 本数学书的封面面积那么大；有 12 个铅笔盒那么大…… 不行，不知道数学书面或铅笔盒的面积是多少。	体会参照物，渗透面积单位。 设置悬疑，引发统一面积单位的需求。	课件和实物投影	18 分钟

续表

活动 内容	活动的组织与实施		设计 意图	媒体 使用	时间 分配
	教师活动	学生活动			
	3. 我们的数学家也肯定了我们的想法,他们确定了我们手中的这个边长为1厘米的小正方形的面积就为1平方厘米,我们全世界都以它作为面积的统一单位。以后无论你走到哪,一提到1平方厘米大家都知道它的大小。 在你的周围找一找,哪些物体表面的面积大约是1平方厘米? 闭上眼睛想象一下1平方厘米有多大。用手再围一围。 说出每个图形的面积和周长见42页,5。 4. 猜一猜1平方分米有多大? 找出学具袋里的1平方分米,观察周围哪些物体的面大约是1平方分米? 5. 想象一下,1平方米大概有多大, (1)请四位同学围一下1平方米,进行感受。 (2)我们脚下的四块方砖就围成了1平方米,赶快看一看。 (3)老师这儿就有一个1平方米,想不想看看。谁愿意帮个忙,把它展开。那么我们身边哪些事物的面大约是1平方米呢?	独立操作。 小正方形更准确、标准。 大拇指指甲盖的面积;开关上小按钮的面积、扣子的面积等 找一找、涂一涂。区分周长和面积。 边长是1分米的正方形的面积是1平方分米。 开关、摄像机头等 我们已知道了边长为1米的正方形面积是1平方米 围一围,站一站,体会。	通过多种方法,体会小正方形的优点,引出面积单位的学习。 通过练习,巩固知识之间的联系,区分周长和面积的不同。 通过操作、体验,感受并建立面积单位的正确表象。	课件和实物投影	18分钟
四、总结	1. 谈谈你这节课的收获。 2. 你还知道比平方米大的的面积单位吗?希望大家在生活中再去找一找,你会有更大的发现。	自由发言。	总结知识和情感收获,拓展延伸,把知识再融于生活中。		2分钟

后测题:

1. 下面图形每个方格代表1平方厘米,请你写出这两个图形面积的大小。

（　　　）　　　　　　　　　　（　　　）

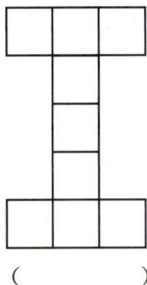

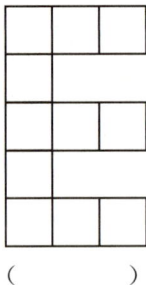

2. 请你涂出一个面积是 4 平方厘米的图形。

（每个小格代表 1 平方厘米。）

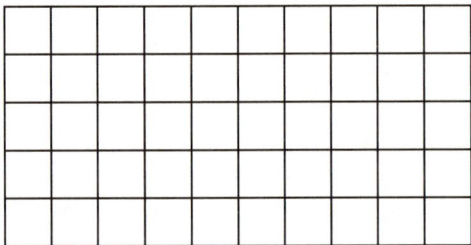

3. 选择适当的单位名称（平方厘米、平方分米、平方米）

(1)大拇指指甲盖的面积大约是 1 _____。

(2)开关盒表面的大小大约是 1 _____。

(3)多媒体屏幕的面积大约是 4 _____。

(4)数学作业本封面大约是 300 _____；电视机屏幕的面积大约是 20 _____；教室地面的面积大约是 50 _____。

4. 如右图所示，一条曲线把一个正方形分成了甲乙两部分。

判断：对的画"√"错的"×"。

(1)甲部分的周长比乙部分长。（　　）

(2)甲部分的面积比乙部分大。（　　）

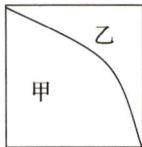

五、教学策略

（一）创设相关情境，理解"量"的意义

学习度量知识，首先要让学生认识度量的量的意义。周长、面积和体积都是非常重要的几何概念，教学过程中应提供丰富的学习资源，让学生经历概念的形成过程：创设情境→说说感悟→概括意义→应用巩固。使学生在感性和直观的基础上形成概念，深刻理解概念的内涵。例如，为了理解体积的意义，可以创设一个情境：在两个相同大小的杯子中分别放入大小不同的两块积木（分别是红色与黄色积木），并让学生先观察再说说感悟。教师可以指导："在杯子中放入积木后，它们都占据了杯子中的空间。你能说说谁占的大？谁占的小吗？"在学生回答后，教师总结概括：

物体都占有一定的空间，物体所占的空间有大有小。物体所占空间的大小，就叫作物体的体积。并指导学生用体积概念重新描述前面的情境：红色积木所占空间小，就可以说红色积木的体积小，黄色积木所占空间大，就可以说黄色积木的体积大。

(二)组织多种感知活动，建立标准单位概念

在明确实际度量的对象后，度量单位、测量工具及方法的选择关系到测量能否方便以及可操作，影响着测量结果的准确程度。例如，学习长度通常遵循以下次序：直接比较—间接比较—自定义单位—公认单位(标准单位)的过程。教学设计可以先要求学生量一量，课桌有多长？(这时，学生还没有学习过长度标准单位，也不会用尺量度，只好自选工具，自定义单位直接度量)，学生有的用指距量、有的用文具盒量、有的用铅笔量、有的用橡皮擦量、有的用吸管量……教师提问："为何大家量得的数都不同呢？"(使学生体会到用不同的工具——各自自定单位测量物体长度，是不能得出相同答案的。)如果用相同的单位来量度物体的长度，量度的结果才会一样。这样——使学生产生应用标准单位的迫切需要。教学透过"直接比较"和"自定单位"的量度活动，引导学生认识应用标准单位的需要。

要使学生建立标准单位的清晰概念，还要组织丰富的有效的感知活动(如观察—演示—测量—回想)，让学生准确地感知、深刻地体验。让学生张开双臂，看比 1 米长些，还是短些？并用米尺检验，然后双手比画 1 米的实际长度；(此举是为了调适脑中的 1 米表象，使其逐步准确)让学生根据头脑中 1 米的表象试着剪出 1 米长的绳子，并用尺量一量是否是 1 米，然后再剪一次，逐步准确；让学生在教室找一找，哪些物体的长度大约是 1 米。

(三)借助熟悉的事物建立"度量单位"的实际表象

进行度量活动时，教师应鼓励学生先估计，后度量，并引导他们选用适当的度量工具和单位。在日常生活中，估计的比精确的度量要运用得更多。借助熟悉的事物建立"测量单位"的实际表象，是引导学生进行有效估算的关键。比如，生活中哪些物体的长大约是 1 厘米？食指的宽、田字格的宽、玉米粒的长等，这些都会成为学生建构 1 厘米长的一个表象；生活中哪些物体的长大约是 1 米？伸开双臂的长、从地面量起到腰部的高等，这些会成为学生建构 1 米长的一个表象，一旦学生需要对测量物体的长度进行分析时。例如，一个旗杆的长是 13 米还是 13 厘米？学生就会将这些表象作为标准参与推理判断活动中，1 厘米大约是 1 个食指的宽，13 厘米大约就是比手掌的宽长一些，所以旗杆的长不可能是 13 厘米。

(四)提供充足的实际度量活动，积累测量经验

学生只有在亲身实践中才能发展如何选择度量单位、测量工具和具体方法的经验。在认识标准单位的意义，建立标准单位的概念后，教学应该重视设计与组织充足的实际度量、估测活动，让学生有实际量度对象的经验，提高学生解决问题的能力。

第三节　图形的运动

运动是世间万物的基本特征，是物质存在的基本形式。"图形的运动"是从数学的视角探索生活中的大量运动现象，它们主要涉及三种基本运动形式：轴对称、平移与旋转。图形的运动也是一种重要的数学思想方法，通过图形的运动来探索并确认图形的一些性质，有助于发展学生几何直观能力和空间观念，有利于提高学生研究图形性质的兴趣，体会研究图形性质可以有不同的方法。从图形运动的角度认识图形，理解度量可以促进知识之间的联系。

一、课标要求

在《课程标准(2011)》的内容要求中，"图形的运动"分两个学段来设计。

第一学段：

"1. 结合实例，感受平移、旋转、轴对称现象。

2. 能辨认简单图形平移后的图形。

3. 通过观察、操作，初步认识轴对称图形。"

第二学段：

"1. 通过观察、操作等活动，进一步认识轴对称图形及其对称轴，能在方格纸上画出轴对称图形的对称轴；能在方格纸上补全一个简单的轴对称图形。

2. 通过观察、操作等，在方格纸上认识图形的平移与旋转，能在方格纸上按水平或垂直方向将简单图形平移，会在方格纸上将简单图形旋转90°。

3. 能利用方格纸按一定比例将简单图形放大或缩小。

4. 能从平移、旋转和轴对称的角度欣赏生活中的图案，并运用它们在方格纸上设计简单的图案。"

小学阶段有关图形运动的目标达成是一个循序渐进的过程，教师在课堂教学中应该通过观察想象、操作验证等数学活动，培养学生的几何直观，发展学生的空间观念。

二、核心知识与数学思想

(一)核心知识

图形的变换是从运动变化的角度去探索和认识图形与几何的性质，欣赏与设计图案，是发展学生空间观念和思维能力的重要内容。按照某种规律移动一个平面图形的所有点，得到一个新图形称为原图形的像。如果原图形每一个点只对应像的一个点，且像的每一个点也只对应原图形的一个点，这样的运动称为几何变换。特别地，当新图形与原图形的形状大小都不改变时，就称这样的几何变换为全等变换（或合同变换）。

1. 反射变换（轴对称）

在同一平面内，若存在一条定直线 L，使得对于平面上的任一点 P 及其对应点 P'，其连线 PP' 的中垂线都是 L，则称这种变换为反射变换，也就是常说的轴对称，定直线 L 称为对称轴，也叫反射轴。

轴对称有如下性质：

①把图形变为与之全等的图形，因而面积与周长不变。

②在反射变换下，任意两点 A 和 B，变换后的对应点为 A' 和 B'，则有直线 AB 和直线 $A'B'$ 所成的角的平分线为 L。

③两点之间的距离保持不变，任意两点 A 和 B，变换后的对应点为 A' 和 B'，则有 $AB = A'B'$。

如果一个图形沿一条直线折叠，直线两旁的部分能够互相重合，这个图形就叫作轴对称图形。

把一个图形沿某一条直线折叠，如果它能够与另一图形重合，那么就说这两个图形关于这条直线对称。

轴对称变换和轴对称图形是两个不同的概念，前者是指图形之间的关系或折叠运动，后者是指一个图形。

2. 平移变换

将平面上任一点 P 变换到 P'，使得射线 PP' 的方向一定，线段 PP' 的长度一定，则称这种变换为平移变换。也就是说一个图形与经过平移变换后的图形上的任意一对对应点的连线相互平行且相等。平移变换有以下一些性质：

①把图形变为与之全等的图形，因而面积和周长不变。

②在平移变换下两点之间的方向保持不变。例如，任意两点 A 和 B，变换后的对应点为 A' 和 B'，则有 $AB // A'B'$。

③在平移变换下两点之间的距离保持不变。例如，任意两点 A 和 B，变换后的对应点为 A' 和 B'，则有 $AB = A'B'$。

3. 旋转变换

在同一平面内，使原点 O 变换到它自身，其他任何点 X 变换到 X'，使得 $OX' = OX$，$\angle XOX' = \theta$（定角），则称这样的变换为旋转变换。O 称为旋转中心，定角 θ 为旋转角。当 $\theta > 0$ 时，为逆时针方向旋转；当 $\theta < 0$ 时，为顺时针方向旋转。当 θ 等于平角时，旋转变换就是中心对称。通俗地说就是一个图形围绕一个定点在不变形的情况下转动一个角度的运动，就是旋转。旋转变换有以下一些性质：

①把图形变为与之全等的图形，因而面积和周长不变。

②在旋转变换下，任意两点 A 和 B，变换后的对应点为 A' 和 B'，则有直线 AB

和直线 $A'B'$ 所成的角等于 θ。

③在旋转变换下，任意两点 A 和 B，变换后的对应点为 A' 和 B'，则有 $AB=A'B'$。

小学数学课程中出现的平移、旋转、轴对称、放大与缩小都是关于平面图形在同一个平面内的变换。平移、旋转、轴对称属于全等变换（合同变换）。放大与缩小属于相似变换，即变换后的图形的形状不变，但是图形的大小发生变化。

第一学段，主要通过创设生活情境，让学生在观察、分类等数学活动中，初步感知图形的运动（轴对称、平移与旋转）特征，了解平移、旋转和轴对称；并认识两个图形具有平移或轴对称的关系。第二学段，主要通过折一折、画一画、剪一剪等数学活动，指导学生经历轴对称图形的形成过程，直观认识轴对称图形对折后"完全重合"的特征，直观认识对称轴。引导学生通过观察钟表、旋转指针，明确图形旋转的三要素。通过观察想象、操作验证等数学活动，培养学生的几何直观，发展学生的空间观念。图形的运动的一个重要课程目标是，使学生能运用数学的眼光看待现实世界，能在生活中发现并欣赏轴对称、平移与旋转运动的应用，体会数学对人类社会的作用，感受其中蕴含的美，感受数学的应用价值与文化价值。方格纸是学生认识图形运动很好的平台，利用它可以准确地描述图形的位置，定量刻画图形的运动，这样的描述和刻画又能加深学生对图形运动的认识和理解。

"图形的运动"的内容主线

学段	内容
第一学段	结合实例，感受平移、旋转、轴对称现象
	初步认识轴对称图形
第二学段	能在方格纸上画对称轴并补全一个轴对称图形
	在方格纸上认识平移和旋转，水平或垂直平移，旋转 90°
	能利用方格纸按比例将简单图形放大或缩小

(二)数学思想

图形的运动主要涉及"抽象"与"几何变换"的数学思想方法。第一，抽象思想。在图形的运动章节中，平移、旋转、轴对称变换与生活中物体的平移、旋转、轴对称现象并不是同一概念。数学中的图形的运动是生活现象的抽象与概括。生活中的平移、旋转现象往往是物体的运动，而中小学中的几何变换是指平面图形在同一个平面的变换，也就是说原图形和变换后的图形都是平面图形，而且都在同一个平面上。第二，几何变换思想。变换是数学中一个带有普遍性的概念，代数中有数与式的恒等变换，几何中有图形的变换。在小学图形与几何的学习过程中，几何变换作为一种重要思想，在图形的性质的认识、面积公式的推导、面积的计算、图形的设计与欣赏、几何的推理证明等方面都有重要的作用。例如，三角形面积公式的推导，是把任意两个完全相同的三角形拼成一个平行四边形，再利用三角形与平行四边形的关系，求出三角形的面积公式。这实际上是把任意一个三角形旋转 180°，再沿着一条边平移，就组合成了一个平行四边形。中国古代数学家刘徽利用出入相补原理求三角形和梯形的面积，也是利用了旋转变换。

三、学情研究

体会三种运动的特征，感悟它们的要素与性质对于小学生而言是学习的主要难点。对于轴对称、平移与旋转这三种运动现象，大多数学生都在现实生活中经历过，但是不知道专门术语，不能用较准确的语言描述这三种运动，不能真正体会它们的数学属性与特点。

由于小学生正处在直观形象思维阶段，观察图形的平移常常会被表面现象所迷惑。例如，大部分学生会把两幅图之间的距离看作是平移的距离。教学可以动态呈现平移过程，有利于学生理解"移动几格"的意思。

教师应指导学生经历"做"数学的过程，在操作中理解三种运动的性质。例如，先指导学生"看"，确定一个图形是轴对称图形（方格纸上）。再指导学生"找"，找到对称点 A 和 A′，并将这两个对称点连接起来，发现对称点的连线与对称轴垂直。最后指导学生"数"，数一数点 A 和点 A′ 到对称轴的距离，知道点 A 和点 A′ 到对称轴的距离都是相等的小格。经过几次的操作活动，促进学生感悟轴对称图形上两个对称点到对称轴的方格数（距离）相等。鼓励学生在观察、操作的基础上，用语言描述图形运动的过程，指导学生关注图形运动的要素。例如，要表述清楚钟表指针的旋转，一定要说清楚"指针是绕哪个点旋转""是向什么方向旋转""转动了多少度"。

四、教学案例

"旋转"教学设计①

一、教材版本与教学内容

人民教育出版社出版的《义务教育教科书数学》五年级下册"图形的运动（三）"单元第一课时。

在本单元教学之前，学生已经初步感知了生活中的对称、平移和旋转现象，认识了图形的轴对称，探索图形成轴对称的特征和性质，能在方格纸上将一个轴对称图形补充完整，会在方格纸上画出一个简单图形沿水平方向、垂直方向平移后的图形。本单元将进一步认识图形的旋转，探索图形旋转的特征和性质，能在方格纸上画出一个简单图形旋转 90° 后的图形，能从对称、平移和旋转的角度欣赏生活中的图案，并运用它们在方格纸上设计简单的图案，进一步感受图形变化带来的美感以

---

① 浙江省诸暨市陶朱街道三益完小，方灶娣（初稿）；浙江省诸暨市教育局教研室，汤骥（统稿）. 摘录自 http：//www.pep.com.cn/xxsx/jszx/jxzt/xxsx5x/txdyd3/jxfz/jxsj/201504/t20150414 _ 1231672. htm. 2015-04-09

及在生活中的应用。

二、教学目标

(一)知识与技能

使学生掌握旋转的方向，明确旋转的含义和旋转的三要素，会用自己的语言简单地描述线段的旋转。

(二)过程与方法

通过操作、观察、讨论等活动，提高学生的空间想象能力和综合运用知识的能力。

(三)情感态度与价值观

在观察、讨论中，发展空间观念，进一步培养学生对数学问题的敏锐眼光。

三、教学重点与难点

教学重点：明确旋转的含义和旋转的三要素。

教学难点：体会旋转的含义，理解旋转的三要素。

四、教学准备

多媒体课件。

五、教学过程

(一)复习引入

课件出示图片。

你记得这是什么现象吗？

预设：旋转。

教师：旋转现象在生活中非常常见，在二年级下册，我们已经初步学习过旋转现象，今天这节课我们进一步来认识旋转现象。（出示课题：旋转）

【设计意图】生活中的有些旋转现象可能不够典型，容易淡化概念的本质，甚至产生歧义，对学生建立正确表象产生干扰，在教学时选取的实例要特别注意。在这里特意选用教科书上的典型实例，特别是旋转角度不是360°的道闸、秋千等，让学生充分感知旋转现象。

(二)探究新知

1. 通过粉笔的不同旋转，初步感知旋转的三要素。

(1)感知旋转方向。

师：下面进行眼力大考查，看谁观察得最仔细，如果你发现了其中的奥秘，马上举手，好吗？第一组，开始。

老师用粉笔绕同一点，旋转角度相同，但旋转方向相反，做两次动作。

师：你发现这两次有什么区别吗？

预设：旋转的方向不同。（板书：方向）

师：（老师再一次做顺时针方向旋转动作）像这种方向的旋转，和生活中谁的旋转方向是一样的？叫什么旋转？

预设：顺时针旋转。（如果学生说不出来，请学生观察屏幕；说得出来，说完后欣赏图片。板书：顺时针）

师：（老师再一次做逆时针方向旋转动作）那像这样的又叫什么呢？你见过生活中哪些现象是逆时针旋转的？（板书：逆时针）

如果学生说不出来，屏幕展示。

(2)感知旋转角度。

师：眼力大考查继续，下面进行第二组，请仔细观察。

老师用粉笔绕同一点、同一方向，但角度不同进行旋转，请学生区别。

预设：旋转角度不同。（板书：角度）

(3)感知旋转中心。

师：最后一组，这次有点难，看谁能发现？

老师再把粉笔分别绕两头旋转一周，请学生说说这两种旋转哪里不同。（板书：中心）

师：看来旋转时，绕哪个中心旋转很重要，同样是这支粉笔，同样是绕一周，绕的中心不一样，旋转轨迹也完全不一样了。

【设计意图】从简单的实例入手，在看似简单的变化中请学生比较不同之处，形象地感知、体会旋转的三要素。

2. 学习指针的旋转，进一步认识旋转。

（1）从"12"到"1"。

师：请同学们仔细观察指针的变化。说一说这个指针是怎么变化的？

如果一个学生讲不完整，请其他学生补充。边讲边分析，他讲清楚了什么？直到最后把选择三要素都请出来为止。需要注意的是，学生在讲时，不要求他们用精确的语言描述，只需要用自己的语言把旋转三要素说出来就可以了。

小结：从"12"到"1"，指针绕点 O 按顺时针方向旋转了 $30°$。

师：从"1"到"3"，指针是怎么变化的呢？

（2）填一填，从"3"到"_____"，指针绕点 O 按顺时针方向旋转了 $90°$；从"6"到"12"，指针绕点 O 按顺时针方向旋转了 _____。

（3）像这样，你出一题，请其他同学来填一填。然后同桌之间互相问一问，说一说。

【设计意图】有了前面初步感知旋转的三要素，在这一环节中，充分给学生空间，让学生在讨论中，不断完善对指针旋转的描述，加深对旋转的理解。

（三）巩固练习

1. 课件出示练习题1。

（1）先出示左边的图，再出示右边的图。

师：左侧有车通过，左侧车杆怎么变化呢？

预设：左侧有车通过，车杆绕点 O 顺时针旋转 $90°$。

师：汽车已经通过，车杆又回归原位，车杆又是怎么变化的呢？

（2）请一个学生来当车闸，演示右侧有车通过，请大家说一说车杆是怎么变化的。

2. 课件出示练习题2。

钟摆绕点O 钟摆绕点O 翻斗车车厢
（ ）时针旋转 （ ）时针旋转 按（ ）时针方向
不超过10° 不超过10° 旋转30°

先独立填一填，再集体反馈。

【设计意图】把所学的知识运用于生活实际，在实际应用中加深对概念的理解。

（四）回顾与反思

师：这节课我们学习了什么？

师：通过这节课的学习，你对"旋转"有了哪些了解？

师：旋转中心、旋转方向、旋转角度是旋转的三要素，在讲一个物体旋转时，如果讲清楚了这三点，也就明确了它是怎样旋转的了。（板书：旋转的三要素）

师：关于"旋转"，我们后面还要继续研究。

【设计意图】在总结回顾中，进一步理解提升所学知识。

（五）布置作业

完成教材第 85 页练习二十一第 3 题。

板书设计：

从"12"到"1"，指针绕点 O 按顺时针方向旋转了 30°

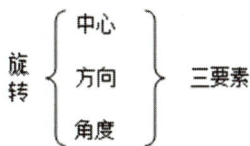

五、教学策略

（一）结合生活实例，在观察与比较中认识图形的运动

《课程标准（2011）》要求课程内容要反映社会的需要，数学学科的特征，也要符合学生的认知规律。课程内容的选择要贴近学生实际，有利于学生体验、思考与探索。生活中有很多图形或图案呈现出对称、平移或旋转的形式，通过对称、平移、旋转变换同样可以设计制作美丽的图案。因此，在教学中，多呈现一些这样的素材，让学生观察、比较，引导学生从运动变化的角度去发现不同的图形变换。

（二）借助操作活动，加深对图形运动的认识，帮助学生体会变换的特征

加强学生操作活动，也是提高图形变换教学成效的一个策略。操作是一种重要的实践活动。图形变换的操作主要是在方格纸上画一个图形经某变换后的图形和对称图形。应鼓励学生动手操作，并在操作过程中积极思考，发展思维能力。在教学"线的旋转"时，可以让学生通过用铅笔表示线段在桌面方格中以三种不同的旋转中心（铅笔尖、铅笔尾与铅笔中点）进行旋转，感悟旋转中心可以是线段上的任意一点，并为后面在方格纸上画线段提供实物支撑。

（三）注重从变换的角度，引导学生欣赏图形、设计图案

为了促进学生运用数学的眼光看待现实世界。教学中应鼓励学生从变换的角度欣赏图形，设计图案。例如，对于生活中随处可见的美丽图案，可以指导学生运用图形运动的知识分析那些图案的组成，是否运用了轴对称、平移或旋转。在

分析与欣赏了图案的设计特色之余，发挥学生的个性与创造力，亲自动手设计图案。

(四)在解决问题中注重"图形的运动"和相关知识的联系

1. 从变换角度认识图形

在认识图形的教学过程中，可以借助变换，动态直观地刻画图形的属性。例如，长方形、正方形、三角形、平行四边形、梯形、圆、长方体、正方体、圆柱等图形，在认识它们的特征时可以通过平移、旋转、轴对称运动，清晰直观地发现图形隐含着的特点。

2. 从变换的角度理解度量

小学阶段，在平面几何与立体几何的面积和体积公式的推导过程中，时刻都能感受到变换的重要作用。三角形、平行四边形、梯形、圆的面积公式的推导过程中，会用到拼凑、割补等多种推导的方法，这些方法的实质是图形的变换。

第四节　图形与位置

一、课标要求

第一学段：

"1. 会用上、下、左、右、前、后描述物体的相对位置。

2. 给定东、南、西、北四个方向中的一个方向，能辨认其余三个方向，知道东北、西北、东南、西南四个方向，会用这些词语描绘物体所在的方向。"

第二学段：

"1. 了解比例尺；在具体情境中，会按给定的比例进行图上距离与实际距离的换算。

2. 能根据物体相对于参照点的方向和距离确定其位置。

3. 会描述简单的路线图。

4. 在具体情境中，能在方格纸上用数对(限于正整数)表示位置，知道数对与方格纸上点的对应。"

二、核心知识与数学思想

(一)核心知识

"图形与位置"主要包括两部分内容：确定物体的相对位置；辨认方向和使用路线图。

```
                        ┌─────────────────┐
                        │ 用上下、前后、左右来描述 │
                   ┌───▶│ 物体的相对位置        │
        ┌────────┐ │    └─────────────────┘
        │确│     │ │    ┌─────────────────┐   ┌──────────┐
        │定│     │ │    │ 用"第几行第几个" "第 │   │平面直角坐标系 │
        │物│     │ ├───▶│ 几排第几个"来描述物体│──▶│学习的基础    │
        │体│     │ │    │ 的相对位置        │   └──────────┘
        │的│     │ │    └─────────────────┘
        │相│     │ │    ┌─────────────────┐
        │对│     │ └───▶│ 用"数对"来描述确定物体│
        │位│     │      │ 的位置          │
        │置│     │      └─────────────────┘
┌────┐  └────────┘
│图  │
│形  │
│与  │
│位  │
│置  │
└────┘                 ┌─────────────────┐
        ┌────────┐     │ 认识八个方向,会用方向词│
        │辨│     │ ┌──▶│ 描述物体所在的方向和简单│
        │认│     │ │   │ 的路线图         │
        │方│     │ │   └─────────────────┘
        │向│     │ │   ┌─────────────────┐   ┌──────────┐
        │和│     │ ├──▶│ 用方向、距离描述确定物体│   │极坐标系学习  │
        │使│     │ │   │ 位置,描述线路,画线路图│──▶│的基础      │
        │用│     │ │   └─────────────────┘   └──────────┘
        │线│     │ │   ┌─────────────────┐
        │路│     │ └──▶│ 比例尺及其应用       │
        │图│     │     └─────────────────┘
        └────────┘
```

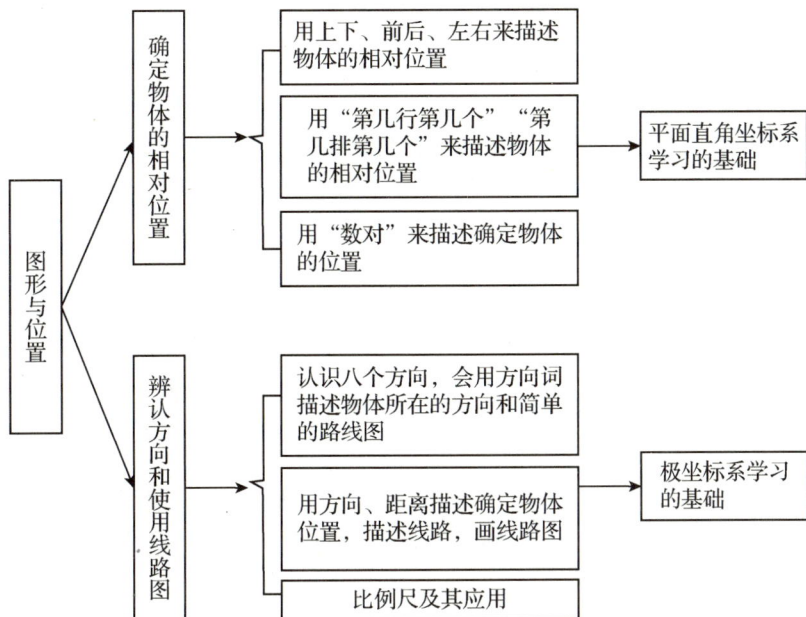

确定物体的相对位置。包括物体相对于观察者的位置、物体与物体的相互位置以及物体在其一参照系下的位置。这方面,第一学段的重点是让学生在具体情境中学会观察、描述物体的相对位置。第二学段要求学生用数对表示位置或根据数对借助方格纸确定位置。这里的数对,是指为两个数组成的有序数对,旨在渗透平面直角坐标的思想方法。

关于用两个数确定"位置"的内容,一般分两个层次进行教学。首先结合生活实际,让学生从两个维度,用两个"第几"来描述一个物体的位置,暂不要求用数对来描述。例如,"我的座位是第3组第2个",不要求用(3,2)来确定"我"在教室里的位置。

在此基础上再抽象出"数对",即在具体情境中能用两个数表示物体在平面上的位置,能在方格图上用数对准确表示点的位置以及根据所给的"数对"确定物体的位置,探索同一行同一列等特殊数对的特征,并在学习的过程中感受数的顺序以及数对与物体位置的一一对应关系。这时,数对的认识与折线统计图定点、描点的学习,可以起到相互促进、相得益彰的效果。

辨认方向和使用路线图(包括比例尺的应用)。这方面,第一学段的重点在于认识方向,会用方位词描述物体所在的方向。"会看简单的路线图"只要求指出每次行进的方向。第二学段则要求用方向和距离两个要素描述或确定物体的位置,进而运用方向和距离画出路线图,并根据比例尺和图上距离求出实际距离,或者根据比例尺和实际距离求出图上距离。此时学生已经学习了根据东、南、西、北等八个方向描述物体的位置,运用第几行、第几列等方式描述物体位置,初步认识到在平面内可以通过两个条件确定物体的位置。在此基础上,学习怎样通过方向和距离这两个条件确定物体的位置。按照方位角的定义,从某点的指北方向起,依顺时针方向到目标方向线之间的水平夹角，叫方位角。利用方位角便于计算；但对小学生来说，不够直观，测量时比较麻烦。比如，方位角是 210°（如图(1)），它的位置可以更加直观地说成南偏西 30°（如图(2)），用量角器测量时只能量它的邻角（如图(3)），或者量它的邻补角（如图(4)），再计算出方位角。

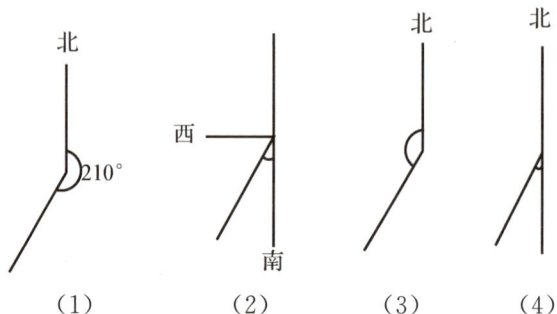

（1）　　　　　（2）　　　　（3）　　　　（4）

目前的教材采用图(2)的方式确定方向的角度，比较直观。但随之而来的问题是，"南偏西 30°"也可以说成是"西偏南 60°"。对此，一般的约定是，先说离得较近（夹角较小）的方位。仍以图(2)为例，一般说成"南偏西 30°"。根据这个约定，在确定某一方向的角度时，需要先看清物体所在的方向线与东、南、西、北的哪个方向线靠得较近，然后再用量角器量出角度。类似地根据路线图描述行走方向时，同样需要先做出正确判断，再据此度量与陈述。

有关比例尺的内容，主要是比例尺的含义及其表现形式（数值比例尺与线段比例尺），按给定的比例进行图上距离与实际距离的换算。《课程标准(2011)》更加重视现实情境中的应用，更加关注问题解决策略的多样化。例如，看地图求两地的实际距离，不一定非要根据给定的比例尺和图上距离列出方程或算式求解，也可以用圆规和尺量出图上距离，利用图注的线段比例尺直接换算成实际距离。

从数学的角度思考，上下、前后、左右这三组位置关系所确定的方向，与构成立体空间的三个维度（空间直角坐标系中的 x 轴、y 轴、z 轴）恰好对应。反过来，也可以认为空间直角坐标系就是上下、前后、左右的数学抽象。同样，从第一学段用两个"第几"来描述一个物体的位置，再到第三学段建立平面直角坐标系，构成一个较为完整的、螺旋上升的数学抽象过程。

目前小学课程中涉及两种确定位置的方法，即"某行某列"与"方向和距离"。它们实际上对应了初高中要学习的平面直角坐标系与极坐标系，两种坐标系都是一个二维坐标系，都体现了确定平面上点的位置的重要方法。不同点是，平面直角坐标中，对于任意一点，都有唯一的一个有序数对（点的坐标）与它对应；反过来，对于任意一个有序数对，都有平面上唯一的一点与它对应。极坐标系中任意位置可由一个夹角和一段相对原点——极点的距离来表示。

事实上，位置与方向既有区别，又有联系。无论是上下、前后、左右，还是东、南、西、北，都既可以用来描述物体的相对位置，又可以用来说明方向。例如，"我在你的东边""向东走"，前者表示相对位置，后者表示方向。

(二)数学思想

"图形与位置"的首要目标是发展空间观念，提高推理能力。几何直观是理解数学的有效渠道，是数学认识的基础。"图形的运动"与"图形与位置"可以从动态的角度看作是图形运动的过程和结果，通过平移、旋转、轴对称等方式实现同一个平面内的变换，变换后的图形就是最终的位置。这个过程以图形直观"动起来"方式呈现，提升了学生的几何直观能力。

三、学情研究

研究表明，儿童最早分辨出的是垂直轴上边的方向，儿童对垂直轴下边方向的区分以及对水平面两对方向(前和后，左和右)的区分则要晚些，其中尤以对左、右的区分更显困难。儿童对空间方位的表征一般有三种递进发展的形式：第一，"自我中心的表征"，即用主体自身与目标物之间的位置关系来标明目标物的具体位置。如儿童背靠着物体，说物体在他的后面。第二，"自然标志的表征"，即用环境中的其他物体与目标物之间的关系来标明目标物的具体位置。例如，茶几在沙发的前面。第三，"去自我中心的表征"，即利用一些抽象的形式来描述目标物的位置。例如，用有序数对来描述目标物的位置。以心理学的研究为依据，教材总是按照儿童认识空间方位的难易程度来编排教育顺序："上、下"→"前、后"→"左、右"。

受生活中口语的影响，学生喜欢用"第几条第几个""第几竖条第几个""第几横排第几个"之类的语言描述位置，而规范的数学语言是"第几行第几列""第几列第几行"。教师需要引导学生把"生活语言"统一成规范的"数学语言"。数对的第一个数表示"列"(其实就是直角坐标系中的横坐标)，第二个数才表示"行"(其实就是直角坐标系中的纵坐标)。这与生活中的习惯说法"行列"又是一个冲突。此时需要统一数的顺序，建立数对与物体位置的一一对应，即唯一性。引导学生体会"行""列"的方向若没有规定会很混乱，从而产生统一"行、列规则"的需求。明确一般情况下，数"列"是从左往右数；数"行"是从下往上数。统一方向和规则，就会避免歧义。体会在平面上确定一个物体的位置，必须要从两个维度来刻画，初步形成类似于平面坐标这样的数学模型。

在用方向与距离描述物体位置时，测量的角度需考虑哪个方位与物体所在方向离得较近(夹角较小)，对量角器摆放有一定影响。因此，教学时教师可借助有趣的操作活动，将静态角度转变为动态角度，帮助学生充分理解方向角的形成。例如，用肢体动作表示东偏北 30°的方向。让学生先面向正东方向，伸出两臂，左臂慢慢向北偏出约 30°。通过这样的活动，让学生对"方位角"有更深刻的认识，更有利于用方位和距离确定物体位置这一技能的形成。

对于学生而言，要用数学语言进行精确的描述，还是存在一定困难。教师要在学生自主探究、合作交流的基础上，指导学生注意确定位置与方向时的几个关键点（起点在哪儿，终点在哪儿，沿着什么方向，移动了多少距离等）。教学时，可以引导学生利用情境体验的方式，从不同的观测点确定位置，使学生在思考、想象中感悟到物体之间位置关系的相对性。

四、教学案例

"左、右"教学设计①

一、教材版本与教学内容

人民教育出版社出版的《义务教育教科书数学》一年级上册"位置"单元第 2 课时。是在学生学习了"上下""前后"的位置关系之后安排的。

二、教学目标

1. 明确方位词语"左右"表示的意思，能够用左右描述物体的位置。

2. 通过生活中的经验认识自身的"左右"，以自身的左右为标准，描述物体的位置，并解决简单的实际问题。

3. 通过生动有趣的数学活动，使学生体会到学习数学的乐趣，增强对数学学习的兴趣。

【目标分析】本课教学目标是明确方位词语"左右"的意思，能用准确的语言表述物体的位置，初步体会位置与顺序的相对性，初步建立空间观念。

三、教学重点与难点

教学重点：建立左右的标准，左、右标准描述物体所在的位置。

教学难点：能准确地用左右描述物体的位置。

四、教学准备

课件、水果卡片。

五、教学过程

（一）谜语引入，激发兴趣

出示谜语：两棵小树十个杈，不长叶子不开花。能写能算还会画，天天干活不说话。

揭示谜底：双手。

1. 让学生在小组内举例说一说生活中左手可以做什么？右手可以做什么？

2. 学生一边汇报想法一边做动作：左手压本，右手写字、右手敬礼、左手扶碗，右手拿筷子吃饭……

---

① 北京市西城区炭儿胡同小学，王萍（初稿）；北京第一实验小学，邱京莲（修改）；北京教育学院宣武分院，李燕燕（统稿）. 摘自 http://www.pep.com.cn/xxsx/jszx/jxzt/ztlx＿3/wz/jxfz/jxsj/201409/t20140911＿1216728.htm. 2014-08-29

【设计意图】注重从学生的实际经验出发，让学生体会自身存在的左右，初步区分左右。

(二)利用汉字加深对左、右的理解

1. 教师板书汉字："左、右"，学生说一说怎样区分两个字。

2. 教师借助 PPT 介绍"左、右"汉字的演变。

左和右，是两个象形字，就像两只伸出来的手形一样。后来，人们在手形下面加一个"工"字，表示左手，意思是说左手可以辅助做工。在手形下面加一个"口"字，表示方位名词，与左相对，凡是在左手的一边就叫"左边"，在右手的一边就叫"右边"。

【设计意图】追根溯源，了解在文字发展史的基础上来理解表示方位的词"左、右"。

(三)游戏激趣，区分左右

1. 在自己的身体上找左右。

(1)左右手是一对好朋友，配合起来力量大。让学生思考自身是否有这样的一对的好朋友。

学生汇报想法：左右耳朵、左右眼睛、左右手脚、左右胳膊、左右腿……

(2)小组合作交流：说说你的前、后、左、右的同学都是谁？

(3)猜一猜：说说你的好朋友左边是谁？右边是谁？让大家猜猜你的朋友是谁。

2. 在摆图中认识左右。

(1)先摆一个苹果，苹果的左边摆一个西瓜，苹果的右边摆一个桃子，在这三个水果的最右边摆一串香蕉。

(2)在这组图的最左边摆上葡萄。

(3)观察这五个水果，请学生自由介绍谁在谁的左边还是右边。用左右描述每个

图的位置。

【设计意图】在活动中培养学生用数学的语言去描述事物，使学生初步感知在二维空间内利用"左、右"这两个方位词来确定位置。

(四)体验左右的相对性

1. 体会参照物不同，表述物体的位置不同。

(1)观察图，由学生介绍苹果的位置。

(2)引导学生思考。

就是这个苹果，大家在介绍时为什么一会儿说它在右边，一会儿又说它在左边呢？

教师出示学生的语言：苹果在西瓜的右边；苹果在桃子的左边。能解释一下是什么原因吗？

2. 体会人所占的位置不同，左右也是相对的。

(1)握手时伸的都是右手，为什么不在同一侧呢？

教师组织学生每两个人握手，让学生发现问题：都伸右手，为什么不在一侧？

(2)由学生尝试说明"都伸右手，为什么不在一侧"的道理。最终让学生认识到：由于是面对面地站着，一个人的左手对着另一个人的右手。

(3)教师小结：当我们面对面时，因为方向相对，所以伸出的右手不在同一侧。

【设计意图】组织学生开展多种生动有趣的活动，从而加深对左右的相对性的认识。在活动中教师要适时引导学生进行观察、比较、推理等思考活动，以促进学生的发展。

(五)走进生活，发现左右的作用

1. 在行走中辨认左右。

说说在上下楼梯时应该顺着哪个方向走。

由学生现场演示，并由学生进行评价。

教师小结：在生活中由于人面朝的方向不同，左右也就不同，判断时，应把自己当成走路的人，平时在上下楼或在路上行驶时都应该靠右行，这样有秩序的行驶可以避免发生冲撞。

2. 对比香港和北京的行车规定有什么不同。

3. 辨认生活中的交通标志。

说一说这两个标志有什么不同，分别表示什么意思。

4. 在视图中运用左右。

(1)看图回答问题。

小鹿的左边是(　　　)，小鹿的右边是(　　　)。

小鸭子的右边有(　　　　　　　)。

小蛇的右边有(　　　　　　)，左边有(　　　　　　)。

(2)按照要求找一找。

小帅　　咪咪　　甜甜　　三毛　　功夫小子

甜甜的左边是(　　　)，右边是(　　　)。

三毛在（　　　）的左边，在（　　　　）右边。

在视图的过程中，学生往往把自己放在图中，把自己变成图中人物，再用自己的左右手进行辨认，这样的答案是错的。教师要引导学生，不能进入图中，依然用自己左右手进行辨别。

【设计意图】把左右的知识与生活经验进行对接，一方面体会左右在实际生活中的运用，另一方面学会用左右进行辨别。

（六）全课总结

1. 生活中按照"左右"制定规则的事例有很多，你还知道有哪些吗？大家按规则行事，生活就变得井然有序了。

2. 说说这节课你有什么收获？

五、教学策略

（一）鼓励学生刻画和描述图形的位置

教学中要结合具体情境让学生探索如何用数学的语言描述物体或图形的位置，探索刻画位置需要哪些要素。比如，在教室中，如何确定每个同学的座位，确定一个座位一般需要几个数据。进一步，教师鼓励学生将具体情境进行适当抽象，将学生抽象成点，那么横行和竖列就组成了方格纸，这样就变成了在方格纸上确定点的位置了，这样就可以引入数对来描述点的位置。

（二）结合学生的生活经验，让学生经历多样化的数学活动

学生的空间知识来自于丰富的现实原型，与现实生活关系非常紧密，这是他们理解和发展空间观念的宝贵资源。让学生在"教室里""校园内""电影院中""上学路上"等熟悉的情境中学习"位置与方向"的内容，这些空间情境都是学生熟悉的、感兴趣的和现实的，能引导学生利用已有的生活经验或常识，进行充分的观察、操作、判断和交流。把图形的位置与图形的认识、图形的运动有机整合起来，培养学生对图形与位置的认识，发展空间观念。

本章回顾

本章的目的是发展小学教师图形与几何的教学知识，它涉及图形与几何课程的内容知识、学生学习的知识以及教学法知识。本章从课标要求、核心知识与数学思想、学情研究、教学设计案例及其评析、教学设计与实施的主要策略五个方面，重点分析了图形的认识、图形的度量、图形的运动、方向与位置的教学基础与要求。

关键术语

图形 几何 度量 图形的运动 位置 空间观念 几何直观 数学思想

思考题

1. 小学生学习图形的认识的学情特征是什么？

2. 小学生学习图形的度量的学情特征是什么？

3. 小学生学习图形的运动的学情特征是什么？

4. 小学生学习方向与位置的学情特征是什么？

5. 小学图形的认识的教学组织有哪些主要的策略？

6. 小学图形的度量的教学组织有哪些主要的策略？

7. 小学图形的运动的教学组织有哪些主要的策略？

8. 小学方向与位置的教学组织有哪些主要的策略？

9. 试从上面的论述中，寻找下面这些问题的答案。

(1)在小学里，为什么要学习平移、旋转和轴对称这些知识？

(2)在学习这部分内容时方格纸的作用是什么？

10. 根据小学数学教材(如人民教育出版社出版的义务教育教科书)，尝试梳理出"图形的认识"部分的编排主线。并以其中的认识某一个图形为例，说明教材提供了哪些素材与例题，分析这些素材与例题的设计意图是什么？

案例研究

圆的认识

(一)尝试画圆

1. 尝试运用不同的工具画圆。

师：如果请你在纸上画出一个圆，你会怎样画？

预设：

(1)利用圆形的实物模型的外框画圆；

(2)用线绕钉子旋转画圆；

(3)用三角尺；

(4)用圆规……

2. 运用圆规画圆。

(1)认识圆规。

课件出示圆规图片，帮助学生认识圆规。

(2)用圆规画圆。

学生自己尝试画圆，边尝试边小结方法：定好两脚间的距离——把带有针尖的脚固定在一点上——把装有铅笔的脚旋转一周，就画出一个圆。

师：说说用圆规画圆要注意什么？

预设：

①固定住针尖；

②两只脚之间的距离不随意改变。

(二)认识圆的各部分名称

1. 展示几份学生用圆规画的圆。

(1)请将名称标在自己画的那个圆上，标注圆心(O)、直径(d)、半径(r)。

(2)判断图中哪些是直径，哪些是半径。

提问：为什么都用圆规画圆，圆的大小都不同呢？这跟谁有关呢？（圆规两脚间的距离、半径……）

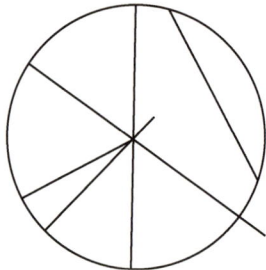

2. 结合画圆的方法，进一步认识半径和圆心。

(1)刚才画圆时，两脚之间的距离是半径，固定的点是圆心。

(2)想画一个比刚才更小的圆，应该怎么办？

想画一个更大的圆又该怎么办呢？

画一个大小相同的圆呢？

(3)小结：圆的大小由什么决定？（由半径决定。）那圆的位置呢？（由圆心决定。）

(三)探索半径、直径的特征及关系

1. 探究特征。

(1)画一画：请每位学生在纸上画一个与刚才的圆的位置与大小都不同的圆，再画一个与刚才的圆大小相同的圆。

(2)剪一剪：将三个圆剪下来。

(3)折一折：选一个圆形纸片，沿任意一条直径折一折。（发现：沿直径对折，两侧完全重合；圆是轴对称图形，任意一条直径都是它的对称轴；中心点为圆心。）

2. 探索直径和半径的关系。

(1)画直径和半径：在一个圆内任意画它的半径和直径。（发现：可以画无数条半径，无数条直径。）

(2)量一量：选择刚才画过的两个大小相同的圆，分别画出半径和直径，并分别测量它们的长度。（发现：在同圆或等圆中，所有半径都相等，所有直径都相等，半径长度是直径长度的一半，直径长度是半径长度的2倍。）

(四)拓展与应用

通过同学们的探索、思考，我们已经认识了圆、会画圆、知道了圆的特征，等等。其实圆还蕴藏着许多的奥秘。请大家思考：

1. 餐桌为什么做成圆形？

2. 为什么这些都称为圆桌会议？

(1)请你参考《课程标准(2011)》以及其他教学资源，说一说，学生在学习圆之前都已经学习了哪些图形？学生在学习圆之前有哪些经验？可能存在哪些困难？怎样突破难点？

(2)根据案例，请你分析教学设计是如何引导学生认识"圆"？又是通过哪些问题与活动引导学生关注圆的要素(圆心、半径与直径)？

(3)请你尝试写出各个教学环节的"设计意图"。

📖 拓 展 阅 读

1.(美)J. L. Martin. 教与学的新方法·数学. 王嵘，等，译. 北京：北京师范大学出版社，2004。

2. 张丹. 小学数学教学策略. 北京：北京师范大学出版社，2010。

3. 王永春. 小学数学与数学思想方法. 上海：华东师范大学出版社，2014。

4. 吴正宪，等. 和吴正宪老师一起读数学新课标. 北京：教育科学出版社，2013。

第六章　小学统计与概率的教学研究

教育名言 ▶ --

　　在终极的分析中，一切知识都是历史；

　　在抽象的意义下，一切科学都是数学；

　　在理性的世界里，所有的判断都是统计学。

——C. CR. Rao

学习目标 ▶ --

　　1. 知道小学统计与概率初步知识的课程目标与主要内容。

　　2. 掌握小学统计与概率初步知识的核心概念与学情特征。

　　3. 掌握小学数学统计与概率初步知识的主要教学策略。

导入案例▶

小 A 是一位刚入职的新教师，正在准备一节公开课"可能性"。在一次试教中，她提出了这样一个问题："同学们，请你们用自己的话说一说，什么是随机现象。"许多同学思考了一会，开始纷纷举手发言。

生 1 回答说："就好像正走在路上，一块石头落下来……砸中了你。那就是'随机的'，意外地碰巧发生。"

生 2 回答说："就是不常见的事情。"

生 3 回答说："就好像掷一百次硬币，从 100 次中得到 100 次是正面的就是'随机的'，但是得到一面 55 次，另一面 45 次是可能的。"

听了学生的回答，小 A 老师却为难了："学生说的正确吗？该怎样评价他们的回答呢？"

亲爱的读者，你怎样解释和评价学生的回答？又该怎样发展学生的理解？统计与概率内容在小学课程中是怎样设计与组织的？核心概念是什么？小学生学习统计与概率的经验与错误概念是什么？统计与概率内容的教学组织策略又是什么？让我们带着这些问题一起进入本章的学习。

第一节　小学统计的数学研究

一、课程要求

统计概率初步知识是未来社会公民必备的基本素养之一。作为 4 个核心学习领域之一，"统计与概率"贯穿于我国义务阶段与高中数学课程的全过程，在小学的两个学段也有重要体现。通过统计与概率初步的学习使学生感受到数学与生活的联系，培养用数学的眼光观察事物的意识。

《课程标准(2011)》在"学段目标"的第一学段中提出[①]：

"经历简单的数据收集、整理和分析的过程，了解简单的数据处理方法。""能对调查过程中获得的简单数据进行归类，体验数据中蕴含着信息。"

在第二学段中提出：

"经历数据的收集、整理和分析的过程，掌握一些简单的数据处理技能；体验随机事件和事件发生的等可能性。"

"进一步认识到数据中蕴含着信息，发展数据分析观念；通过实例感受简单的随

---

① 中华人民共和国教育部. 义务教育数学课程标准(2011 年版). 北京：北京师范大学出版社，2012：10、12

机现象。"

这表明，小学数学课程标准重视知识与能力的同时发展，强调统计过程的体验、统计思想方法与观念的形成。使学生了解在现实生活中有许多问题应当先做调查研究，对数据进行收集、分类、整理，体会数据中蕴含的信息，并通过分析做出合理的预测与判断。

遵循基础性、普及性和发展性的原则，课程标准选取了统计学中最基本，且适用性最广泛的知识。

第一学段"统计与概率"的内容标准是：

1. 能根据给定的标准或者自己选定的标准，对事物或数据进行分类，感受分类与分类标准的关系。

2. 经历简单的数据收集和整理过程，了解调查、测量等收集数据的简单方法，并能用自己的方式（文字、图画、表格等）呈现整理数据的结果。

3. 通过对数据的简单分析，体会运用数据进行表达与交流的作用，感受数据蕴含信息[①]。

第一学段的内容以统计初步知识为主，包含简单的数据分类、整理，数据的图表表示。强调分类是收集、整理、描述数据的基础，突出在分类基础上收集、整理、呈现分类结果。分类是一种基本的数学思想，也是统计活动的基础。它是根据一定的标准，对事物进行有序划分和组织的过程。

第二学段涉及"简单数据统计过程"。

(一)简单数据统计过程

1. 经历简单的收集、整理、描述和分析数据的过程（可使用计算器）。

2. 会根据实际问题设计简单的调查表，能选择适当的方法（如调查、试验、测量）收集数据。

3. 认识条形统计图、扇形统计图、折线统计图；能用条形统计图、折线统计图直观且有效地表示数据。

4. 体会平均数的作用，能计算平均数，能用自己的语言解释其实际意义。

5. 能从报纸杂志、电视等媒体中，有意识地获得一些数据信息，并能读懂简单的统计图表。

6. 能解释统计结果，根据结果做出简单的判断和预测，并能进行交流。[②]

第二学段主要是描述数据与初步的推断结论。学生的学习重点转移到把一组数据作为一个整体来看，熟悉不同的表示方法：表、条形图、折线图、扇形图，描述它们的形状，并能使用中位数、平均数比较相关数据。学生不应只是简单的学会从

---

① 中华人民共和国教育部. 义务教育数学课程标准(2011年版). 北京：北京师范大学出版社，2012：12
② 中华人民共和国教育部. 义务教育数学课程标准(2011年版). 北京：北京师范大学出版社，2012：15—16

数据中怎样求平均数，而是需要结合实例理解平均数说明数据的什么特征，并在数据基础上经历进行简单推理和论证的机会。根据《课程标准（2011）》的要求，小学阶段不出现众数概念。

(二)随机现象发生的可能性

1. 结合具体情境，了解简单的随机现象；能列出简单的随机现象中所有可能发生的结果。

2. 通过试验、游戏等活动，感受随机现象结果发生的可能性是有大小的，能对一些简单的随机现象发生的可能性大小做出定性描述，并能进行交流（参见例42）。[1]

在小学阶段，概率概念的学习是直观的、非形式的。通过对摸球、转盘、投掷等实物的操作、实验，感受随机现象，能列出所有可能发生的结果，体验事件发生的可能性的大小，并能用肯定发生、可能发生和不可能发生等讨论事件发生的可能程度。频数概念以及频数分布直方图在当前我国小学数学课程中没有涉及。

二、核心知识与数学思想

统计活动是关于形成需要用数据表达的问题；计划，收集和表示数据；分析数据；做出预测或推断的一个循环的过程。现实生活中有大量的数据需要分析和研究，有时需要对所有的数据进行全面调查，如全国人口普查。一般情况下不可能也不需要考察所有对象，如物价指数、商品合格率等，就需要采取抽样调查的方法收集和分析数据，用样本来估计总体，从而进行合理的推断和决策，这就是统计的思想方法。在统计里主要有两种估计方法：①用样本的频率分布估计总体的分布；②用样本的数据特征（如平均数、中位数和众数）估计总体的数据特征。参与统计活动除了要求一般的数学思维，还必须具备统计思维，主要包括：意识到数据的重要、关注数据的变异、会应用统计与概率的模型、对情境的批判性知识等成分。

澳大利亚学者 Watson 与 Moritz 提出，统计素养有 3 个层级[2]：①基础的统计术语知识；②在实际情境中应用统计；③对统计推断提出质疑。当今社会，统计思维与读、写能力一样是有效率的公民必须具备的。

统计中的数据与数学问题中的数据有很大的区别：统计问题中的数据都伴随着偏差、不可控制的变异、不同的情境等。收集数据的主要目的是解决那些无法立即找到明确答案的问题，数据应该有代表性。例如，要了解小学一年级学生阅读课外书的情况，就必须通过调查，并制定收集数据的计划。

发展学生的数据分析观念是小学阶段的一个重要目标。通过小学阶段的学习，

---

[1] 中华人民共和国教育部．义务教育数学课程标准(2011年版)．北京：北京师范大学出版社，2012：16

[2] Watsom，J. M. Inferential reasoning and the influence of cognitive conflict. Educational studies in Mathematics，2002 (51)：225-256

学生应该了解：数据可以分为类型性数据（可以分成类的事物，如不同的颜色、食物）与数值数据（可按大小排列起来的数据）；数据能够被组织和排序，数学组织和排序后的"图"能够提供有关现象和问题的信息；对于同样的数据可以有多种分析和表示方法，不同的分析和表示方法可以得出不同方面的信息。

平均数、中位数和众数是反映数据的中心趋势的一种测量，是与标准差结合起来用于总结或比较数据的工具，是学生学习汇总统计与统计检验的基础。平均数也是一种算法，即用被平均的数加起来除以数值个数或通过"均分"几个量，并且平均数本身不一定是所测量的数据集合中的某一个值。作为一种统计量，它的缺点是容易受到数据集合中的一些特殊值的影响。日常生活和研究领域的统计数据，多数都选择平均数作为代表值。如国家和地方统计部门经常公布的人均产值、人均收入、物价指数等，都是应用平均数作为代表值。对平均数的理解要求对算法和统计两方面都有一个深度的了解。

中位数处于中间水平，不受极端值的影响，运算简单，在一组数据中起分水岭的作用；缺点是不能反映全体数据的情况，可靠性较差。

三、学情研究

学生在开始学习前已经具备日常的分类经验。例如，对日用品进行分类，这些经验容易使学生把注意力放在物体的属性上。在学习中，应当通过让学生参与针对物体与数据的两方面属性的活动，发展分类概念。

学生在使用数字展示数据时，区分不同数字的意义是难点。有些数代表某一数据的一方面的值，有些数则代表这些值出现的频率。例如，代表数值的（"我们班里最高的学生约是 170 厘米"）与代表某一数值出现次数的（身高约 170 厘米的学生有 13 名）。

小学生常常对一些个别的数据感兴趣，特别是与自己相关的或一幅图表中的"极端"感兴趣，统计则要求把他们的数据放在一起，看作一个整体，对一组数据进行观察，与另一组数据进行比较，这种转变并不容易。教师应该帮助学生观察数据的重要特征。

在统计思维与推理中，图对于数据表示、数据处理、数据分析都是十分重要的。Curcio 提出关于"图感"（graph sense）的理论，并确认了三个要素：形式、内容、主题，并描述了理解图的三个水平的特征：解读图上的数（reading the graph）、解读图中的数（reading within the graph）、超越图的解读（reading beyond the graph）[①]。下图是 1804—2011 年的世界人口变化情况。为了解读图上的数，学生至少要清楚横

---

① Curcio, F. R., & Artzt, A. F. Assessing students' statistical problem-solving behaviors in a small-group setting. In I. Gal & J. Garfield (Eds.), The assessment challenge in statistics education. Amsterdam: IOS Press, 1997: 107-122

轴、纵轴表示的量的意义、单位、范围等，知道"亿"是一个很大的数。解读图中的数对于讨论图的跨越时间的趋势十分重要。例如，时间轴显示了世界人口的相当稳定的增长。在 1804－1927 年，人口增长的比较平缓，在 1927－2011 年，折线变得"陡峭"，意味着人口增长开始变快。为什么人口一直保持增长？为什么后期人口增长加速？到了"超越图的解读"的水平，就会提出与数据有关的问题，并投射到未来。除了前面的两个问题，学生还可能提出：这些数据是怎样收集的？各年的世界人口的数据是怎样计算出来的？

世界人口变化情况

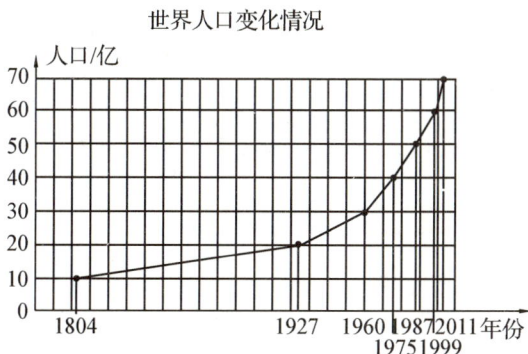

"解读图上的数"主要包括：认知组成图的成分，描述图的形状。"解读图中的数"主要包括理解表、图与数据之间的关系，从客观的立场感知与讨论图。"超越图的解读"主要包括：解释图中蕴含的信息，回答有关的问题，知道对于给定的数据与情境所适宜的图。随着概率课程的发展，学生的推理将向"数据后的解读"[①]（reading behind the data or graph）水平发展，即寻找数据变异的可能原因。

平均数是一个重要而复杂的概念，一般包括三类思维[②]：①算法概念的程序性理解；②算法概念的概念性理解；③统计方面的概念性理解。许多小学生虽然会计算给定数据的平均值，但是他们对于逆向思考计算的过程以及与具体的情境联系起来仍有困难。例如，对于下面的问题：

"如果一个电梯里 6 名女学生的平均体重是 43 kg，2 名男学生的平均体重是 51 kg，那么电梯里每个人的平均体重是多少？"

一些学生会回答："但是，你并不知道每个人精确的体重。"这些学生认为"平均数"只是一种情境的代表值，是一个"虚"的近似数，这种理解只达到算法的程序性理解。平均数的另一个直觉概念是"平均分"，研究表明，这种概念不仅有利于发展算法的概念，而且有利于通向平均数概念的最高水平的意义——平衡点[③]。总之，学

① Shaughnessy, J. M., & Zawojewski, J. S. Secondary students' performance on data and chance in the 1996 NAEP. Mathematics Teacher, 1999, 92(8): 713-718

② Cai. J, et al.. The development of students' algebraic thinking in earlier grades: A Cross－Cultural Comparative Perspective. ZDM: the international journal on mathematics education, 2005(1)

③ Mokros, J., & Russell, S. J. Children's concepts of average and representativeness. Journal for Research in Mathematics Education, 1995 (26): 20-39

习平均数要经历一个过程，并在以后的年级里进一步发展。

样本与抽样的概念是统计分析的两个要素。但对于小学生而言，深入理解这两个概念还有困难，把一个班看作一个总体的样本这样的概念还没有形成。研究表明，小学生认为他们根据经验做出的判断比用收集的数据进行判断更可靠。

四、教学案例

条形统计图

(一)创设情境，任务驱动

(出示北京市 2012 年 8 月天气情况表)

问题 1：这是北京市 2012 年 8 月的天气情况，这个月的每种天气各有多少天？你能用哪些方法把各种天气的天数清楚地表示出来？动手试一试，然后再向老师、同学们说明。

【师生活动】

教师首先出示北京市 2013 年某月的天气情况表，并提出问题；学生动手画图，并相互交流，准备展示；教师参与学生活动，了解学生的情况，鼓励学生利用已有的经验，设计不同的方式呈现数据。

【设计意图】在前面的学习中，学生已经初步经历了收集和整理数据的过程，会用统计表呈现统计结果。通过创设适合学生现实的调查情境，激活学生已有的知识与经验，促进学生参与活动，交流和展示，激发学生的学习兴趣。

【预设】

天气	晴	阴	多云	雨
天数	9	6	9	7

问题 2：说一说，从统计表中你发现了什么。统计表呈现数据的方式有什么优点？

【师生活动】

(1)学生以小组为单位向其他同学说明和展示。

(2)教师应尊重学生的个性与差异，鼓励学生用自己喜欢的方式呈现数据，用自己的语言描述统计结果，并提醒学生考虑怎样报告才能帮助其他同学理解表中的数据。

【设计意图】通过问题驱动，使学生亲身经历数据的收集、整理和表示的过程，并为新的学习奠定认知基础。

(二)动手动脑，探求新知

(课件出示条形统计图)

天数　　北京市2012年9月天气统计图

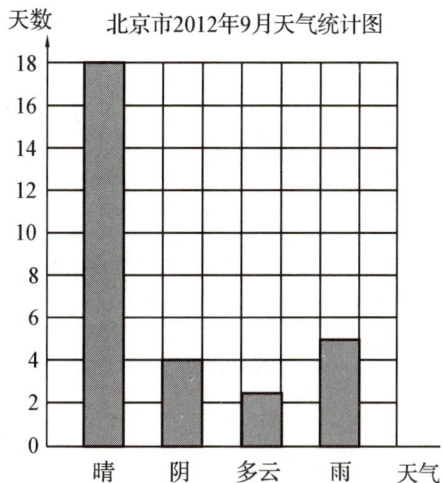

问题3：我们今天学习一种新的表示数据的统计图，从这张图上你发现了什么？你能提出哪些问题？

【师生活动】

学生观察统计图，师生共同讨论有关的问题——横轴与纵轴的作用与表示、一格的含义、直条的含义、单位等。

问题4：我们怎样把统计表中的数据表示在这张图中？

【师生活动】

师生共同完成统计图，继续把阴、多云、雨的天数在图中涂上颜色表示出来。

问题5：这样表示数据的图就称作条形统计图。你能从这张图中得出与统计表相同的信息吗？请解释你的回答。

【设计意图】通过让学生观察统计图的基本结构，并提出问题。促进学生对条形统计图的初步认知，以及参与活动的积极性。师生合作完成统计图可以增强学生对条形统计图的体验。

（三）新知应用，发展能力

1. 根据统计表的数据，画条形统计图。

呈现学生在课前通过调查，整理数据，制作的一张统计表。

最喜欢的早餐			
人数	24	11	3

问题6：上面的统计表呈现的是四(1)班同学最喜欢的一种早餐（不包括主食）的情况。你能用条形统计图表示它们吗？动手试一试。

【师生活动】

(1)学生根据统计表中的数据画图，教师观察，并根据学生出现的问题给予适当地点拨或讨论。

(2)学生展示、描述、评议个人的图，并挑选出一致认可的统计图。

【设计意图】根据小学生喜欢亲自动手尝试的心理，设计了让学生独立画图的活动，经历画条形统计图的过程，进一步体验条形统计图的要素与特征，并合作解决画图过程中的相关问题。

2. 解释统计图的信息。

问题7：根据下面的统计图，说一说同学们最喜欢下面哪个卡通形象。与你的猜测一致吗？你还能得到哪些信息？

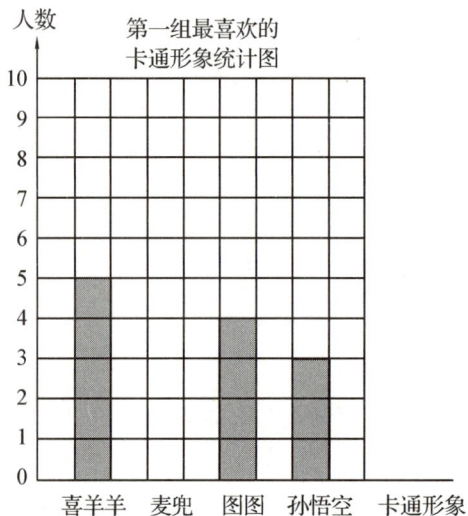

第一组最喜欢的卡通形象统计图

问题8：想一想，条形统计图与前面的统计表有什么相同点与不同点。

【师生活动】

(1)教师引导学生关注统计图中重要的数据特征；并简要讨论不同数据蕴含的信息。

(2)师生讨论统计图与统计表的相同点与不同点，明确统计表与统计图的各自优点。

【设计意图】初步反思与总结统计表与统计图的各自优点。让学生经历初步的解释统计结果，根据结果做出简单的判断和预测的过程。

3. 学生分组讨论，提出新的调查问题。

例如，统计全班学生的生日月份。

【师生活动】

(1)教师先鼓励学生猜想哪个月出生的人数最多。

(2)学生分组收集数据，教师指导学生记录数据。

(3)学生根据收集的数据画图，教师观察，并给予适当点拨。

(4)学生展示、描述、评议个人的图，并挑选出一致认可的统计图。

【设计意图】让学生经历问题提出、数据收集、整理的全过程，进一步体会统计调查活动的特点，发展统计思维和应用意识。

【评析】

条形统计图是用条形的长短来代表数量的大小，从图中很容易看出各种数量的多少，便于比较。根据课程标准的要求，学生应该经历从简单的实际问题中进行数据收集、整理、描述和分析的过程；能说明和解释不同情境下条形统计图中的信息，了解条形统计图的结构特征与直观的优点，体会统计在现实生活中的作用，发展数据分析观念。这个教学设计根据学习目标和学生的现实，设计了从统计表到统计图、独立画统计图、读统计图以及设计新的调查活动等有层次的数学任务，使学生在观察、操作、提出问题、交流中不断思考。伴随教师提出的有启发性的问题，学生的知识、能力、情感态度同时得到关注。这节课的核心任务是认识"一格表示 1"类型的条形统计图，教学设计中提供的不同情境下的数据可以进一步变化，用于帮助学生学习"一格表示 2"以及"一格表示多少"等更多类型的条形统计图，并促进学生在比较中认清不同类型统计图的应用，能根据不同的数据特点，设计条形统计图，提高数据表示的能力。

五、教学策略

第一，教学应以丰富的生活素材为基础，创设贴近学生经验的情境，发展学生的应用意识，并体会统计的作用与价值。

第二，学生都应当有机会提出问题、进行调查、经历收集、整理、展示、分析数据的完整过程。同时，教学指导应该关注：①如何收集数据以及评价学生获取数据方法的优劣。包括设计收集方案，讨论分类的标准，选择哪种形式显示数据以及一幅图或表所用的数据范围、标题和名称；②图、表或其他的数据表征方式传递的是什么信息，以及能够得出什么推断。例如，数据大多集中在哪一个值上或"堆"在一起，哪些值上没有数据或仅有个别的，全部数据在整个范围内怎样分布及其形状；③鼓励学生比较不同部分的数据，然后根据全部数据做出结论，鼓励学生质疑与数据不符的结论；④鼓励学生基于证据进行推理，做出预测或猜想，并向其他同学说明；⑤鼓励学生描述和解释自己的思维过程，使用自己的方法画图，并通过观察与实验操作、课堂讨论以及教师指导，促进学生获得更加一般和系统的方法。

第三，教学还应重视各类技术工具或计算机环境对于促进学生统计学习的作用。强大的计算工具已经使得通过图或表，改进分析数据与探索数据的方法成为可能。技术工具主要是指统计软件包、微观世界、个别辅导以及网上的资源。许多研究表明，技术工具使学生可以利用许多形象化工具以及模拟工具来思考数据，非常有利于学生从幼稚的观点向更丰富更强大的理解过渡。

第二节　小学概率的教学研究

一、课标要求

第二学段涉及"随机现象发生的可能性"。

"1. 结合具体情境，了解简单的随机现象；能列出简单的随机现象中所有可能发生的结果。

2. 通过试验、游戏等活动，感受随机现象结果发生的可能性是有大小的，能对一些简单的随机现象发生的可能性大小做出定性描述，并能进行交流。"

在小学阶段，概率概念的学习是直观的、非形式的。通过对摸球、转盘、投掷等实物的操作、实验，感受随机现象，能列出所有可能发生的结果，体验事件发生的可能性的大小，并能用肯定发生、可能发生和不可能发生等讨论事件发生的可能程度。频数概念以及频数分布直方图在当前中国小学数学课程中没有涉及。

例如，某教科书中的一个习题。原题是：六(2)班同学血型情况如图。

①从图中你能得到哪些信息？②该班有50人，各种血型各有多少人？

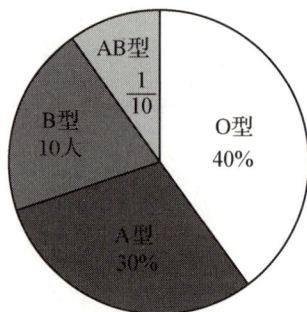

实际上这道题还可以进一步扩展，可以把全班50人的数据作为一次抽样调查的数据，从而估计其他人群(如六年级、全校、本地区等)血型的分布情况，这是学习统计与概率最重要的意义所在。例如，再增加一个问题，六年级有200人，你能估计各种血型的人数吗？

二、核心知识与数学思想

概率是随机事件发生的可能性大小的度量。虽然概率和长度、面积一样都是一种度量，但事件的概率则要抽象的多。概率论是研究随机现象数量规律的数学，它的思想和概念是收集、描述和解释数据的基础。随机现象中的各个结果具有不确定性，但经过大量的重复试验，结果又呈现出规则的模式，即随机现象以短期内不可预测性与长期的稳定性为特征。

从历史发展来看，概率论的发展经历了古典概率、用频率估计概率、主观概率、概率的公理化几个重要阶段。当前，从国内外中小学数学课程发展来看，古典概率、用频率估计概率已经成为主要内容。

古典概率的定义于 1814 年由法国数学家拉普拉斯（Pierre Simon Laplace，1749－1827）给出，故又称作"拉普拉斯概率"——所求随机事件的结果数量与所有可能结果之比。古典概率的前提条件是一个随机试验中：①所有可能的结果总数有限；②每个结果发生的可能性是相等的。

1919 年，德国数学家冯·米塞斯（von Mises，1881－1973）在《概率论基础研究》一书中提出了概率的统计定义：在做大量重复试验时，随着试验次数的增加，某个事件出现的频率总是在一个固定数值的附近摆动，显示出一定的稳定性，把这个固定的数值定义为这一事件的概率。概率的统计定义不再要求"等可能"的条件，因此，它的应用范围更广。

概率是由随机事件本身唯一确定的一个常数（理论值）。而频率反映在 n 次重复试验中，事件发生的频繁程度。对两者之间关系的理解可以分几个层次。

（一）频率与概率关系的直观认识

如果事件 A 的概率较大，那么，在重复试验中，事件 A 发生得比较频繁，因此事件 A 的频率一般也较大。反之，如果在重复试验中，事件 A 发生的频率较大（小），说明该事件发生的概率也较大（小）。正是由于这种联系，可以通过研究频率的性质，来确定概率所具有的性质（非负性、规范性、可加性）。

（二）频率的稳定性

频率具有不确定性，不同次数的试验中频率可能不同，由不同的人做相同次数的试验，频率也可能不同。尤其当试验次数较少时，频率的波动可能比较大。但是随着试验次数的增多，频率的波动越来越小，逐渐稳定在一个常数附近，这个常数就是概率。频率的这种特点反映偶然中隐含着必然规律。频率的稳定性表明事件发生的可能性大小是客观存在，是可以度量的。这种"规律性"的科学证明并不简单。1713 年，瑞士数学家雅各布·伯努利（Jacques Bernoulli，1654－1705）在探索把概率应用于保险与生命表问题时，第一次给出了"大数定律"的证明。

用频率估计概率，是否试验次数越大，估计的就越准确呢？答案是否定的。例如，掷一枚质地均匀的硬币，"正面朝上"的概率为 0.5，那么重复掷两次硬币，有可能得到一个正面朝上，一个反面朝上，此时频率恰好为 0.5。而掷 100 次硬币，也有可能 30 次正面朝上，此时"正面朝上"的频率为 0.3，它与概率 0.5 的差距很大。比较严格的叙述为："当实验次数较少时，用频率估计概率误差较小的可能性较小，实验次数越多，用频率估计概率误差较小的可能性越大"。样本空间概念是数学化随机现象过程中的基础部分。随机现象以多样化的结果为特征，样本空间是指所有那些可能的结果的集合。例如，在一个简单随机试验中，掷一枚硬币，样本空间由两个结果组成"正面"与"反面"，然而对于一个复合的随机试验，如掷一枚硬币，或滚动一枚骰子，样本空间可以表示为{（H，1）（H，2）（H，3）（H，4）（H，5）（H，6）（T，1）（T，2）（T，3）（T，4）（T，5）（T，6）}。它的重要性在于可以描述随机现象的结果，而且是测量随机事件的基础。

三、学情研究

小学生的概率学习是直观的和经验的，通过对具体实物的操作、实验，学生开始理解机会和随机性等概念。例如，从袋子中选择不同颜色的小球，也可以用硬币、骰子、转盘等进行实验操作。由于经历和阅读的原因，他们喜欢思考不可能事件。对问题的回答与解释，倾向主观地根据个人的经验。例如，对于掷一枚骰子得到某个数字，许多学生喜欢用"这枚骰子是特制的"或者"这个数字是'幸运数'"来解释。

许多研究发现，学生在判断可能事件、不可能事件、必然事件时，常常使用不规范的语言。例如，喜欢使用类似"更可能"或"不大可能"等词汇来探讨事件发生的可能性。或者"不可能（事件）。因为概率太小了"。

与概率推理相关的许多错误概念可以归因于学生倾向于使用因果的或确定的推理模式。例如，在掷一枚均匀硬币试验中，当出现9次正面后，认为第十次更大可能出现反面。或者认为只要是涉及"随机现象""可能性"的事件，都是等可能发生的，"这两个事件是等可能，因为它们都是与可能性有关的"。

四、教学案例

摸球游戏

一个袋子里中装有6个黄球和2个白球。只告诉学生袋中球的颜色为黄色和白色，不告诉他们黄球数目与白球数目，让学生分组进行摸球游戏。要求是：摸出一个球，记录颜色后，再放回；每组摸20次后，汇总小组内摸出的黄球次数与白球次数。通过多次有放回的摸球游戏，让学生猜猜袋子里黄球与白球的数量。

教学时，教师先不打开袋子，鼓励学生思考如何估计袋中红球和白球的数量。启发学生可以由数据进行估计，进而想到可以通过摸球得到数据。然后，教师组织大家做摸球活动，并提醒摸球的规则：有放回，尽可能摇匀，并指导学生记录下每次摸到的颜色。通过汇总和比较摸到的黄球和白球的数量，对袋中球的情况进行估计。当学生对收集的数据进行讨论时，教师指导学生分清哪些数据可以用来解释估计的结果。

【评析】

借助学生感兴趣的摸球游戏，可以使他们体会数据的随机性。一方面，每次摸球的颜色可能是不一样的，并且事先无法确定；另一方面，有放回重复摸多次（摸完后将球放回袋中，摇晃均匀后再摸），就能发现一些规律。

通过统计摸出的黄球和白球的数量，进而估计袋子中黄球与白球的个数，学生就可能体会到数据中蕴含着信息，统计对于决策有作用。教师还应指导学生进一步提出问题，例如，为什么在摸球前要"尽可能摇匀"？比较一下各组摸球 10 次时记录的黄球（或白球）的数量，有什么发现？比较 10 次、50 次、200 次时摸出黄球的数据，也可以用散点图或折线图进行表示，并与真实值进行比较，让学生说说有什么发现。以及设计新的方案来检验所做的猜想，促进学生概率思维的发展。

五、教学策略

第一，教学应通过具体事物的操作、实验，让学生体验随机现象，感受随机现象的不确定性。例如，借助学生感兴趣的摸球游戏，使学生体会到数据的随机性。

用硬币、骰子、转盘等情境，也可以是学生个人生活中熟悉的事件，促进他们理解随机性在不同事件中的影响，发展他们的情境知识。例如，学生掷两个骰子并把显现的数字结果加在一起，当他们重复进行这个试验时，就会注意各次的结果，会发现，总数为 1 是不可能的，总数为 2 或 12 很少见，而总数为 6，7，8 则很常见。再通过讨论学生可能会明白，这个现象与某一个总和能够有多少种两数相加的方法有关。

第二，鼓励学生用数字的，口头的意义表达概率，给予他们书写思维和理解的机会。这是教师了解学生的关于概率的前概念（甚至错误概念）与信念的机会（如"导入案例"中的学生），并通过激起学生的认知冲突促进个人的随机概念向科学的随机概念发展。例如，对于问题"掷一枚均匀的硬币 5 次，下列序列中哪个结果更可能发生：①HHHTT；②HTTHT；③THTTT；④HTHTH？"观察学生如何选择和解释，据此分析他们的推理。

第三，积极利用技术工具探索概率的教与学。应用技术工具模拟小样本与大样本的试验过程，并产生不同的方式展示数字的或图表的结果（扇形图、条形图、数据表），可以使学生亲自"做"与"看见"大量重复试验，帮助学生超越对于小样本的偏好，理解实施大样本试验的重要性，即当试验次数增加，试验概率更可能反映总体（理论概率）。相反，小样本更可能产生没有代表性的概率。

本章回顾

本章的目的是发展小学教师面向统计与概率的教学知识，它涉及概率与统计课程的内容知识、学生学习的知识以及教学法知识。本章中，首先，分析了统计与概率的课程目标、内容标准。其次，研究了小学统计与概率的核心概念，以及学生参与统计、概率学习的错误概念与推理；再次，在此基础上，对相关教学案例进行了评析。最后，总结了统计、概率教学设计与实施的主要策略。

关键术语

统计　概率　数据　统计图　平均数　可能性　数据分析观念

思考题

1. 怎样理解小学数学统计与概率知识的课程目标？
2. 怎样理解小学数学统计与概率知识的内容标准？
3. 小学生统计学习的学情特征是什么？
4. 小学生概率学习的学情特征是什么？
5. 小学统计的教学组织有哪些主要的策略？
6. 小学概率的教学组织有哪些主要的策略？

案例研究

孩子的想法有道理吗①

课前教师以组为单位统计了这个班同学一分钟踢毽子的情况，并从中引用了以下两组数据在课上讨论：

第三小组：25、23、34、30、47、25、26。

第五小组：25、31、40、33、29、31。

然后提出问题：请你来评判一下，哪个小组踢得好。

（学生给出了很多想法）

(1)我可以比较两个队中踢得最高的，也就是拿第三小组最多的那个和第五小组中踢最多的去比，所以第三个小组踢得好。

(2)比较总数（这个观点很容易就被其他同学否定了，觉得不公平）。

(3)我可以一个一个地比，把最高的比完了，比第二高的。就是第三小组的第一名和第五小组的第一名俩俩比，然后第二名俩俩比，就是一个一个地对应地去比。

(4)既然人数不一样，就把第五小组再增加一个，或者是把第三小组去掉一个。

(5)跟前面那个一个一个比差不多，比完以后发现第三小组只有前两名比第五小组的好，其他的都不如第五小组的好。

(6)用总数除以每个组的人数，也就是用平均数来比。

下课后，有的教师说，真没有想到学生能想到这么多的方法，但是学生的方法都有道理吗？有的教师说，课堂上花这么长时间讨论不同的方法，会不会冲淡对平均数的理解？

阅读案例1，思考并回答下面的问题：

(1)根据《课程标准(2011年版)》，这节课的内容属于哪个模块？在哪个学段？课标的内容要求是什么？

(2)请你根据小学概率的课程目标与内容标准，制定这节课的教学目标。

(3)说一说学生参与学习的表现如何。请解释你的回答。

(4)你认为花这么长时间讨论不同的方法值得吗？请解释你的回答。

---

① 张丹. 小学数学教学策略. 北京：北京师范大学出版社，2010

第七章　综合与实践教学研究

教育名言 ▶··

数学学习就是取得相关的事实、概念、原理和技巧，这些都是生活
结果并强烈地依赖于环境和背景。

—— 弗莱登塔尔

圆圈的里面代表我现在学到的知识，圆圈的外面仍然有着无限的空
白，而且随着圆愈来愈大，圆周所接触的空白也愈来愈大。

——爱因斯坦

学习目标 ▶··

1. 了解综合与实践的内容、特点与教学目标。
2. 能进行综合与实践的教学设计。
3. 掌握综合与实践的教学策略。

导入案例 ▶

　　徒弟问师傅，一碗米有多少钱的价值？师傅说，这太难说了，看在谁手里。要是在一个家庭主妇手里，她加点水蒸一蒸，半个钟头，一碗米饭出来了，就是一块钱的价值。要是在小商人手里，他把米好好泡一泡，分成四五堆，用粽叶包成粽子，花一两个小时，就是四五块钱的价值。要是到一个更有头脑的商人手里，把它做成米饭后再发酵、加温，十天半个月，很用心地酿造成一瓶酒，有可能就是二三十块钱的价值。所以一碗米到底有多少价值，要因人而异。

　　综合与实践作为数学课程的一个新领域，它不同于其他模块具有具体数学知识的教学，它着力于数学各领域间及和某个领域内各部分之间的联系，使数学成为一个统一的整体。综合和实践的教学可谓是厚积薄发，其教育价值有多大，如同一碗米的价值，会因人而异。下面就让我们一同进入本章的学习，体会综合与实践的教育价值。

第一节　课程内容与目标

　　数学课程通常被分成几个独立的领域：数与代数、图形与几何、统计与概率等，学生学习了一些孤立的概念和方法，没有建立起相互间的联系以及和学生生活现实的密切联系。《课程标准(2011)》的一个突出特点就是将"综合与实践"作为数学课程的一个新领域，并不是在其他领域之外增加新知识，而是强调数学知识、思想和方法的综合与运用，反映了数学课程改革的要求，它是一类以生活现实情境为载体，以发现和提出、分析与解决问题为基本线索，以学生主动参与和合作探索为主的学习活动。关注了数学学科知识的内部联系以及与现实世界和其他学科的联系，强调了数学学科知识的整体性、综合性和发展性，在广度、深度、复杂度等几个方面都有拓展和深化，弥补了上述的不足，也更能促进学生思维水平的深层发展。

一、内容分析与设计

　　根据各个学段学生的特点，《课程标准(2011)》规定在不同阶段以不同形式的内容呈现，第一学段，学生学习的基础知识较少，需要让学生感受到学习数学的价值，激发学习的兴趣，因此以"实践活动"为主要形式，强调数学与学生生活的联系；第二学段，学生对于基础知识有了自身的认识和理解，可以通过尝试综合运用数学知识和方法解决简单的实际问题，加强数学知识的运用，体会数学与周围世界的联系，因此以"综合运用"为主要形式。

　　"综合与实践"的教学可以在课堂上完成，也可以课内外相结合，每学期至少安排一次。

(一)第一学段(1～3年级)内容分析与设计

第一学段的综合与实践以实践活动为主,实践活动一般比较简单,用到的数学知识少,计算简单,容易操作,强调的是数学与生活、与现实世界的联系,而数学是现实世界中数量关系和空间形式的抽象与概括,所以数学实践活动应该贯穿于数学教学全过程,成为小学生学习数学的重要形式。

【案例 7-1】　图形分类[①]

如图,桌子上散落着一些扣子,请给它们分类,并用文字、图画或表格记录分类结果。

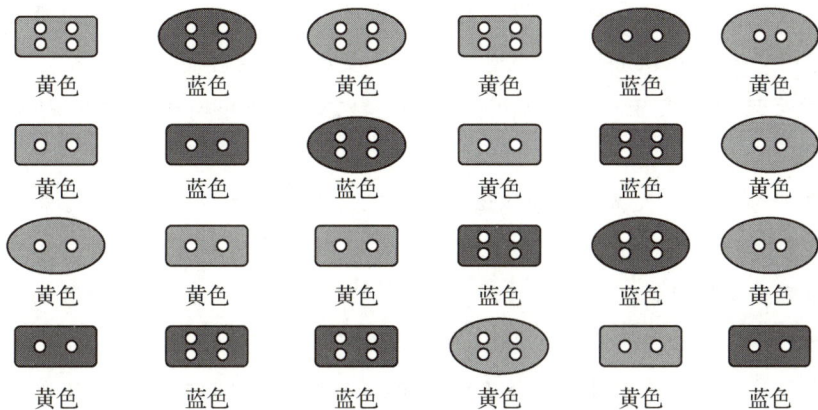

本活动适合于本学段的各个年级,可以在要求上有所不同。活动的目的主要是希望学生能够清楚,分类是依赖分类标准的,不同的标准下分类的结果一般是不同的。比如,扣子的形状、颜色、扣眼的数量都可以作为分类的标准,还可以有两个指标,如形状和颜色作为分类的标准。同时,本活动不但有利于培养学生对图形特征的识别把握能力,而且活动要求学生运用文字、图画或表格等方法表述分类的结果,这有利于培养学生的数据整理能力。

此活动教学可作如下设计:

1.引导审题,确定活动主题——对扣子进行分类。

2.提出问题,如何确定分类标准?——学生讨论,可启发学生由少到多,先关注一个指标进行分类,如颜色或形状或扣眼数;然后关注两个指标,如形状和颜色;最后再关注形状、颜色和扣眼数三个指标。这样由简到繁、由易到难,每个学生都能参与,还呈现给学生一个分类的秩序,避免出现混乱。

3.根据讨论的分类标准让学生分组,指导学生实际操作,合作完成分类及结果计数。

---

① 马云鹏.小学数学教学论.北京:人民教育出版社,2013

4. 组织学生展示统计结果，并做出评价。

【案例 7-2】 上学时间

让学生记录自己在一周内每天上学所需要的时间，并从中发现一些信息。

本活动直接取材于学生每天的生活片段，希望通过对熟悉的生活现象的观察记录，培养学生的数据分析意识，可以让学生感悟数据的随机性和数据较多时具有某种稳定性，并从中得到更多信息，从而体会数学的趣味和价值，此活动适用于二、三年级。

此活动教学可作如下设计：

1. 指导学生如何测量时间和作记录，及在此过程中需要注意的事情。例如，事先调整家里钟表的时间，使其和学校的钟表的时间保持一致；在调查期间需要保证每天上学途中的行为尽量一致；设计好表格将每天上学的时间进行记录。

2. 学生记录每天上学途中所需的时间。在此过程中，培养学生认真做事的习惯。

3. 组织学生展示数据，鼓励学生从中发现信息。学生得到的信息可能有：每天上学需要的时间不全一样，但可以发现所需要的最长时间和最短时间，并可以知道"大概"需要多少时间等。

4. 组织学生交流分析数据，比较自己与他人的调查结果，从中获得更多信息：同学中上学时间最长和最短的，大多数同学上学途中所用的时间等，从中感悟个别数据的随机性以及较多数据时具有的稳定性。在此过程中，赞赏学生的发现，分享发现的乐趣。

实践活动更重视的是经验，即积累生活经验，为学生的数学学习提供必要的支撑，为学生用数学创造机会，让学生感受到数学就在身边，与父母、同学、老师交流生活中的物件分类、所需时间、方位、费用等就是在学数学和用数学，以培养学生学习数学的兴趣，提高学生的思维能力。

(二)第二学段(4～6 年级)内容分析与设计

第二学段的综合与实践以综合运用为主，一些重要的数学概念和思想均源于现实世界，要在真实的问题情境中理解和形成，在综合运用中得以融会贯通和提高。比如，通过估计珠穆朗玛峰的高度或一千克小米有多少粒感受大数和估算；通过测量生活环境中的书面、桌面、教室、操场的面积及身边物体的体积学习多边形的面积和规则物体的体积；通过制订一个旅游计划学习调查研究、计算费用、合理规划等。

【案例 7-3】 绘制学校平面图

本活动需要学生测量学校的长和宽，计算面积，然后根据学校面积和绘制图纸的大小，确定比例尺，再依据所学方位知识和测量的学校主要建筑和活动场所、设施和道路等数据画出平面图，通过这一系列的操作，学生可以更好地理解位置、方向和比例等基础知识，体验数学知识的综合运用过程。整个操作比较复杂，适宜采用小组合作的形式，这样有利于培养学生统筹规划能力，也有利于培养学生团队协作意识。

此活动教学可作如下设计：

1. 分组，各小组讨论并形成基本测量方案。

2. 测量，选择测量工具，分工完成实际测量，然后根据学校面积和绘制图纸的大小，确定比例尺，绘制校园平面图。

3. 交流，各小组展示本组绘制的校园平面图，交流绘制方法和过程。

【案例 7-4】　估计高度

珠穆朗玛峰有多高？北京电视塔有多高？它们的高度分别相当于几个教室的高度，或相当于多少个学生手拉手的长度？还可以用哪些你熟悉的事例来形象地描述这些高度？

此活动教学可作如下设计：

1. 引导学生通过咨询、查阅资料获得最高的山峰——珠穆朗玛峰，最高的高楼及学生比较熟悉的建筑的高度。

2. 组织学生交流调查的数据，并且指导学生利用熟悉的事例作为标准形象描述这些物体的高度。比如，珠穆朗玛峰相当于多少个教室的高度，帮助学生感知和认识大数，发展数感。

【案例 7-5】　空间想象与分类计数

将边长是 3 和 4 的两个正方体的表面刷上红色的漆，再将其分割成边长为 1 的小正方体，探求满足下面条件的小正方体的数量规律。

(1)求一面、两面、三面有红颜色的小正方体各有多少个？

(2)将正方形的边长改为 5、6，结果如何？

(3)你发现了什么规律？

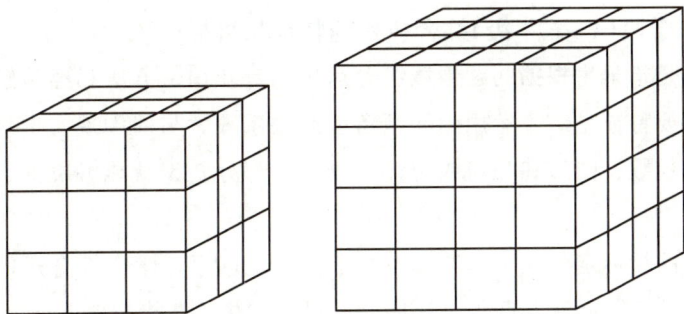

此活动教学可作如下设计：

1. 引导学生观察边长是 3 和 4 的两个正方体，其三面、两面、一面有红色的小正方体各有多少个？

2. 组织学生交流观察的结果，并引导学生把握问题的共性，寻求其中的规律。

3. 根据其中的规律，想象如果边长是 5 或 6 的正方体，其三面、两面、一面有红色的小正方体各有多少个？推动思考的深入，并归纳出一般的规律。

综合与实践活动的内容丰富多彩，对学生的发展具有独特的作用。它作为数学课程中的一个新领域，开展这方面研究的天地非常广泛。

二、特征与目标

(一)第一学段(1～3 年级)实践活动的特征与目标

实践活动是指以问题为载体，学生全程参与实践的过程，经历相对完整的学习活动，所以适应学生的心智发展水平，密切联系学生的日常生活，学生能够亲自动手、动脑、动口且生动有趣是实践活动的主要特征。

《课程标准(2011)》将实践活动的目标定位在通过实践活动，积累初步的数学活动经验，感受数学在日常生活中的作用，体验运用所学知识和方法解决简单问题的过程，获得积极的数学学习情感，进一步理解所学知识内容。这个学段的教学目标强调经历、观察、操作、实验、调查、推理、体验等实践活动，着重让学生感受数学在现实世界中的存在，提高学习数学的兴趣，同时学会应用数学知识解决简单的问题。

【案例 7-6 】 废电池处理方法的调查

教师组织学生查资料了解废电池对环境的危害，问学生：你家的电动玩具或钟表等使用一段时间后，换下来的废电池去哪儿了，然后确定以"怎样处理废电池"为专题，进行一次调查活动，根据调查结果，统计废电池的处理情况，提出自己认为合理的处理方法。使学生感受保护自然环境的紧迫感、使命感。

这样的实践活动，没有教师丝毫的说教，学生自己在活动中拓展了视野、运用了数学、解决了问题，感受了数学的价值、保护环境的责任感，为学生文明的行为规范打下良好的基础，落实了实践活动的目标。

(二)第二学段(4～6 年级)综合应用的特征与目标

综合应用是指学生根据问题情境综合运用已有知识、方法和经验解决问题的过程，所以其主要特征是综合运用的问题情境应联系数学与周围现实世界，问题不是由单独的数与代数、图形和几何或统计与概率一部分知识就能解决的，而是它们综合运用的结果。

综合运用的目标定位在了解数学与生活的广泛联系，学会综合运用所学知识和方法解决简单的实际问题，获得解决问题的思考方法，并能与他人进行合作与交流。这一阶段的教学目标可表述为：第一，经历有目的、有设计、有步骤、有合作的实践活动；第二，结合实际情境，体验发现和提出、分析和解决问题的过程；第三，感受针对具体情境，提出设计思路、制定简单方案解决问题的过程；第四，通过应用和反思，进一步理解所用的知识和思想方法，了解所学知识之间的联系，获得数学活动经验。

【案例 7-7】　旅游中的数学

六一儿童节快到了，老师要带同学们到庐山去旅游，让学生来做活动的策划者和组织者，分小组作旅游方案，然后讨论选择一个最优方案。先通过集体讨论，寻找和解决旅游中的数学问题，把时间安排、租房方案、经费计算作为研究的主要问题，然后大家分工合作，群策群力，完成方案设计。

在这个综合应用的活动过程中，时间安排环节，用到了以前学过的普通记时法与 24 时记时法互化的方法。在计算总时间时，如果要计算几天的时间，可以先求出部分时间，再把它们全部加起来。计算时还要注意时和分之间的进率是 60；租房方案的设计环节，根据网上搜到的房间住宿标准，男、女生人数，要解决怎样租房最合算的问题；在经费计算环节，学生要做很多的计算，还要将计算结果清晰地呈现出来，如用列表的方法。最后组员交流完善，合作完成方案。经历整个运用过程，学生能够达到综合运用的教学目标。

与第一学段相比，本学段的目标在重视体验和经历的基础上，强调了综合运用所学，解决简单数学问题，既包括解决问题过程中多个知识的联系、思想方法的渗透、创新意识、理性精神的形成，也包括问题解决后的成功体验和积极情感，并且更注重解决问题的合理性和科学性。

三、综合与实践的教育价值

在"综合与实践"的教学活动过程中，教师由现实设计问题情境，组织学生综合所学的知识和生活经验，独立思考或合作交流，经历发现和提出、分析与解决问题的全过程，所以其教育价值有以下几个方面。

(一)激发学生的学习兴趣

首先，"综合与实践"教学素材取决于生活，所考察、研究的对象以直观具体、形象生动的形式出现，从感性到理性，从具体到抽象，从简单到复杂，这符合学生的认知规律，同时能让学生体会到数学学习与生活、与现实世界的联系。

其次，实践活动能满足学生的愿望，因为"儿童对活动的需要几乎比对食物需要更为强烈"（蒙台梭利语）。

(二) 促进学生素质和能力的发展

小学"综合与实践"的立论基础是：以活动促发展，以应用促提高，加强数学与现实生活的联系，与数学学科外部的联系。比如，"怎样打电话省钱""压岁钱怎样花""铺地砖问题""自行车中的数学问题""如何制订旅游计划"等。其目的是给学生打好数学基础，发展思维能力，培养创新意识和实践能力。

(三) 培养学生社会化的意识

"综合与实践"教学充分体现了教育职能，它着眼于个人发展需要的同时，也注重社会的需求，它追求知识与技能、过程与方法、情感态度与价值观等多方面的目标，为学生的个体社会化创造了条件。

（四）有助于教师的发展

"综合与实践"给了教师研制、开发、生成出更多适合本地学生特点的、有利于实现"综合与实践"的好问题，对问题的选择与开发有利于教师开阔视野，提升自己的知识与素养。而在实施的过程中，有助于教师改变教学方式，转变教育理念。

四、综合与实践的教学策略

"综合与实践"是以操作活动为主的特殊课型，教学过程一般分活动准备、活动导入、活动实施和活动总结四个阶段。对于教师的教学提出了新要求，为此在教学中教师需积极探索和总结这方面的教学策略，以下仅供参考。

（一）设计好问题

问题是驱动操作活动与思考的前提，设计好问题是实施综合与实践活动的关键。问题的设计可以参照如下几条要求。

第一，问题和学生的生活经验密切结合，是实践与探索兴趣的基础。

第二，问题新颖、有趣，引发学生的好奇心，是探索与创造的前提。

第三，问题具有探索性和研究性，让学生经历一个探索和研究的历程。

第四，问题具有综合性，促使学生思考和创造。

第五，问题具有弹性和开放性，让所有学生都能参与，让不同的学生能展示不同的思维水平与个性。

问题的来源是多渠道的，一个直接而重要的来源是教材，由教材的编写者设计，但由于综合与实践是一个新领域，对它的研究还不成熟，编写者对素材的选择和设计也不完善，所选素材不一定适合所有的学生，这就需要教师们积极思考，必要时做适当改进，自己动手、因地制宜地收集、编制适当的问题。同时，非常重要的是，鼓励学生发现和提出问题。

（二）扮演好角色

在综合与实践活动中，教师要做好指导者、参与者、欣赏者。综合与实践活动的问题往往具有综合性和挑战性，教师要指导学生掌握各方面的信息，确定实践活动的方案；活动形式一般采用学生小组合作的方式进行，在小组活动中，教师应给学生充分实践与思考的时间，并参与到各小组中倾听学生的讨论和想法，鼓励他们探索，适当地提出一些建议，引导活动的正常进行；在组织各个小组展示交流时，教师要做一个欣赏者，让学生大胆阐述本组的观点或自己的质疑，欣赏、尊重学生富有个性和创造的思考，并引导交流提升，促使每个学生都获得成功的体验且得到应有的尊重和理解，以保证学生学习的积极性和创造性得到充分的发挥。

（三）运用好课时

综合与实践由于其探索性、实践性和综合性等特征，往往不能在一节课完成，同时一些调查、测量等活动也需要课外进行，这就需要课内外相结合。结合的方式根据具体的问题而定，如在课内讨论解决问题的方法，课外实施，然后再回到课内交流解决问题的过程和结果；或者在课内布置需课外调查的问题，课外调查，然后再课内交流；或者以"长作业"的形式在课内布置，课外查阅资料，思考计算完成，然后再课内展示交流等。关键是教师要做好整体设计，合理安排课内外的任务量，让学生确实通过综合与实践活动了解周围世界，密切数学与生活现实的联系，同时让周围世界成为学生探索的源泉，打开学生的视野，积累活动经验，而不加重学生的课业负担。

（四）评价主体多元、方式多样

综合与实践的评价内容至少包括如下几个方面。

第一，学生参与实践的态度，通过活动过程中的表现看学生是否认真、积极承担任务、注意合作、听取他人意见等。

第二，学生在实践过程中的体验，通过观察了解，看学生是否增强了查找资料、收集数据、使用工具及数学计算、交流的能力；发现、提出、分析、解决问题是否表现出创造性；探索精神和动手能力是否提高等；是否获得成功的体验、发现的快乐。

第三，学习的结果，形式可能是数学小论文、调查报告、研究笔记、实物模型、主题讲演、成果展板等。

综合与实践的评价主体只靠教师难以全面准确，可以扩展到同学（包括小组长）、家长和学生自己，甚至是涉及的单位人员。至少结合学生的自评和同学互评，或师生共同商量，通过分析活动的过程和结果，确定综合与实践活动的等级，这样可让学生认识自己的成绩与不足，激励他不断进步和发展。

综合与实践的评价方式要坚持以激励为主，以态度、体检过程中的亮点为主要评价对象，让学生均有成功的体验。结果评价以定性为主，因为影响学生实践活动质量的因素很多，不宜且难以量化，以描述性的语言辅以等次评价即可。

第二节　教学案例与评析

一、教学案例

【课题】神奇的图形密铺①（人教版五年级上册）

【背景】

"神奇的图形密铺"一课是学生在学习了角的认识、多边形的面积、多边形的内

---

① 杨磊，沧州市路华小学

角和等相关知识之后学习的，小学生在生活中积累了大量的密铺感性经验，本课以问题驱动综合运用数学内部的多种知识探究解决问题，并将数学与生活整合，使学生逐步发现数学中的美、美中的数学。

阅读本案例请关注以下问题：

1. 案例中是如何引导学生感悟抽象、推理、模型等数学思想的？

2. 案例中是如何将现代信息技术与数学教育整合的？

3. 案例中是如何引导学生逐步发现数学中的美和美中的数学的？

4. 案例中是如何运用自我反思进行反馈和外化检验的？

【教学目标】

1. 理解密铺的含义，知道哪些常见平面图形能密铺，发现平面图形密铺的规律。

2. 通过观察、操作、想象、交流、表达等活动，培养抽象、推理、猜想、验证能力，进一步发展空间观念。

3. 感受数学与生活的密切联系，学会用数学的眼光发现生活中的数学现象，激发学习数学的兴趣，享受数学美带来的快乐。

【教学重难点】

教学重点：理解密铺的意义，知道哪些常见的平面图形能够密铺。

教学难点：探究平面图形密铺的规律，培养抽象、推理、猜想、验证能力，进一步发展空间观念。

【课前交流】

师：同学们已经是五年级的学生了，学了好几年数学了，谁能说说在你心目中数学是什么样的？

生1：我觉得数学是非常严谨的。

生2：数学是非常有趣的。

生3：数学是很深奥的。

生4：数学是很神奇的。

师：刚才有几位同学谈了自己对数学的认识，有的感觉很神奇，有的感觉很有趣，有的感觉很深奥，各种各样的感受都很真实，希望在这节课上大家都能有所收获。准备好了吗？能开始上课了吗？

【设计意图】通过课前谈话了解学情，唤醒学生以往学习数学的经验。

【教学过程】

一、实例引入，感知密铺的特点

师：正如刚才同学们所说的那样，我们的生活中充满了数学，如果用数学的眼光去观察生活，就能发现许多奥秘。今天老师给大家带来了三张图，请大家认真观察一下。

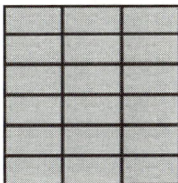

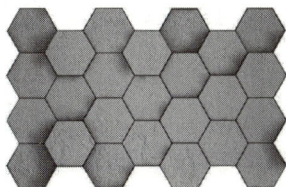

师：生活中你见过这样用砖铺成的地面或墙面吗？

生：见过！

师：我们先观察第一幅图，它是由什么图形拼成的呢？

生：正方形。（课件闪动，将砖抽象成平面图形）

师：第二幅图呢？

生：长方形。

师：第三幅图呢？

生：正六边形。

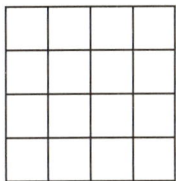

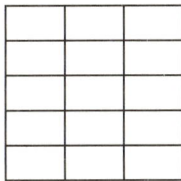

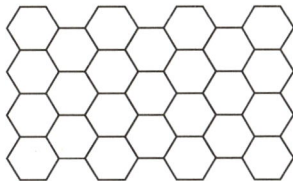

师：我们再观察一下，拼成第一幅图的小正方形有什么特点？

生：形状和大小都一样。

师：第二幅图、第三幅图呢？

生：都一样。

师：看来这些图案都是用形状、大小完全相同的图形拼成的。观察上面的图案，这些图形的铺法有什么共同特征？

生1：没有空隙。

生2：不重叠。

师：同学们的观察能力很厉害，一眼就看出了这种铺法的特征。（板书：不重叠无空隙）像这样把图形既不重叠，又无空隙地铺成一片，这种铺法，在数学上就叫作密铺。（板书：密铺）

【设计意图】从学生熟悉的生活中的地砖或墙砖抽象出平面图形，初步感知密铺的特点。

师：请同学们仔细观察下面几幅图的铺法是密铺吗？（出示图片）

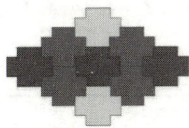

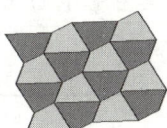

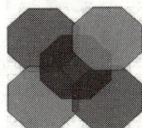

师：第一幅图谁来说说？

生：第一幅图是密铺，它不重叠、无空隙。

师：第二幅图呢？

生：第二幅图虽然它的图形有点特别，但它也不重叠、无空隙，所以也是密铺。

师：这位同学讲的道理，大家听得明白吗？

（部分学生面露困惑之色）

师：嗯，有人明白，有人不太明白。是不是密铺关键要看什么？

生：不重叠、无空隙。

师：第二幅图符合这个特征吗？

生：符合。

师：只不过有的同学好像觉得它的样子长得怪怪的，它符合密铺的特征是密铺。

师：继续看一看第三幅图，谁来说说看？

生：不是密铺，它里面重叠了。

师：最后一幅图呢？

生：不是，它留有空隙。

师：同学们回忆一下，生活中在其他的地方还见过密铺吗？

生1：天花板。

生2：砖墙。

生3：马路边的盲道。

……

师：同学们留心观察的话，在生活中还能发现许许多多的密铺现象。的确，密铺把我们的世界装点的丰富多彩，密铺给我们的生活带来了美的享受。当你看到这些美丽的图案时，你是否想过其中的数学原理呢？今天就让我们一起走进奇妙的图形密铺世界。

【设计意图】通过正反例辨析、自由举例进一步深入了解密铺的特点。

二、实践操作，探究密铺图形规律

(一)探究特殊平面图形密铺规律

(出示：正三角形、正方形、正五边形、正六边形和圆)

师：请同学们发挥一下自己的想象，在头脑中想象一下，如果只选择一种图形来铺的话，哪种图形能够密铺，哪种图形不能够密铺？（先不急着说，在头脑中充分地想象一下）

师：每个小组内有一张记录单，组内同学讨论一下，如果觉得这个图形能够密铺，在图形下面画个"√"；如果不能密铺，在图形下面画个"×"；如果对这个图形拿不定主意或达不成一致意见，在图形下面画个"?"。

	△	□	⬠	⬡	○
猜想					

师：哪个小组来汇报一下你们的研究成果？

组1：我们觉得除了圆形都可以密铺。

师：调查了解一下，哪些小组的同学和他们的想法一样，请举手。看来还有不同的想法，哪个小组来发表一下不同的想法呢？

组2：我们觉得正五边形和圆形不行，其他的都行。

师：和他们小组意见一样的请举手。看来同学们想法还不太一致，有的同学说能，有的同学说不能，意见不统一该怎么办呢？

生：动手试一试！

师：嗯，我们可以动手铺一铺、试一试。

活动要求：

1. 想一想铺的过程要注意什么？（首先要不重叠，再看是否有空隙）

2. 小组合作，组长负责组织活动并记录研究结果，其余每人选择一种图形铺一铺。

3. 动手操作后在小组内交流你铺的图形能密铺吗？你还有什么问题吗？

（学生小组活动，教师组间巡视，请完成较快的小组到黑板前操作）

师：请同学们整理好学具，我们一起来看看这边的小组同学在黑板上铺的结果。

师：正三角形能够密铺吗？

生：可以。

师：正方形能密铺吗？

生：可以。

师：正五边形能密铺吗？

生：不能。

师：正五边形为什么不能密铺？

生：无论怎么铺，都会有空隙。

师：正六边形能够密铺吗？

生：可以。

师：圆可以密铺吗？

生：不可以。

师：这几种图形经过实践检验后发现有的能密铺，有的不行。回想刚才的猜想，你猜对了吗？

生：有的猜对了，有的没有。

师：看来我们要想研究一个问题光靠观察，行不行？只凭着感觉来猜想行不行？

生：不行。

师：还需要怎么办？

生：验证。

师：确实是这样，实践是检验真理的唯一标准，甚至更进一步地说还要研究其中的道理。

【设计意图】通过观察、想象、实验验证等过程，学生了解到哪些常见的平面图形能够密铺，发展了空间观念。

师：同学们有没有想过，为什么有的图形铺起来既不重叠，又没有空隙，而有的图形铺起来却有空隙呢？你觉得密铺到底和什么有关系呢？

生1：图形的边，边的数量。

生2：角的角度。

师：其他同学感觉这个问题好像有点难，别着急！

我国古代著名的哲学家思想家老子曾说过："天下难事，必作于易。"我国现代著名的数学家华罗庚曾说过："复杂的问题要善于'退'，足够的'退'，退到最简单而不失去重要性的地方，是学好数学的一个诀窍。"

师：看来古往今来英雄所见略同，往往遇到复杂的、困难的问题要先退到最容易、最简单的地方开始研究。

（课件演示，正方形、正三角形绕一个拼接点铺的过程）

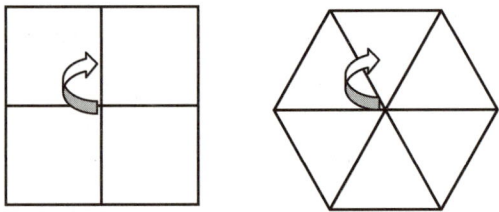

师：观察后我们进一步思考，为什么正方形只需要4个就可以密铺了，而正三角形却需要6个。

生1：正方形有4条边，正三角形有3条边。

师：正方形有4条边，需要4个，正三角形有3条边，那应该需要3个呀。好，再想想看。（微笑着）

生2：正方形的每个角都是90°，正三角形的每个角都是60°。

师：这位同学关注到了角度，正方形每个角都是90°，在这个拼接点处有4个直角就是4×90°=360°。正好拼成了一个什么角？

生：周角。

师：正三角形每个角是60°，在拼接点处有6个角就是6×60°=360°。为什么非要拼成一个360°的周角呢？差一点不到360°行不行？

生：不行，那样就会有空隙。

师：如果大于360°行不行？

生：不行，那就会重叠了。

师：同学们这个发现非常重要，下面我们看一看这个发现是否经得起考验。

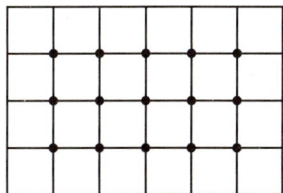

（出示正方形、正三角形密铺图案，检验拼接点处的几个角加起来的和是 $360°$）

师：下面我们一起看看正六边形和正五边形的情况。

（课件演示，正六边形、正五边形绕一个拼接点铺的过程）

师：正六边形最少只需要 3 个就可以密铺了。

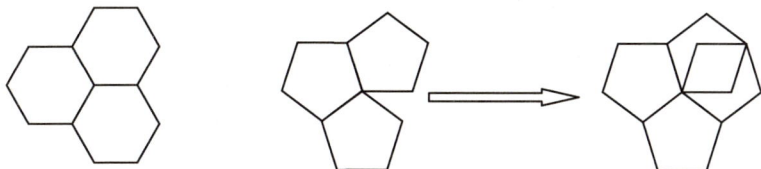

师：正五边形用 3 个能够密铺吗？

生：不行，有空隙。

师：咱们再添一个试试。

生：不行，重叠了。

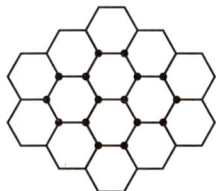

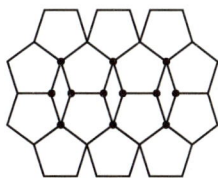

（出示正六边形、正五边形铺成的图案，检验拼接点处的几个角加起来的和是否是 $360°$）

师：看来一种图形能不能密铺关键要看什么？

生：要看几个角加起来是不是 $360°$。

（板书：关键：拼接点处的几个角加起来的和是 $360°$）

【设计意图】追问为什么有的图形铺起来既不重叠，又没有空隙，而有的图形铺起来却有空隙呢？你觉得密铺到底和什么有关系呢？虽然这样的设计超出了课本对小学生的要求，但通过教学实践我们发现，这样的设计是基于学生的最近发展区的，本着"上不封顶、下要保底"的原则有效促进了学生理性思维的发展。

（二）推导一般平面图形密铺规律

师：通过进一步的研究我们弄明白了为什么有的图形能够密铺，而有的图形不能够密铺。可是刚才咱们研究的这几个图形都非常的特殊，比如，说正方形它也叫作正四边形，是四条边和四个角都相等（四个角都是直角）的四边形。如果说正方形能密铺的话，那些不特殊的四边形是否也能密铺呢？

师：咱们学过的四边形有哪些？

生：长方形、平行四边形、梯形……

师：嗯，有的同学知道还有菱形。

师：首先来说长方形能密铺吗？

生：能！

师：这还用验证吗？

生：不用。

师：为什么？

生：长方形四个角都是90°拼在一起肯定是360°。

师：而且生活中见过了太多的长方形密铺的例子。

师：接下来是平行四边形，在脑子里想象一下平行四边形能不能密铺？

生：可以。

师：同意的同学举手老师了解一下。

嗯，有许多同学举手了，还有几个同学没举手看来还有些怀疑。

下面咱们用电脑课件来验证一下。

（引导学生观察拼接点处的4个角加起来的和是360°，并且任意改变平行四边形形状都能够密铺）

师：菱形可以密铺吗？

生：可以。

师：为什么呢？

生：它和平行四边形差不多。

师：菱形是一种特殊的平行四边形，如果说普通的平行四边形都能够密铺，那么菱形呢？

生：可以密铺。

师：咱们加上一个肯定的词"一定"。

生：菱形一定可以密铺。

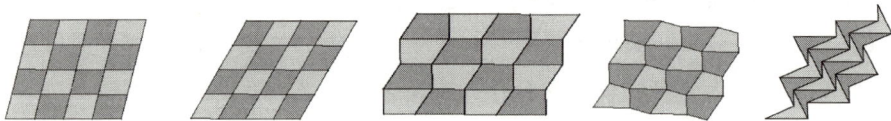

师：接下来再看看梯形能够密铺吗？

生：可以。

师：有的同学非常肯定，有的同学在轻轻地摇头。那同桌之间互相讨论讨论，说说你是怎样想的。

师：好了，谁来给大家讲讲道理？

生：两个完全一样的梯形可以拼成平行四边形，平行四边形能够密铺，梯形一定可以密铺。

师：实际上不只是这些特殊的四边形能够密铺，如果我们把图形再改变一下形

状，请同学们仔细观察一下能够密铺吗？（演示任意四边形和四四边形）

有的同学看到图笑了，这个四边形的样子长得怪怪的，能够密铺吗？

生：可以！

师：到了现在我们可以放心大胆地说什么了？

生：只要是四边形都能够密铺。

师：关键在于四边形拼接点处几个角的和正好是360°，所以都能够密铺。

师：刚才咱们的研究和探讨都非常有价值，咱们从正方形能否够密铺，深入研究发现所有的四边形都能够密铺。正三角形能够密铺，是否所有的三角形也都能够密铺呢？

生：能！不能。

师：为什么呀？谁能给大家讲讲道理？

生1：两个三角形也能够拼成一个平行四边形。

生2：是两个完全一样的三角形能够拼成一个平行四边形。

师：嗯，很好。两个完全一样的三角形能够拼成平行四边形，平行四边形能够密铺，所以三角形一定能够密铺。这也是应用了我们前面的发现，我们把一个新的问题转化成熟悉的问题来思考，这种研究问题的方法很重要。

（课件展示三角形密铺，任意改变三角形形状也都能够密铺）

师：学到这里同学们还有什么问题吗？

生1：正五边形不能够密铺，是否所有的五边形都不能密铺呢？

生2：正六边形能够密铺，是否所有的六边形都能够密铺呢？

师：这样的问题也很有意思，历史上有数学家做过专门的研究，课上时间有限我们来不及都研究了，有兴趣的同学可以课后继续深入地研究。

师：到了这里我们总结一下刚才我们的研究成果，所有的四边形都能够密铺，所有的三角形都能够密铺，正六边形能够密铺。

【设计意图】探究任意三角形、四边形、五边形、六边形能否密铺的过程，综合运用学生学习过的相关知识进行推理，进一步认知平面图形密铺的规律。

(三)探索两种组合图形密铺规律

师：这时候有两种图形心里很不好受，圆形和正五边形。哎呀，我们也想密铺！

同学们，比如说圆，要想让圆实现它密铺的梦想，光靠它自己不行呀，你们有没有办法帮帮它呢？

生：给它再加上一种像星星的图形。

（课件演示）

师：看来两种图形组合在一起也能够密铺。

师：咱们再看看正五边形。

生：给正五边形加上一种菱形。

师：就像咱们发现的这样，不光是一种图形能够密铺，两种或两种以上的图形组合在一起也能够密铺。下面我们欣赏几幅美丽的密铺图案。

师：实际上不只是这些规则的图形能够密铺，一些不规则的图形通过设计也能够密铺出神奇的图案。

师：荷兰艺术家埃舍尔从一个艺术家的角度，利用数学的原则和思想，发掘了美创造了美。

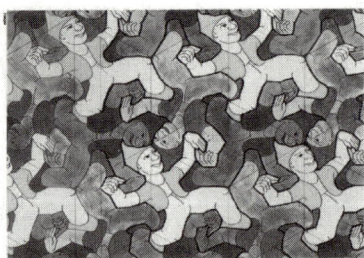

生：哇……

师：看出这是由什么图形密铺的吗？

生：人，骑马的人，鱼，飞鸟。

师：如果同学们用数学的眼光观察这些神奇图案，透过现象看到本质，不难发现它们都是由一些基本的图形组合在一起密铺构成的，相信你也会感受到数学独特的魅力！

【设计意图】除了数学内部的综合运用之外拓展到数学与生活的综合运用，组合图形的密铺、埃舍尔设计的图案都给了学生美的感受，学生们发现数学中的美，美中的数学。

三、回顾反思，拓展延伸

师：这节课学到了这里，请同学们看"自我反思单"回顾一下本节课的收获。

(1)这节课我有什么收获，给我留下印象最深刻的是什么？

(2)在学习的过程中我们在哪里遇到了困难，是用什么方法解决的？

(3)除了数学方面的收获之外，我还有哪些有价值的收获？

生1：知道了什么叫密铺。

生2：知道了所有的四边形，所有的三角形都能够密铺。

生3：我知道了两种或两种以上的图形也能够密铺。

生4：我知道了密铺的特征：不重叠，无空隙。

生5：今后的学习中如果我们碰到了非常复杂、非常困难的问题可以退到简单的地方再研究。

生6：应用密铺可以创造出美丽的图案。

……

师：给同学们布置一个课后作业，用今天学的密铺知识，在方格纸上设计一幅美丽的密铺图案，并涂上漂亮的颜色。

【设计意图】利用自我反思单帮助学生梳理回顾本节课的收获，发展学生的元认知能力。

【课后反思】

1. 学生经历了观察、想象、猜想、验证等过程，综合应用所学的数学知识探究出密铺的规律，感悟抽象、推理、模型等数学思想，积累数学活动经验，较好地发展了理性思维能力和空间观念。

2. 这样的教学设计大大超出了课本对五年级小学生的要求，是基于对学生的前测调查、基于学生的最近发展区，提高了问题解决的能力，促进了学生全面、持续、和谐的发展，经过教学实践检验效果良好。

3. 课堂上如果能够给学生更大的探究空间，更多的交流、思考、质疑的机会，能够更好地促进学生的发展。

二、评析

这是一节五年级的综合实践课，本节课有以下特点。

（一）选取题材——现实

图形的密铺是城乡小学生都熟悉的而又不去深思的生活问题，"神奇的图形密铺"就从学生熟悉的地砖、墙砖密铺开始，利用已学的数学知识，让学生去思考、分析、探究发现其中的奥秘，学生们感到有趣、有理、有用，甚至惊叹密铺图案的美丽多彩，在感受数学理性思维魅力的同时发展了学生的空间观念，这正是合理选材又充分利用课外资源的丰厚回报。

（二）数学思想渗透——充分

教学过程由生活中具体的地砖、墙砖密铺抽象到数学图形的密铺，从现象到本质，师生探究了平面图形密铺的含义、建立了平面图形能够密铺的模型（条件）、推理出常见平面图形哪些能够密铺的结论以及单个不能密铺而由两个或多个图形组合进行密铺的规律，最后拓展到不规则图形的密铺，层层深入，在这个过程中，学生学习运用数学的抽象、推理、模型思想，掌握了密铺的基本知识，学会了"如果我们碰到了非常复杂、非常困难的问题可以退到简单的地方再研究"的学习方法，提高了思维能力，体会到数学在生活中的应用价值，感受到强烈的数学美，体现了数学教学的三维目标。

（三）师生角色转变——到位

《课程标准（2011）》明确将教师定位在教学活动的组织者、引导者和合作者的角色，而不是告诉者，学生是学习的主人，是动口、动手、动脑的探究发现者不是被动的接受者。

在这节课上，教师首先通过学生熟悉的地面、墙面图片引导学生抽象成平面图形的密铺，观察出密铺的特点，然后让学生动脑猜测几种常见图形是否能够密铺，小组交流，实践操作，形成常见图形密铺的感性认识；验证猜想，说明理由，引发学生的理性思考；问题驱动，方法指导："复杂的问题要善于'退'，足够的'退'，退到最简单而不失去重要性的地方，是学好数学的一个诀窍。"从最简单的图形——正三角形入手探究密铺的条件，学生动脑、动口、动手概括、推理，建立模型—图形密铺的条件—"拼接点处的几个角加起来的和是 360°"，接着再推导一般图形的密铺规律。而后由"圆形和正五边形也想密铺！同学们，你们有没有办法帮帮它呢？"引发学生的主动思考，探究得出两种图形的密铺规律，最后教师引导拓展"一些不规则的图形通过设计也能够密铺出神奇的图案"。学生"哇……"的惊叹声，说明学生感受到了神奇的数学美。整个教学过程体现了教师的指导者、引导者、组织者角色和学生是学习的主人的角色。

这是一节既有思维深度又有广度的丰满充实的综合实践活动课。

本章回顾

本章概述了综合与实践课程的内容与设计、特征与目标、教育价值，提出了供参考的四个教学策略，给出了教学案例及评析。

关键术语

综合运用　实践活动　教学目标　教学内容　教学策略　案例

思考题

1．"综合与实践"有何教育价值？

2．《课程标准(2011)》中关于"综合与实践应用"这部分内容的教学目标是什么？

3．"综合与实践"的教学策略有哪些？

4．设计一份"综合与实践"的教学案例，并进行评析。

案例研究

估计黄豆的数目

上课开始，老师给每个小组桌子上放了一袋黄豆，请同学们猜一猜今天要研究的问题：黄豆是什么形状的？一袋黄豆有多少粒？一(粒)袋黄豆有多重？黄豆有什么营养？——老师归纳，同学们的问题都很有价值，我们今天从数学的角度来研究这袋黄豆，问题就是：想办法估计一下这袋黄豆有多少粒。

孩子们在小组内议论开来，想出了许多不同的办法：有的小组先拿出一把勺子，平平地盛一勺，数一数有多少粒，盛了 10 勺正好盛完，从而估计出有多少粒黄豆；

有的小组把黄豆慢慢地倒在桌子上，铺成一个长方形，用直尺量一下长是多少，再平均分成 5 份，数出其中一份有多少粒，再算出一共有多少粒；有的小组搬来台秤，先称出 1 克黄豆有多少粒，再称一称这一袋黄豆有多少克，从而计算出这袋黄豆有多少粒。

然后，数一数，看看结果与估计的相差多少，并猜想一下原因是什么。

最后，全班交流，课后每组写一份实验报告。

请给予评析。

📖 拓 展 阅 读

1. 张丹．小学数学教学策略．北京：北京师范大学出版社，2015。

该书第五章"实践与综合应用的教学策略"包含着与本章相关的内容，可参考。

2. 马云鹏．小学数学教学论．北京：人民教育出版社，2013。

该书第十一章"综合与实践内容分析与教学设计"围绕小学数学综合与实践，对其意义、目标、内容、设计与实施进行了详细的介绍，并由附表给出了"小学数学综合与实践活动举例"和"数学综合与实践教学评价内容"，可作为学习本章的拓展资料。

第八章 小学数学教学评价

教育名言 ▶ ┈┈

只有能够激发学生去进行自我教育的教育，才是真正的教育。

——苏霍姆林斯基

学习目标 ▶ ┈┈

1. 了解数学教学评价的内涵、基本理念与主要功能。

2. 掌握数学课堂教学评价与学习评价的基本要素与指标。

3. 掌握数学课堂教学评价与学习评价的实施方法。

导入案例 ▶

假设你正在询问一位教师两个问题：

"你平时如何对自己的学生进行评价？"

"我通常用考试、小测验、学生的代表作。"

"你平时如何掌握学生的学习情况？"

"课堂提问、小组活动、讨论、概念图，甚至学生的表情。"

你对这位教师的回答作何评价？你是否认为评价就是"给分数"或"给分数＋正确答案"？你怎样看待评价与教学的关系？评价是确定学生获得了哪些知识，而与反馈信息、发展学习没有关系，抑或评价与教学是一个相互作用的一体化的系统。本章就来学习现代数学教学评价的观点与认识，探讨数学课堂教学评价与学习评价的主要功能、标准以及实施方法。

第一节　小学数学课堂教学评价

"评价"一词的意义包括两个方面：测评、分等级（或评分）。教学评价是根据一定的教育和测量原则，在系统收集各种教学信息的基础上，对学校教育中教与学活动的过程和结果进行测评与衡量，做出价值判断的过程。它涵盖对学生学习的评价以及对教师教学的评价。

现代教育理论认为，评价不仅仅是教学结束后的一次测验，考查学生在特定条件下的表现。相反，"好的评价产生好的教学活动；好的教学活动形成好的评价"[1]。评价应被视为教学的重要组成部分，教师应该清楚地知道自己教了什么以及学生学了什么，并根据评价提供的反馈信息，不断改进和创新教学，促进学生的全面发展。

数学教学评价的目的是全面了解学生数学学习的过程与结果，激励学生学习重要的数学内容，为教师和学生提供反馈信息。

一、课堂教学评价的内涵与功能

课堂教学评价是对教师的课堂教学所进行的评价，主要是对教师课堂教学的行为及其效果所进行的价值判断。课堂教学是学校教学工作中的核心，课堂教学评价的目的是促进教师改进教学，不断提高课堂教学质量。

现代教育的发展强调"教育要遵循学生和教师的生命体验，遵循学生的身心成长规律和教育规律"，构建有效的教学评价应体现这一基本理念。

---

① Shavelson，R. J.，Pine，J.．Performance assessments：Political rhetoric and measurement reality．Education Researcher，1992，21(4)：22-27

第一，可以帮助教师明确教学的发展方向。评价反映了一定时期课程、教学与学习的内涵与目标，教师在持续参与评价的过程中根据评价的导向，可以明确什么是重要的数学，如何开展好的数学教学和学习；第二，可以全面反馈教师关于个人教学的优点与问题，促进教师深入反思自身的教学，并激励教师有目的性、针对性地进行学习、改进、提高；第三，还可以通过反馈指导教师怎样完善教学，提高教学能力，促进专业发展。

二、课堂教学评价的标准与指标

课堂教学评价标准与指标的研究是教学评价研究的核心内容。"指标"表明在教育活动中哪些因素有价值，哪些因素对于活动及其结果起决定作用。指标系统则是因素或项目标准的集合，共同反映了课堂教学的本质及其价值取向。

评价标准的设计需要遵循的一般原则是什么？评价标准的设计与开发需要平衡教育与统计测量之间的关系。科学的评价量表必须满足一定的信度、效度等的统计要求；同时使用定量的与质性的，形成性的与总结性的评价方法，提高评价反馈的信息量及其质量；评价指标的制定要兼顾科学性和可操作性。科学性是指涉及的概念、术语和理论要科学，评价指标的描述要清晰，避免使用模糊的概念。可操作性是指评价指标的操作程序和测量变量的可观察、可判断和可测量以及指标的数量要适宜。与此同时，评价要素与指标的制定还应遵循以下教育原则。

第一，评价应促进有益的教学指导行为。特别是促进学生积极参与数学思考和理解的关键的教学行为；基于学生经验和相关资源进行创新性教学设计与实施；激发学习动机、创造建构与延伸知识的机会；创造接受学生反馈以及调节教学的机会。

第二，评价应反映数学教学的特征，重视对重要数学课程的深刻理解，关注高水平数学思维所要求的推理、问题解决、交流、联系等活动。

第三，评价应支持每个学生都有平等的学习机会。评价内容应关注是否每个学生都有机会展示他的探究结果，都有机会接触对他来说有挑战的数学，以及学生的数学学习态度、兴趣、习惯。

制定数学课堂教学评价指标的依据是什么？评价应以课程目标和内容标准为依据，体现数学课程的基本理念。《课程标准（2011）》在"课程基本理念"中明确指出：

"教学活动是师生积极参与、交往互动、共同发展的过程。有效的教学活动是学生学与教师教的统一，学生是学习的主体，教师是学习的组织者、引导者与合作者。"

"数学教学活动，特别是课堂教学应激发学生兴趣，调动学生积极性，引发学生的数学思考，鼓励学生的创造性思维；要注重培养学生良好的数学学习习惯，使学生掌握恰当的数学学习方法。"

当前，数学课堂教学评价标准研制的现状是什么？量表评价是教学实践中最常用的方法；在数学课堂教学评价中，最受关注的几个方面是教学目的、教学效果、教学内容、教学方法、教师素质、教学过程；学生的学习行为也开始受到关注，并通过学生认知、行为与情感态度三方面来体现；"教学特色"成为定性描述中的一个主要的方面。例如，"中学数学绿色课堂评价标准"①中提出基本要求、关注学生、数学本质、动态生成和追求创新五个维度的评价标准。其中，"基本要求"维度包括：教学目标制定、教学内容处理和教学方法选择合理等一般数学课堂要求。"关注学生"维度包括：关注数学思维的培养，关注数学学习态度、兴趣和习惯的培养，关注数学问题解决能力的培养，关注数学自学能力的培养，关注学生差异五项标准。"数学本质"维度包括：设计高水平的数学任务，展现数学知识的发生发展过程，体现数学知识的联系性，注重数学思想方法和活动经验的积累，运用信息技术有效促进数学知识理解五项标准。"动态生成"维度主要包括：内容的生成、方法的生成、情感的生成三项。"追求创新"主要包括教学设计的创新、教学实施的创新两项标准。

三、课堂教学评价的方法与实施

(一)数学课堂教学评价的方法

课堂教学评价包括课堂信息的收集以及对收集到的信息进行分析评价两个阶段。收集课堂教学信息一般有两种途径：评价者直接观察课堂教学过程(或采用录像评价)；采用问卷、量表间接获得课堂教学的信息。

收集课堂观察信息的工具有三种类型：第一，以分类系统为基础的结构观察法。所谓分类系统是指一套对课堂上教师行为、学生行为及环境变量的编码系统，如教师行为编码包括一般观察，针对性观察，鼓励，言语教学(信息、概念、提问)，一般性表扬，针对内容的反馈、管理、评论，与教学无关的行为。结构观察是按照事先拟定的分类系统，对在特定时间段内出现的行为类目进行记录，对这些记录结果进行分析可以得到关于各种行为的出现频率、发生时间、所占比例等数量信息，从而对课堂教学进行评价。因此，采用分类系统作为观察工具的结构观察是定量观察。第二，收集质的信息的记录方式；对这些信息的分析采用构建模式、诠释社会意义等解释学的方法。第三，评价标准和指标。评价者根据标准和指标体系的表格对每个项目进行评定。用这种工具收集到的信息已经不是完全意义的观察资料，而是经过了观察者主观分析、判断后的信息。评价标准和指标作为观察工具直接收集课堂信息，是中国课堂教学评价实践中应用最广泛的一种方式。

---

① 蔡春霞，等．秉承绿色教育理念，构建数学课堂评价标准．中国教师，2013(13)

课堂教学质量评估表

评价项目		指标与权重	得分
教的方面	教学目标（10分）	(1)目标切合教材要求和学生实际	5分
		(2)情知和行为目标结合和谐，可操作，能落实	3分
		(3)目标对不同层次学生有不同的达标要求	2分
	教学内容（6分）	(1)知识正确，容量适当，学生能接受	2分
		(2)把握教材内在联系和重点突破	2分
		(3)以教材为例，训练学生能力，指导学法	2分
	教学过程（8分）	(1)教学活动每一节流程结构合理，体现教学思路与学生思维，心理协调，有利于学生认知结构的建议	4分
		(2)结构流程有利于学生参与学习实践	2分
		(3)教学节奏密度适当，时空分配合理	1分
		(4)具体本学科课型特点	1分
	教学手段（11分）	(1)教学注意提示认知规律和学法指导	4分
		(2)情境创设恰当、有效	2分
		(3)问题系列设计严谨，情知有机交融、和谐	3分
		(4)教学挂图、教图和电教媒体的选用合理、高效	1分
		(5)教学体现对学生能力的培养，情感的激发	1分
	教学调控和效果的检测（8分）	(1)对学生信息及时反馈，有效纠正，完成教学任务	2分
		(2)精心安排有层次性、针对性和开放性的练习活动	2分
		(3)以师之情唤生动情，师生和谐平等	2分
		(4)给学生一定消化思考的余地，课业负担合理，轻负高效	2分
	教师素质（7分）	(1)教态大方自然，语言准确简练；演示操作规范，指导得法；板书科学、工整、美观	3分
		(2)运用直观教具、现代教学媒体等，使用正确熟练，合理优化	2分
		(3)善于组织教学，能随机调整	2分
	教学特色	在课堂教学中创设学境、教法和媒体运用有独特创举，效果显著	另加1~5分
学的方面	参考状态（15分）	全员参与	15分
		有个别学生不参与	12分
		有20%左右的学生不参与	7分
		有1/3以上的学生不参与	3分

续表

评价项目		指标与权重	得分
学的方面	交往状态（15分）	(1)有多边、丰富、多样的信息联系	8分
		(2)课堂上的人际交往有良好的合作氛围	7分
	思维状态（12分）	(1)敢于提出问题、发表见解	5分
		(2)问题与见解有挑战性与独创性	5分
		(3)能联系实际举一反三展开创造	2分
	情绪状态（8分）	(1)有适度的紧张感和愉悦感	2分
		(2)能自我控制与调节学习状态	2分
		(3)入境生情，意志得以锻炼	2分
		(4)情感共鸣的表露自然、明显	2分
综合评价	评语		总分

从上面的课堂教学质量评估表中可以看出，评价同时关注教师和学生。对于教师，不仅突出了教学设计和实施，而且强调教学特色和创新。对于学生学习，不仅突出了知识获得，而且强调学生在数学思维、情感、态度与价值观方面的健康和谐发展；整个评价过程，不仅涉及定量统计，而且包括开放的质性描述。

(二)数学课堂教学评价的实施

为了深入分析课堂教学情况，改进教师行为，促进教师专业化成长。在评价实施中，应注意：

第一，评价重在反馈和改进。通过对教师的课堂教学进行诊断，促进个人反思，汲取他人建议，从而改进数学课堂教学，提高课堂教学效果，促进学生全面发展。

第二，开发多样的评价工具。数学教学实践中有新任教师、熟练教师、专家教师的区别，存在着不同课型的数学课与不同的教学模式。例如，新授课和复习课，活动课和研究性学习课等。根据教学模式理论，数学教学一般包括四种基本模式：讲解—传授模式、自学—辅导模式、引导—发现模式、活动—参与模式。采用不同的评价表，针对性会更强，而且可以促进彼此之间更加深刻地理解。

第三，为了真正体现评价促进教师专业发展的目的，被评价的教师应了解评价标准的制定过程、评价标准的详细内容。评价后及时向有关教师反馈评价结果的信息，并吸收优秀的一线教师参与数学课堂教学评价标准的制定。

总之，数学课堂教学评价是一项复杂的与多种因素相关的系统工程，如何建立规范、科学、操作性强的数学课堂教学评价体系是数学教育研究者们一直在努力探索的课题。

第二节 小学生数学学习评价

一、学习评价的内涵与功能

(一)数学学习评价的内涵

数学学习评价是以学生的数学学习活动为对象，采取可行的技术和方法，广泛地收集学生在数学学习过程中所反映出的各种有意义的信息，对学生所实现的预期目标的程度进行测评，做出价值判断的过程。

评价与教学的有机结合是近年来国际学习评价研究的重要趋势。学习评价不仅是数学课程评价、数学教学评价的重要组成部分，而且是课堂教学中的一条基本的线索。有效的课堂强调教师在教学过程中对学生学习的即时了解和解释，教师要不断判断学生知识建构过程中的进展和存在的问题，然后进一步支持学生的学习。数学课程评价只有通过对学生数学学习的过程与结果的评价，才能真实反映数学课程预期目标实施的效果；数学学习评价又是对教师教学效果的直接反映和评定。

(二)数学学习评价的功能

当前，学习评价的目的不仅在于总结、诊断，而且涉及形成性方面。具体包括三个方面：第一，帮助教师和学生理解学习的目标以及"好"的学习的标准。有效的学习评价有利于学生和教师明确他们理解的和错误理解的，并据此寻求如何转化为更有意义的学习，最终实现促进所有学生改善他们的数学学习的目标，提升教师的教学能力。第二，评价可以帮助学生和教师共同完善数学学习。根据评价的反馈信息，学生更清楚地看到：他们已经知道什么，怎样学习，利用的学习资源是什么，不同水平的解题策略的差别等。促进教师设计有效的课堂讨论与任务，引出学生学习的证据。第三，通过提供反馈，激励学生主导个人的学习以及相互指导。评价可以培养学生的自我评价能力，自我评价能力是成功的学习者的重要特征，它以自我调控与自我监管为核心，长期实施高质量的评价可以使学生明确什么是"重要"的数学以及"好"的学习，并逐步学会调控和评价自己的学习。

《课程标准(2011)》在基本理念中明确指出："学习评价的主要目的是为了全面了解学生数学学习的过程和结果，激励学生学习和改进教师教学。"

数学学习评价随课程、教学、学习理论的发展而不断变化。学生学习曾经被看作是一个被动的过程，主要是记住那些教师教给他们的，与这种观点一致的评价就常常关注学习的结果，即学生是否记住了原来学习的知识。类似地，数学课程曾经被看作信息的汇集，它的意义需要教师来告知。这种观点就会导致把记忆作为一种学习策略的评价。如果学生学习"是一个生动活泼的、主动的和富有个性的过程。除接受学习外，动手实践、自主探索与合作交流同样是学习数学的重要方式。学生应当有足够的时间和空间经历观察、实验、猜测、计算、推理、验证等活动过程"①，评价就必须反映和巩固这个观点。

二、学习评价的要素与指标

知识技能、数学思考、问题解决和情感态度是数学学习评价的 4 个要素，它提供了评价内容的整体图景。

(一)知识与技能的评价

在对学生学习基础知识和基本技能的结果进行评价时，应准确地把握"了解、理解、掌握、应用"不同层次的要求。在对学生学习过程进行评价时，应依据"经历、体验、探索"不同层次的要求，采取灵活多样的方法，定性与定量相结合、考查学生对基础知识和基本技能的理解和掌握程度。

(二)数学思考和问题解决的评价

特别要重视在平时教学和具体的问题情境中进行评价，并注意观察与分析学生的思维、推理、策略、表达等的不同层次。例如，用长为 50 厘米的细绳围成一个边长为整厘米数的长方形，怎样才能使面积达到最大？

在对学生进行评价时，教师可以关注以下几个不同的层次：

第一，学生是否能理解题目的意思，能否提出解决问题的策略，如通过画图进行尝试。

第二，学生能否列举若干满足条件的长方形，通过列表等形式将其进行有序排列。

第三，在观察、比较的基础上，学生能否发现长和宽变化时，面积的变化规律，并猜测问题的结果。

第四，对猜测的结果给予验证。

第五，鼓励学生发现和提出一般性问题。例如，猜想当长和宽的变化不限于整厘米数时，面积何时最大。

(三)情感态度的评价

情感态度评价的主要方式包括课堂观察、活动记录、课后访谈等。关注学生参与数学活动时的认知与行为的强度、情感品质以及对数学与数学学习价值的了解。

还应看到学生的发展是一个过程，促进学生的发展同样要经历一个过程。因此在实施中，应注意应用不同的评价技术，形成丰富多样的评价方法，最终形成科学有效的评价体系。

---

① 中华人民共和国教育部．义务教育数学课程标准(2011 年版)．北京：北京师范大学出版社，2012：2—3

三、学习评价的方法与实施

"以学生的全面发展为本"是学习评价的基本理念。传统的学习评价过于注重纸笔测验，过于偏重对书本知识与技能掌握的评价，实践证明这种评价不利于学生全面、持续与和谐的发展。因此，课程与教学改革要求，应建立目标多元、方法多样的评价体系。评价既要关注学生学习的结果，也要重视学习的过程；关注学生的成长过程、学生的个体差异、学生的自我反思，帮助学生认识自我、建立信心。

(一)小学数学学习评价的方法

广泛应用的小学数学学习评价的技术与方法包括：开放题、解答题、选择题、操作题、观察、访谈、反思性日记和收集代表作等。采用何种评价技术和方法应根据不同的评价目的。形成性评价主要体现诊断的功能，以学习内容及其具体行为目标为参照，采用的评价方法和手段主要是日常检查，包括课堂提问与板书、课堂练习与检查以及作业考察；总结性评价主要体现鉴定的功能，以课程目标为参照，采用的评价方法和手段主要是纸笔测验；表现性评价主要体现诊断和促进的功能，以个人发展为参照，评价方法和手段主要包括纸笔测验、表现性测验、调查与实验、数学日记、成长记录袋等。

无论采取何种方法，都应恰当地呈现评价结果。第一，评价结果的呈现应考虑学生的经验、年龄和特殊需要。确保所有的学生都能清楚地了解他们知道和掌握了什么。小学生应当以描述性评价为主，逐步采用描述性评价和等级评价相结合的方式。第二，评价结果的呈现，应有利于增强学生学习数学的自信心，提高学生学习数学的兴趣，使学生养成良好的学习习惯。例如，

教师评语：你的这个 70 分比别人的 90 分更令老师高兴，因为你终于找到了适合自己的学习方法。你对复合应用题的分析有了新的突破，两道考题的思路完全正确！了不起！如果你能想办法提高自己的计算能力，我想下一次考试你一定能取得更好的成绩！

这位教师巧妙地将定性评价与定量评价结合起来，从而给"冰冷"的分数赋予了人文关怀。既指出了成功之处，又提出了今后努力的方向。这样的评价是及时评价，是积极导向，更是鼓励和关怀。

(二)小学数学学习评价的实施

1. 评价与教学过程有机融合

数学任务的设计既要与教学目标一致，又要考虑评价目标。组织多层次的作业为引导学生的数学思维提供不同的机会。例如，开放题一般有多种思路、多种方法与多种结果，更可能适合大多数学习者。把评价方法与教学方法有机结合，使用观察、谈话等基本方式，关注学生的学习过程。从对学生解答过程表面的"对错"转向对学生的思维过程、解题策略多样性的分析。

2. 根据评价目的采用多种评价技术

用简单的解答题和选择题能测查学生应用程序性知识的情况，用开放题、解答题或操作题可以测查学生把数学应用于复杂或新情境的能力。课堂观察和对话能了解学生的思维。用反思性日记和收集代表作能够考查学生在一段时间内思维和推理能力的发展，是对学生数学学习过程评价的一种有效方式。也可以把数学实验与数学调查、数学小论文相结合促进学生的反思与总结。数学成长记录袋用于有目的地收集、记录学生在数学学习领域、特定阶段内的作品及相关证据材料，并以此来评价学生的数学发展水平与进步的过程。

课堂表现评价与反思

时间						
学习方面	学习习惯			学习态度		学习表现（发言、讨论）
评价项目	课前准备	课堂纪律	倾听	参与程度	完成情况	是否积极	表达是否清楚
自评						
组评						
学生反思						
教师意见			家长意见			

3. 重视数学学习的形成性评价

国内外研究表明，如果教师注意使用形成性评价去考察教学状况，通常会提高学生的学习。对学生学习过程的评价应注意三个方面：第一，重视从知识技能、数学思考、问题解决和情感态度等方面评价学生的学习过程。第二，要注重对学生学习过程的整体评价。分析学生在不同阶段的发展变化，让学生看见自己的进步。评价时应注意记录、保留和分析学生在不同时期的学习表现和学业成就。第三，要关注和理解学生个体发展的需要，尊重和认可学生个性化的价值取向，依据学生的不同背景和特点，运用不同的评价方法。

4. 提供促进学生发展的反馈

国外许多基于形成性评价的研究表明，反馈是一个评价项目的关键变量。Nyquist致力于研究形成性评价对于学前至大学生的影响，他提出5种类型的形成性评价[1]：第一，仅是弱反馈。只告知学生分数或等级。第二，仅是反馈。同时告知分数以及正确答案或下一步的目标。第三，弱的形成性评价。同时告知正确答案以及一些解释。第四，中等的形成性评价。不仅是告知正确答案、一些解释，而且

[1] Wiliam，D. Keeping learning on track：Classroom assessment and the regulation of learning. In F. K. Lester（Ed.），Second handbook of research on mathematics teaching and learning . Charlotte，USA：Information Age Publishing，2007：1053-1098

包括对如何改进提出具体的建议。第五，强的形成性评价。不仅是告知正确答案、一些解释，而且包括为了改进需要从事的具体的活动。研究表明，只告知学生目前的成绩对学生几乎没有影响，给学生反馈需要参加的活动对学习有深刻的影响。这个发现与其他一些研究者的结果一致。

反馈并非意味着越多越好。例如，学生在刚遇到一个新问题时经常提出帮助的要求，这一般是因为面临不熟悉的问题情境引起的焦虑。Saphier 曾给出一个好的示例。

师："你不理解哪个部分？"

生："我就是解不出来。"

师："好吧。这个问题的第一部分就像你完成的最后一个题目。然后我们增加了一些变化，看你是否能发现它们，我几分钟后回来。"

这位教师的反馈是值得肯定的。再如，"仔细抄写这个表格，我五分钟后回来帮助你填空。"这些方式不仅给予学生所需要的支持，更重要的是，提供学生独立地仔细感知任务的时间。

5. 体现评价主体的多元化

评价主体的多元化是指教师、家长、同学及学生本人都可以作为评价者，可以综合运用教师评价、学生自我评价、学生相互评价、家长评价等方式，对学生的学习情况和教师的教学情况进行全面的考查。研究发现，强调学生自我评估和同伴相互评估对学生的学习有积极的影响。因此，第一，让学生参与某些评价标准的制定。例如，教师和学生共同在数学学习中讨论好的问题解答的标准，能使学生明确好的解题策略与差的解题策略的区别。第二，科学的评价及其反馈可以促进学生评价能力的发展。当教师使用观察、谈话、面试、反思性日记等评估技术时，学生就可能在阐述他们的观点和回答教师提问的过程中学习，发展自我评估和反思自己的能力。

说说最近的我

学习单元：比例　　　　　　班级_____　　　姓名_____

内容	星　级		
	★★★★★	★★★★	★★★
凡我会的问题，我都举手了			
我能在老师和同学面前大胆说出自己的想法			
我能认真听老师讲课，听同学发言			
我能积极主动地参与小组活动，与同学友好相处			
每次的作业我都能独立并且按时完成			
我能分清两个量的关系是正比例还是反比例			

续表

内容	星　级		
	★★★★★	★★★★	★★★
我能利用比例的知识解决一些实际问题			
我能利用比例尺的知识设计一些平面图			
学习了本单元，我的收获很大			

总之，教学评价知识应成为教师的必备知识。教师不仅应掌握评价学生学习的技术和方法，而且能熟练解释多方面的评价信息。教师应在教学设计与实施中以评价为线索，充分发挥评价的导向与激励功能，使学生享受数学学习的真谛与成功，使学生获得更大价值的发展。

本章回顾

　　本章的主要目的是发展教师关于评价的知识。评价是教学活动的重要组成部分，教师应以评价为线索设计有效的课堂任务与活动，改善和促进学生的学习，同时提高自身的教学能力。本章主要分析了现代数学课堂教学与学习评价的内涵、关系与主要功能，探讨了设计与发展课堂教学评价与学习评价的原则、基本理念与主要指标与标准。最后结合丰富的评价案例，阐述了实施课堂教学评价与学习评价的方法策略。

关键术语

教学评价　课堂教学评价　学习评价　数学教学　数学学习　形成性评价

思考题

1. 数学课堂教学评价的功能是什么？
2. 数学课堂教学评价的指标与标准有哪些？
3. 数学课堂教学评价的实施应注意哪些问题？
4. 数学学习评价的功能是什么？
5. 数学学习评价的指标与标准有哪些？
6. 数学学习评价的实施应注意哪些问题？
7. 作为小学数学教师，应该具有怎样的教学评价理念？

案例研究

"数学日记"案例

【案例 1】

今天学完了"土地面积计算",我就想先预习一下简易方程。一打开课本,看见第一个内容是"用字母表示数",看了例题之后,我发现例题和我们学过的知识有些相似,比如说根据一些条件来求出一个不知道的数,在这一例题中就充分利用了用字母表示数的知识,不管小华几岁,小东的岁数＝小华的岁数＋3,用字母"a"表示就是"$a+3$",这个式子既明确地表示出了"小东比小华大 3 岁"这个数量关系,同时也表示出了"小东的岁数"这个数量。这里的"a"可以表示 1,2,3,4…只要知道小华的岁数,把它代入式子"$a+3$",就可以求出小东的岁数,从中我知道了字母的威力。比如,知道"小红和小黄做计算题,小黄比小红多做 5 道"这个条件,那么小黄做的道数＝小红做的道数＋5,而小红做的道数＝小黄做的道数－5,用字母"b"表示小黄做的道数,小红做的道数就等于"$b-5$",经过这些预习,我想在老师上课的时候就能应付自如了。

阅读案例 1,思考并回答下面的问题:

这则日记主要描写了什么?请跟同伴交流你的回答。

你认为学生可以自主学习吗?请解释你的回答。

作为学生,你有哪些自主学习的体验?开展自主学习需要具备哪些条件?主要有哪些自主学习的方法或策略?请跟同伴交流你的回答。

【案例 2】

"老师您好,我觉得您在上课时不必为了几个没听讲的同学反复地讲题。因为这样做的话,反而会害了他们。现在您对他们就像对待一年级的小学生一样,久而久之,他们就会产生依赖性,就更不会去主动听讲了。一旦升入初中以后,他们就更听不懂,也不会去听了。因为初中的老师每题只讲一两遍,一下课人就走了,不会像沈老师一样仔细地讲,下课还留在教室里。所以,我希望沈老师您让他们自己学会听讲,渐渐地让他们适应中学的教学方式。这样,沈老师讲的题目也会越来越多,上课的进度也会越来越快。"

【案例 3】

"老师,你知道吗,每次你在黑板上写得龙飞凤舞的时候,就是我最头疼的时候,你写的字我们半点都看不清。请你以后把板书写端正一点,好吗?"

阅读案例 2 和 3,思考并回答下面的问题:

作为教师,你如何回复学生在数学日记中提到的问题?请与同伴交流你的回答。

【案例 4】

"这次测验,我共错了两处地方,主要原因是审题不够细心。例如,填空题的第(3)小题,这道题目的要求是一台织布机 4 小时织布 50 米,那么每米需要(　　)小时，而我却写了 $50 \div 4$；经过讲评，我才知道求的是每米，份数应该是有多少米，所以应该是 $4 \div 50$ 而不是 $50 \div 4$。这么简单的问题，我考试时怎么就想不到呢？我暗暗告诫自己，以后做题时一定要细心审题。"

综合案例 1，2，3，4，思考并回答下面的问题：

作为教师，你会如何指导学生完成"数学日记"？请你提出一些数学日记的主题和内容，并与同伴交流你的回答。

作为教师，你认为针对数学日记应该怎样进行学生形成性评价？请你提出一些标准，并与同伴交流你的回答。

数学日记作为评价的一种形式，体现了数学教学评价的哪些要求，请根据《课程标准(2011)》解释你的回答，并与同伴交流。

拓展阅读

1. 李建萍．新课程：怎样进行小学数学学习评价与测试．成都：四川大学出版社，2005。

本书以新一轮基础教育课程改革的理念为指导，总结了当前的小学教学实践中数学学习评价的可行办法及各种办法的操作策略，构建了学习评价的方法系统，为教师进行小学数学学习评价提供了行动支持。

2. 史宁中，等．中小学统计及其课程教学设计——数学教育热点问题系列访谈之二．课程·教材·教法，2005(6)。

文章提出了中小学统计的教育价值以及课程设计与教学设计的主线。

3. 张丹．小学数学教学策略．北京：北京师范大学出版社，2010。

本书立足小学数学教学的实践与问题，在案例分析的基础上，针对小学数学课程各个领域的内容提出了不同的教学策略。

第九章　小学数学说课、听课与评课

教育名言 ▶ --

　　我们必须以低调的轻松的风格，而不是满堂灌的独裁风格把好的、有用的数学教给这些人，这样，他们才不会感到在受数学的威胁，他们才会喜欢上数学。那么，数学将不再成为一种障碍，而将成为打开通向更充实生活的大门的钥匙。

——希尔顿

学习目标 ▶ --

　　1. 知道说课的含义，了解说课前应做的准备，明确说课的步骤与内容，能对他人的说课进行分析与评价。

　　2. 知道听课的含义，了解听课前应做的准备，明确听课的步骤与内容，能对他人的听课进行分析与评价。

　　3. 知道评课的含义，了解评课前应做的准备，明确评课的步骤与内容，能对他人的评课进行分析与评价。

导入案例 ▶

"我们看这三组数据，可以清楚地看出：当握手人数是 5 人时，正确率是 87.7%；握手人数是 10 人时，有 41.1% 的学生思路正确；握手人数是 50 人时，没有人能解答。从这些数据不难看出，握手人数的多少与正确率有着密切的关系，握手人数越少，正确率越高，握手人数越多，正确率越低。这说明，当数据小的时候，学生是有思路，会解决的；当数据大的时候，学生就束手无策了。这里的原因是什么呢？仔细分析后，我发现学生不会把一个复杂的问题转化成简单的问题，发现规律再回过头解决复杂问题。

这使我想起著名数学家华罗庚说过："善于'退'，足够的'退'，退到原始而不失去重要性的地方，是学好数学的一个诀窍！"退到哪里呢？给孩子一个什么样的学好数学的诀窍呢？——退回原点，将复杂问题简单化！我们从 2 个人开始研究，把复杂问题退回原点变成简单问题，在研究简单问题的过程中，我们不断地发现规律，并运用规律解决复杂问题。这样，我们从学生已有生活经验出发，在学生亲身经历将实际问题抽象成数学模型并进行解释与应用的过程中，在学生获得对数学理解的同时，也在思维能力、情感态度与价值观等方面得到进步和发展。

基于这样的思考，我确定了本节课的教学目标。第一个目标是：……

随着 W 老师的说课进程，刚入职的新教师小 A，发出了这样的感慨：这是说课，我还以为说课就是说上课的第一步干什么？接下来干什么呢？原来说课是说基于对内容的分析和学生的分析后确定了什么样的目标，又为了达成目标应设计什么样的活动。

亲爱的读者，你知道说课、听课、评课的含义吗？了解说课、听课、评课前应做哪些准备吗？知道说课、听课、评课的步骤及其内容吗？能对他人的说课、听课、评课进行准确的分析与评价吗？让我们带着这些问题一起进入本章的学习。

第一节　小学数学说课

一、什么是说课

"说课"是教师在备课的基础上，面对同行或专家领导，在规定的时间内，针对具体课题，采用讲述为主的方式，系统地分析教材和学生等，并阐述自己的教学设想及理论依据(说说你是怎么教的、你为什么要这样教)，然后由听者评说，达到互相交流，共同提高的目的的一种教学研究和师资培训的活动，时间一般为 15～20 分钟。

二、说课的准备

(一)知识准备

1. 课程标准

课程标准，是指导学科教学的纲领，教材是根据课程标准编写的。说课前，教师要熟悉课程标准，掌握课程标准所规定的教学任务、教学目标，离开课程标准的具体要求，说课就会迷失方向。

2. 钻研教材

面对专家，内容的解读要适当加深，保持深度的同时，不要增加难度。

3. 阅读其他的教学参考书

要把握一堂课，只靠个人的智慧还是不够的，作为教师，应有意识地查找教学参考书籍和网络资源，研究其他教师在处理这节课过程中的策略，根据自己的情况吸取有效的策略，做到融会综合，荟萃精华。

(二)理论准备

说课的理论因素很浓，教师没有一定的理论水平，很难说好课。说课一定要在理论指导下去研究教学内容的分析、过程的设计、教学方法的运用。否则说课就没有深度，就是无源之水；没有高低，就是无本之木。

(三)技术准备

1. 明确说课的内容和要求

要想说好课，首先明确说课要说什么，从几个方面展开说课。说课教师不但要说出是如何操作的，而且还要说清这样做的理论依据，使听者知其然，又能知其所以然，达到理论与实践的有机结合。

2. 掌握说课的技巧

(1)加强说的功夫。

要注重语气、语量、语调、语速、语感，要进入角色，脱稿说课不能用背诵的语调，要用说或者讲的语气，设计意图则用说明性语气，二者要有区别，要注意教师所处的位置，要和讲课相同，板书和演示等操作活动要自然和谐、落落大方。

(2)对说课的内容要分清主次。

教师在说课时对说课的各方面内容不能平均使用力量，不能眉毛胡子一把抓，要分清主次，只要说清是什么和为什么即可。应把主要力量放在说教学程序上，这是重头戏。

(3)准备好说课所需的教具。

(四)反复试讲，总结优点和缺点

在一定范围内进行演练，提前模拟进入角色，在不断的试讲中及时发现存在的问题，及时纠正。

(五)形象和心理准备

第一，做好心理准备，树立信心，鼓足勇气，尽快进入角色、

第二，注意给人留下好的第一印象。

第三，注意听众的心理，加强自我调节。

三、说课的步骤与内容

说课的步骤与内容不尽相同，但都含有一些基本元素，笔者认为可以包括以下内容。

(一)自我介绍

姓名、单位(现从事工作)、课题。

(二)说课内容

1. 说教材

说教材的目的有两个，一是确定学习内容的范围与深度，明确"教什么"；二是揭示学习内容中各项知识与技能的相互关系，为教学顺序的安排奠定基础，知道"如何教"。

(1)说教材的地位作用。

要说明课标对所教内容的要求，还要说明所教内容在节、单元、年级乃至整套教材中的地位、作用和意义，说明教材编写的思路与结构特点。

(2)说教学目标的确定。

一说目标的完整性，教学目标应该包括知识与技能、过程与方法和情感态度与价值观三个方面的目标；二说目标的可行性，即教学目标要符合课标的要求，切合各种层次学生的实际；三说目标的可操作性，即目标要求具体、明确，能直接用来指导、评价和检查该课的教学工作。

(3)说教材重点难点的确立。

教学重点除知识重点外，还包括能力和情感的重点。教学难点，是那些比较抽象、离生活较远或过程比较复杂，使学生难以理解和掌握的知识。既要说清教材重点难点是如何确立的，还要具体分析教学难点和教学重点之间的关系。

2. 说学生

就是分析教学对象，说清楚学生情况，可以单说，也可以插在说教材部分里一起说。

(1)说学生的知识经验。

说清学生学习新知识前他们所具有的基础知识和生活经验，这种知识经验对学习新知识产生什么样的影响。

(2)说学生的技能态度。

分析学生掌握学习内容所必须具备的学习技巧，以及是否具备学习新知识所必

须掌握的技能和态度。

（3）说学生的特点风格。

说明学生年龄特点，以及由于身体和智力上的个别差异所形成的学习方式与风格。

3. 说教法与手段

就是说出选用什么样的教学方法和采取什么样的教学手段，以及采用这些教学方法和手段的理论依据是什么。

（1）说教法组合及其依据。

教法的组合，一是要考虑能否取得最佳效果，二是要考虑师生的劳动付出是否体现了最优化原则。一般一节课以一二种教学方法为主，穿插渗透其他教法。说教法组合的依据，要从教学目标、教材编排形式、学生知识基础与年龄特征、教师的自身特点以及学校设备条件等方面说明。因为教学过程是教与学的统一过程，这个过程必须是教法和学法同步的过程，因此教师在说课时还要说明怎样教会学生学习的方法和规律。

（2）说教学手段及其依据。

教学手段是指教学工具（含传统教具、课件、多媒体、计算机网络等）的选择及其使用方法，要尽可能使用现代化的教学手段。教具的选择一是忌多，使用过频，使课堂教学变成教具或课件的展览；二是忌教学手段过于简单，不能反映学科特点；三忌教学手段流于形式。还有说明是怎样依据教学目标、教材内容、学生的年龄特征、学校设备条件、教具的功能等来选择教学手段的。

4. 说教学程序

就是介绍教学过程设计，这是说课的重点部分。通过这一过程的分析，了解说课者独具匠心的教学安排，体会教师的教学思想、教学个性与风格，辨析教学安排是否合理、科学和艺术。

（1）说教学思路的设计及其依据。

教学思路主要包括各教学环节的顺序安排及师生双边活动的安排。教学思路要层次分明，富有启发性，能体现教师的主导作用和学生的主体作用。还要说明教学思路设计的理论依据。

（2）说教学重点、难点的处理。

有重点地说明突出教学重点，突破教学难点的基本策略。也就是要从知识结构、教学要素的优化、习题的选择和思维训练、教学方法和教学媒体的选用、反馈信息的处理和强化等方面去说明突出重点的步骤、方法和形式。

（3）说各教学环节的时间分配。

说出各个教学环节时间安排以及这样安排的依据。特别要说明一节课里的最佳时间（20～25分钟）和黄金时间（15分钟）是怎样充分利用的。

（4）说板书设计。

主要介绍这堂课的板书类型是纲目式、表解式、还是图解式等？什么时候板书？板书的具体内容是什么？板书的展现形式是什么？等等。板书设计要注意知识的科学性、系统性与简洁性，文字要准确、简洁。说依据可联系教学内容、教学方法、教师本身特点等加以解释。

5. 说教学效果的预测

通过对学生的认知、智力开发、能力发展、思想品德的养成、身心发展等方面做出具体的、可能的预测。

四、说课的案例分析与评价

"简单的组合"说课稿[①]

各位评委老师大家下午好！

我是北京师范大学奥林匹克花园实验小学的王笑晖，今天我说课的内容是人教版三年级上册第九单元数学广角中的"简单的组合"。我想围绕"退回原点，将复杂问题简单化"这个主题，从六个方面阐述自己的一些思考。

人教版教材中借助世界杯足球赛小组赛中四个队单循环比赛的场次问题，让学生通过观察、猜测、实验等活动，找出简单事物的组合数，渗透组合的思想方法，培养学生有顺序地、全面地思考问题的意识，目的是给学生一种解决数学问题的策略。

为了了解学生对数学问题的解决现状，我进行了一次调研，调研了我校一至三年级的学生（加入人数），一年级的调研题目是——5个人握手，每两个人握一次，一共握多少次？二、三年级的题目是——50个人握手，每两个人握一次，一共握多少次？调研题目的区别就在握手人数上是不同的，调研结果是这样的：一年级138人中有19人正确解答，占一年级总数的13.8%，二年级96人中有1人正确解答，占总数的1.0%，三年级113名同学都不会解答，二、三年级的调研题目是相同的，通过访谈了解到二年级能够正确解答的这名同学之前参加过奥数的学习。这次调研让我看到握手人数的多少对不同年龄学生的问题解决是有影响的。对于同样年龄的学生来说，握手人数的多少对他们有没有影响呢？影响有多大呢？带着这样的疑问，我又对三年级的学生进行了追测。这次对三年级（1）班和（2）班调研的题目是：5个人握手，每两个人握一次，一共握多少次？两个班57个人中有50人正确解答，正确率达到了87.7%，对三年级（3）班和（4）班调研的题目是：10个人握手，每两个人握一次，一共握多少次？两个班56个人中有14人完全正确，占总数的25.0%，另外有9人思路正确，计算错误，占总数的16.1%。也就是说有41.1%的学生有一定

---

① 王笑晖，北京师范大学奥林匹克花园实验小学

的解题思路。

我们看这三组数据，可以清楚地看出：当握手人数是 5 人时，正确率是 87.7%；握手人数是 10 人时，有 41.1% 的学生思路正确；握手人数是 50 人时，没有人能解答。从这些数据不难看出，握手人数的多少与正确率有着密切的关系，握手人数越少，正确率越高，握手人数越多，正确率越低。这说明，当数据小的时候，学生是有思路，会解决的；当数据大的时候，学生就束手无策了。这里的原因是什么呢？仔细分析后，我发现学生不会把一个复杂的问题转化成简单的问题，发现规律后，再回过头解决复杂问题。

这使我想起著名数学家华罗庚说过："善于'退'，足够的'退'，退到原始而不失去重要性的地方，是学好数学的一个诀窍！"退到哪里呢？给孩子一个什么样的学好数学的诀窍呢？——退回原点，将复杂问题简单化！我们从 2 个人开始研究，把复杂问题退回原点变成简单问题，在研究简单问题的过程中，我们不断地发现规律，并运用规律解决复杂问题。这样，我们从学生已有生活经验出发，在学生亲身经历将实际问题抽象成数学模型并进行解释与应用的过程中，在学生获得对数学理解的同时，也在思维能力、情感态度与价值观等方面得到进步和发展。

基于这样的思考，我确定了本节课的教学目标：第一个目标是：在观察、操作的活动中，学会用列举、画图等方法解决简单的组合问题。第二个目标是：培养学生初步的观察、分析和推理能力。第三个目标是：使学生感受到退回原点，把复杂问题简单化这一解决问题的诀窍。教学重点是：学会用列举、画图等方法解决简单的组合问题。教学难点是：将复杂问题简单化这一诀窍应用在其他问题解决中。

这是我的教学流程图。

一上课，我就抛出了这样的问题：我们班上有 28 人，如果每两个人要通一次电话，一共要打多少次电话呢？在学生重点理解"每两个人要通一次电话"的基础上，让他们谈谈自己对题目的理解，学生出现了这样的三个算式：27×27；28÷2；28×2。到底哪个对呢？我让他们充分表达自己的想法，学生们发现他们的方法都存在问题，这时我引导学生说：看来这个题目太复杂了，一下子很难得出最后的结论，要想解决这个问题，你们有什么想法吗？学生经过讨论，有两种想法。有的学生说：先研究组内同学通话次数，再相加；还有的学生说：先在组内找规律，再推广到全班。

看来学生开始意识到把数据变小，就可以把复杂的问题简单化，我顺势引导从 2 个人打电话开始研究。2 个人之间需要打一次电话，用 1 来表示。在黑板上出现这样的图示和数字。那 3 个人呢？我让学生自己用图示进行表示。汇报时，我有意识地让学生在这个（指）基础上增加第三个人，并表示通话的次数，学生非常清楚地知道第三个人要分别和前两个人打电话，第三个人需要打 2 次电话，三个人打电话的总次数是 1+2。接着我放手让学生讨论 4 个人打电话的情况。学生基本上都采用了在原有三个人基础上再增加一个人的方式，我引导学生进行第一次小结。有的学生发现每增加一个人，通话次数就增加 3 次；有的学生发现每增加一个人，通话次数就增加一个数；还有的学生发现每增加一个人，通话次数增加的和刚才的人数同样多。

到底哪个才是真正的规律呢？我让学生研究 5 个人打电话的情况，她们画出了这样的示意图：

这个学生用不同的颜色表示通话次数增加的过程。

这个学生是用线条的粗细来表示这个过程的。

这个学生既用颜色又用线条粗细表示出自己的想法，同时还可以看到她所采用的符号在不断地抽象。

我们在一起完善板书的过程中，学生更加明确了"每增加一个人，增加的通话次数和原来的人数同样多"这个规律。

很多孩子就迫不及待地把这一规律推广到 28 个人打电话的问题中，很快出现了这样的 2 个算式：$1+2+3+4+\cdots+28$ 和 $1+2+3+4+\cdots+27$，到底加到 27 还是 28 呢？学生又进行了讨论，学生借助模型与算式之间的对应关系获得了结论，还有的学生把自己看作第 28 个人，形象地说明了从 1 加到 27 的道理。

经过了几次讨论，学生获得了正确的结论，于是，我适时引导学生进行回顾梳理整个的研究过程，获得解决问题的策略，那就是将复杂问题转化成简单问题，发现规律，再运用规律解决问题。

为了检验学生的学习水平，我出示了书上的例题，让学生自主解决，目的是看看每个孩子是不是能够达到最基本的要求。同时我还让学生列举在生活中可以用今天的规律解决的例子，帮助学生进一步体会将复杂问题简单化在生活中的应用。

对比以往的教学设计，我觉得有这样的两个特点：第一是退回原点，让学生经历数学模型建构的全过程。本设计从两个人打 1 次电话这个原点出发，经历三人、四人、五人打电话等的研讨过程，逐步完成数学模型的建构过程，使学生比较系统、完整地经历了数学模型建构的全过程。

第一是带领学生退回原点，让学生经历数学模型建构的全过程。退回原点有两方面的思考，一方面是数学模型建构的原点，也就是从两个人打 1 次电话开始，逐步完成数学模型的建构过程。另一方面是学生认知的原点，学生在二年级上册已经初步学习的三个人的握手问题，他们能用图示表示握手的次数，也能用表演的形式表示出握手的情况，教学中对于两个人的握手次数，我只是通过提问的方式引导学生利用教具摆出图示，三个人的握手情况，我请学生独立完成，只是在反馈的时候是在两个人的基础上进行完善，这样既退回了学生的认知原点，又有利于数学模型的建构。

第二是剥茧抽丝，将复杂问题简单化。本节课师生共进行三次研讨，第一次是对三个错误算式的研讨，确定了将复杂问题简单化的研究思路；第二次是对学生三个发现的研讨，逐步明晰了打电话的规律；第三次是运用规律的研讨，借助图示与算式之间的对应关系，加深了对规律的理解与使用。三次研讨，逐层深入，帮助学生经历由繁化简的过程，感受复杂问题简单化的好处。

以上是我对这节课的思考，请大家批评指正！谢谢大家！

分析与评价：

该说课稿，主题明确，阐述清楚，拥有完整的结构。本说课稿做到了如下几点：能够紧紧围绕主题从学生的测试结果分析学生的生长点和困难点，发现教材的逻辑结构，基于学生情况分析和教学内容分析，确定了合理的教学目标及教学重点和难点。更重要的是围绕目标设计了合理的教学活动，同时有对教学目标和过程的评价。三次研讨活动的设计层层深入，能够实现帮助学生经历由繁化简的过程，感受复杂问题简单化的好处。

第二节　小学数学听课

一、什么是听课

听课是一种对课堂进行仔细观察的活动，它对于了解和认识课堂有着极其重要的作用。课堂上许许多多司空见惯的问题经由听课者自觉的观察，就可洞见到很多值得探索、深思的地方。听课是提高教师素质，提升教学质量的重要方式。

二、听课的准备

听课应该有准备地去听，把自己定位为教学活动的参与者、组织者，而不是旁观者。听课前要有充分准备，要了解所听课的内容、上课教师的意图、教学目标、教学重点难点等，使自己在听课的过程中能够有的放矢，带着问题去听。有"备"而听，并尽可能以学生的身份参与到学习活动中，可以使自己获取第一手材料，为上好课奠定基础。

同时，听课的过程中，要尽量做审美者而不是批评家，要多学习老教师的长处、闪光点，为我所用。不仅用美的眼光去感受上课教师的仪态美、语言美、板书美、直观教具美等外在的美；还要去领略上课教师如何通过精巧的思维、严密的推理、严肃的实证来充分展示科学的理性美；用心去体会教学过程中的尊重、发现、合作与共享。

三、听课的内容与方法

听课是教师成为一名优秀教师的第一步，一节课成功与否，不仅仅在于教师讲了多少，更在于学生学会了多少。所以听课应从单一听教师的"讲"变为同时看学生的"学"，做到既听又看，听看结合，注重观察。

(一)听什么

1. 听教师怎么讲的，是不是讲到点子上了

课堂教学确定怎样的教学目标，重点是否突出，详略是否得当。

2. 听课讲的是否清楚明白

目标采用什么方式实现，如何引导学生复习回顾、回顾什么，学生能否听懂，教学语言如何。

3. 听教师启发是否得当

新课如何导入，包括导入时引导学生参与哪些活动；创设怎样的教学情境，采取了哪些教学手段；设计哪些问题让学生进行探究、如何探究（设计活动步骤）。

4. 听学生的讨论和答题

设计怎样的问题或情境引导学生对新课内容和已有的知识进行整合；安排哪些练习让学生动手练，使所学知识得以迁移巩固；课堂教学氛围如何。

5. 听课后学生的反馈

对于学生的学习活动，听课者应该关注：

①学生是否在教师的引导下积极参与到学习活动中。

②学习活动中学生经常做出怎样的情绪反应。

③学生是否乐于参与思考、讨论、争辩、动手操作。

④学生是否经常积极主动地提出问题等。

教学是一种学习活动，本质是学而不是教；教师活动是围绕学生的学习活动而展开的，因此在关注教与学双边活动时，更要关注学生的活动。

(二)看什么

听课不但要听，还要看。

1. 看教师

看教师的精神是否饱满，教态是否自然亲切，看教师板书是否合理，看教师运用教具是否熟练，看教法的选择是否得当，看教师指导学生学习是否得法，看教师实验的安排及操作，看教师对学生出现问题的处理是否巧妙……一句话，看教师主导作用发挥得如何。

2. 看学生

看整个课堂气氛，学生是静坐呆听，死记硬背，还是情绪饱满，精神振奋；看学生参与教学活动；看学生对教材的感知；看学生注意力是否集中，思维是否活跃；看学生的练习、板演、作业情况；看学生举手发言、思考问题情况；看学生活动的时间是否得当；看各类学生特别是后进生的积极性是否调动起来；看学生与教师情感是否交融；看学生自学习惯、读书习惯、书写习惯是否养成；看学生分析问题，解决问题能力如何……一句话，看学生主体作用发挥得如何。

(三)想什么

听课，必须伴随着多思考才能有进步、有提高！一边听，一边思考这样一些问

题：教师对教材为何这样处理？换成自己该如何处理？教师是怎样把复杂问题转化为简单问题的？他的教学有什么值得自己学习的？重难点是怎样突破的？自己应怎样对"闪光点"活学活用？上得好的课，应该看得出学生是怎样从不懂到懂，从不会到会，从不熟练到比较熟练的过程。在课堂上，学生答错了，答得不完整，答得结结巴巴，这是正常现象，正因为这样他才要学习。老师的功夫也就是在学生答错时，能加以引导，答得不完整时，能加以启发。所以听课，一定要注意看实际效果，看学生怎么学，看教师怎样教。思考之后，可以和自己的备课思路进行对比分析，大胆地去粗取精，扬长避短，写出符合自己特点的教案。

听课作为第一感受，必须有反馈式的交流，才有进一步的深化。听课中要使思维和老师、学生的思维一致。做练习时，可做启示性的引导与剖析。听课后，能比较详细地向教师汇报收益与看法，再让教师指出哪几点还没有听出门道，而停留在看热闹的浅面上，在具体问题上作进一步的切磋，共同探讨如何做得更好。向别人学习，其实也是一种创造。这种创造有赖于自己的观察、思考与探索，只有通过这样的努力才能将别人的教育教学思想转化为自己的理念，而不仅仅是表面上的方法与技巧的增多。要达到这样的目的，首先就要想办法提高自己的思想素养，让自己能够站在一定高度上来学习别人的经验，并逐步形成自己的教育思想、教育理念。

四、听课的案例分析与评价

一年级的"退位减法"听课记录。

(一)听课前的准备——了解教材，分析教材

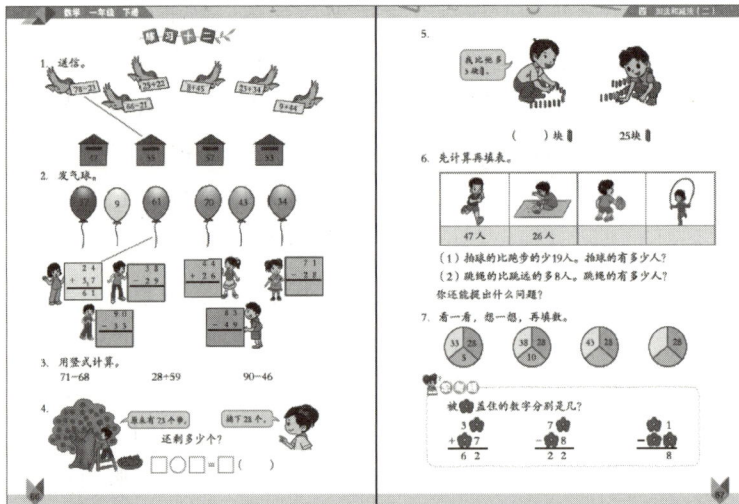

解读教材的维度：

(1)分析模型的特点，从具体的小棒到半抽象的数位图再到抽象的竖式。

(2)建立几种模型间的联系。

①3 捆小棒与 3 个黄色的小圆点及数学"3"间的联系。

②拆开 1 捆小棒变成 10 根，一个黄色的圆点换成了 10 个黑色的圆点，竖式中 3 上面的小点表示一个"十"换成了 10 个"一"，它们间的关系，退一当十。

(3)竖式中不同颜色的花的意思与竖式中不同位置用同一种水果苹果间的关系。

(二)课堂记录的维度——有图片，有细节，形成本节课的真实结构图

(1)从借到退的理解。

(2)从评价的针对性。

(3)对比中澄清。

(4)学生活动与参与性

完成教学对比结构图：

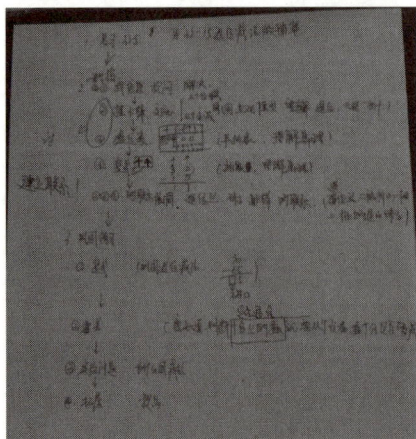
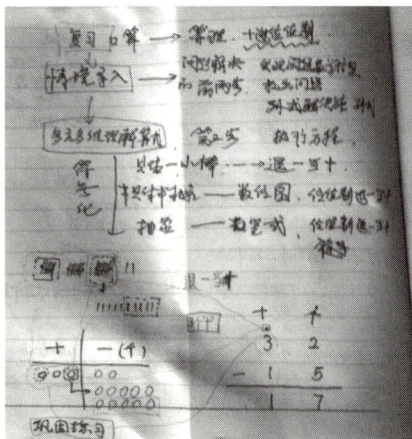

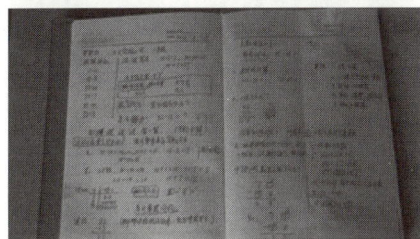

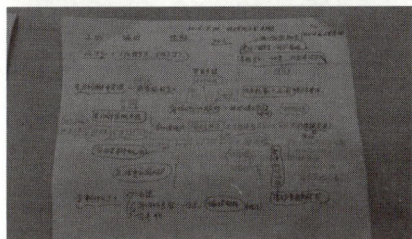

"方程"听课记录①

教学内容：数学五年级上册 92～93 页。

---

① 刘月艳，北京教育学院

一、分析教材

我们先来分析一下教材，方程是一节概念课。先思考如下几个问题：

1. 这个概念中有几个关键词？

2. 每个关键词是通过什么样的活动来明确的？

3. 等式的性质在本节课中的体现与后面的解方程有什么关系？

4. 教材中为什么会选择天平这个工具来学习方程？

二、分析学生

1. 学生对于关系符号"＜""＞"和"＝"陌生吗？

2. 学生对于等式的性质有多少了解？

3. 学生对于变化中的平衡、不平衡、新的平衡会有什么困难？

三、分析方法

1. 采取哪些好的任务促进学生完成对于方程这个概念的建立？

2. 用什么样的方式来保持学生的高水平参与？

四、改变教材的方法给出一个合理的解释

概念教学中，要抓住定义中的关键词。定义是充要条件。

教学目标：

1. 使学生理解方程的意义，并能根据问题找到等量关系，列出方程。

2. 使学生通过不同情境建立等量关系列方程，经历方程建模的过程。

3. 培养学生的数学思考能力，体会方程的价值。

教学重点：使学生理解方程的意义，并能根据问题列出方程。

教学难点：理解题意，找出等量关系正确列出方程。

教具、学具准备：课件。

教学过程：

(一)认识天平，体会相等关系(学生——数学课快乐)

1. 课件出示天平，说说你对天平的了解。

2. 用算式表达天平的状态。

(1)100＋100＝200，这里的等号表示什么意思？(表示得数是几，也表示100＋100和200是相等关系)

(2)100＋100＝100＋50＋50，这里的等号表示什么意思？(不再表示得数，表示左右两边的相等关系)

(二)借助天平，建立方程的概念

1. 看连环画，用算式记录。

说说你看懂了什么。核心是天平的工作原理，平衡就一样重，不平衡时，哪边低哪边重。

(1)天平状态：平衡，空杯子重 100 克。

(2)杯中倒入水，天平状态：不平衡。

水重多少克不知道怎么办？（用字母表示）

用算式记录：$x+100>100$。

(3)调整天平的砝码，天平状态：不平衡。天平右侧放入 200 克，300 克砝码。

用算式记录：$x+100>200$，$x+100<300$。

(4)天平状态：平衡。

用算式记录：$x+100=250$。

2. 分类，认识等式，不等式。

通过分类来把握定义中的两个关键词——等式和含有字母。

根据天平的状态将刚才写出的算式分类。

左右两边不相等时，可以用＞，＜连接，这种数量关系称为不等式。

左右两边相等时，用＝连接，称为等式。

建议在这里让学生也写一些等式。

3. 寻找等量关系，列等式，认识方程。

算式都是老师写的，要有学生自己写算式的过程。

你能用等式表示左右相等的关系吗？

(1)在天平情境中列等式。课件出示。

你能用等式表示左右相等的关系吗？

$50+x=200$，$2y=100$。

生：$a+a=100$，师：$2a=100$。

(2)在没有天平的情境中列等式。课件出示：建立新知识与已有经验的联系。

还能像从天平中找等量关系那样从图中找到相等关系吗？

①$3x=36$；

图示。每支 x 元，共 36 元。$36÷3$。

②$x+73=166$；

线段图的方式。生：$166-73=x$；$73+x=166$。

③$x-2=32$；

文字的方式。昨天卖了 32 件，今天比昨天少 2 件。生：$32-2=30$。

师：用今天的这种方式来表示昨天与今天的关系。

如果要写等式时，没有天平怎么办？找相等关系。

(3)把等式分类，出示方程的定义。

能把我们写的等式再分类吗？为什么这么分？

学生分类后板书方程的定义：含有未知数的等式叫方程。

(4)练习：判断下面哪些是方程，哪些不是方程？为什么？

①$x+5=18$；　　②$x+x+x+x=35$；　　③$8-x=13$；

④$5x=30$；　　⑤$x\div4=6$；　　⑥$3x+6=12$；

⑦$6(x-2)=24$；　　⑧$(x+4)\div2=3$；　　⑨$x+y=5$。

（三）在生活情境中，进一步理解方程的意义

1. 你能根据 $x+5=18$ 讲一个生活中的故事吗？

2. 五年级参加篮球社团的有 25 人，比参加书法社团的 3 倍还多 4 人。书法社团有多少人？

（1）以往你怎样解决？

$(25-4)\div3=7$ 人。

（2）学了方程你有什么想法？

书法社团的人数看成 x，则 $3x+4=25$。

一个五年级同学在刚刚学了方程以后觉得"简单问题反而麻烦了"，他上初中的哥哥倒觉得"学了方程，解决问题会更方便，因为多了个 x，就多了一条信息，解题就简单了"。

希望对方程有了深入的学习后我们再交流你们的感受。

（四）介绍方程的历史

早在 3600 多年前，埃及人就会用方程解决数学问题了。在我国古代，大约 2000 年前成书的《九章算术》中，就记载了用一组方程解决实际问题的史料。一直到 300 年前，法国的数学家笛卡儿第一个提倡用 x，y，z 等字母代表未知数，才形成了现在的方程。

分析与评价：

一方面，听课前应了解教材，分析教材，思考课的设计。另一方面，记录不是流水账，是有一个结构的，有思考的，能用不同的标记记录下课堂上发生的，自己思考的，包括关键的学生行为和教师行为。这样不仅为课的设计提供了依据，也能为评课提供证据。

电子记录就可以在文档旁边直接用标注的方式来记录。

第三节　小学数学评课

一、什么是评课

顾名思义，评课即评价课堂教学，是在听课活动结束之后的教学延伸。是评者对照课堂教学目标，对教师和学生在课堂教学中的活动以及由此所引起的变化进行价值判断的一种活动。评课的类型很多，有同事之间互相学习、共同研讨评课；有

学校领导诊断、检查的评课；有上级专家鉴定或评判的评课等。

二、评课的准备

(一)熟悉课标，掌握教材

在评课中获得发言权，关键在于精通业务，掌握课标精神，熟悉教材。因此，我们平时要善于学习，使自己具有较厚实的教学理论，了解教学改革的最新形势，吃透课标精神，这是其一。其二，还应在听课前认真阅读教材，了解这一课的教学目，教学重点、难点，练习内容等。只有做到评课前有准备，才能在听课中看到教师的经验和找出闪光点，才能在评课中意见提得准确且具有指导意义。

(二)认真听课，记好笔记

要评好课，就必须认真听好课，边听边思，随时记好听课笔记。不但要尽可能如实地记录课堂教学的全过程，而且要及时把自己对教者某一教学环节的感受写在听课笔记相对应的地方，为评课准备好第一手材料。

(三)了解执教者的基本情况

上好一节课的决定因素在教师，教师的教学水平取决于教师的素养、能力。我们应对教者的基本情况有所了解。只有这样才能根据教师的具体情况进行具体分析，对不同层次的教师的课做出有针对性的评价。例如，对业务能力差的教师，用骨干教师评课标准去评议他，那他的课毛病会很多，这会挫伤了他的积极性和自尊心；对业务能力较强的教师，你用低水平的标准评议，对他的再提高就没有帮助。

(四)拟好提纲

写提纲之前，应先对所听的课进行较全面的回顾，再看看教材，翻翻听课笔记，在认真分析的基础上，拟出评课的提纲，如本节课的优点或经验、主要特点、不足和需要探讨的问题、建议等。

三、评课的内容与方法

由于每个人成长的环境不同，思考问题处理事情的态度不同，看待事情的角度不同，因此评课的内容与方法也就不同。好的评课，不仅可以给上课者、观摩者以反思与启发、更能促进评课者的教学能力，评好课，需要评课者在很多方面进行探索与努力。如何评价数学课呢？

评价一节课既看学生，又看教师。看学生是否积极参与，是否体验、感受、经历数学学习过程，学生在课堂中学会了什么？得到哪些有助于自身发展的能力；看教师是否关注每一位学生，尊重每一位学生，是否有利于学生愉悦地进行学习交流，是否对学生进行有效性指导，是否为学生提供优秀的学习资源和学习方法，是否为学生创设有利于学生思考、探索的空间，是否关注了课堂上的生成。

1. 评教学思想

(1)教师的主导与学生的主体并重。

教师的主导作用主要体现在科学准确地建构教学内容，依据学生实际选好教法，设计学法。精心设计教学过程，指导总结学习方法，点拨知识疑难，实现教学目标。课堂上学生有强烈的参与欲望，学生的参与得到教师的鼓励、尊重与引导。

(2)研究教材知识与研究学生并重。

课堂教学应是民主的，是师生的"群言堂"，杜绝教师的"一言堂"；课堂是学堂，不是讲堂，教师是主导而不是主讲。教师应研究学生的学习兴趣、学习态度、学习方法、学习效率。

(3)传授知识与培养能力、指导学法并重。

教师对学生的思维能力，如概括能力、分析能力、对比能力、发散思维能力、应用能力、表达能力等，在课堂教学中给予了怎样的培养。学法指导是否给予了引导与启发，是评课的重要内容。

2. 评三维目标的设计与达成

(1)教学目标是否全面、具体、明确，是否符合课标、教材、学生的实际。

(2)是否突出重点，突破难点。

(3)是否重视开发潜能，注意培养学生实践和创新能力。

3. 评教学内容

(1)看教师是否认真研究了学生，做到从学生的实际出发构建教学内容，是否面向全体学生开展自主学习、合作学习和探究学习，是否让所有的学生都参与讨论、试验、训练等活动。

(2)评授课内容是否正确，是否过易过难，是否符合学生的认知心理和已有知识水平。

(3)评教学是否做到了重点突出、难点突破、疑点突明、教育点突现。通过一堂课的教学是否使学生形成了新知识的增长，构建了新旧知识的交融，获得了进一步拓展学习的"钥匙"。

(4)教学在完成既定目标后，是否又引发学生新的思考，进而产生新的问题，激发起学生新的思维兴趣。

4. 评教材处理

(1)是否正确理解教材，抓住教材特点，思路清晰。

(2)是否有开发课程资源意识，资源开发是否合理有效。

(3)是否敢于对教材资源从地域、时空等方面作必要的加工调整、活化，使教材呈现生活性、简约性、整合性、探究性。

5. 评课堂结构

(1)课堂引入是否引起学生的注意力，是否激发学生的思维，是否与将要教学的内容有密切的联系。

(2)课堂讲解是否适时适度、实效，是否导多灌少，是否引发学生思趣，是否创设了良好的教学情境。

(3)练习讲评是否体现了学生主体与教师主导，是否注意思维能力的培养，是否有针对性和规律性。

(4)课堂时间分配是否恰当，学生活动时间是否给够，教与学的环节是否环环相扣。

6. 评教学程序

(1)看教学思路设计。

教学思路设计，符合教学内容实际，学生实际；有一定的独创性，给学生以新鲜的感受；教学思路的层次，脉络清晰；教学思路实际运作的效果好。

(2)看课堂结构安排。

课堂结构也称为教学环节或步骤，一节好课的结构是：结构严谨、环环相扣，过渡自然，时间分配合理，密度适中，效率高。教学环节的时间分配与衔接恰当。

7. 评教学方法

(1)教师是否依据学生情况和学科特点、课型等，实施有效的教学策略。

(2)评教师的教法是否有益于学生的思维，引发学生产生认识冲突，教师是否与学生一道化解难点，突出重点，揭示规律，总结方法。

(3)评教师的教学机智，重点观察其对偶发事件的处理艺术。

(4)评教学特色。一堂有特色的课凝聚了从教者的大量心血，闪烁了教师个人独特的艺术光芒，甚至可能孕育出教学理念的创新火化。

(5)评教学手段的使用。先进的教学手段不仅操作规范，而且要有效发挥还需作艺术的加工，而语言艺术最关键，组织艺术和调控艺术是重要内容。教学艺术博大精深，内涵丰富，评价此点，能看出教师的基本功与发展潜力。

8. 评学生学习方式

(1)看学生是否积极参与，注重经历和体验，是否自主合作探究，学习是否扎实有效。

(2)学生是否在真实情境中体验、感悟，是否在思考交流中理解，在应用中巩固，在活动中深化。

(3)学生是否能用适合自己的方法学习，又能在交流互动中学习吸收别人的学习方法，并在多种学习方法中形成最佳方法，形成习惯。

9. 评教师教学基本功

(1)看板书。(2)看教态。(3)看语言。(4)看操作。(5)看学科专业技能。(6)看应变能力。

10. 评价教学效果

(1)评价教学目标是否达成，即学生对该课堂所学的知识是否掌握，能力训练的要求是否在学生活动中得以呈现。良好的习惯养成，情感的陶冶，学习品德的升华等是否一以贯之地展现出来。

（2）评教学情境是否真实而优良，教师是否一味搞表演，把学生作为"群众演员"，是否搞"花架子"而无实际内容，教学内容是否合适，是否产生出良好的课堂学习氛围。

（3）评学生与教师的信息反馈是否畅通、及时、有效。

（4）评学生的学习状态是否紧张又活泼，既严谨又轻松、自然、愉悦。

四、评课的案例分析与评价

让概念学习润泽学生的心灵[①]

——兼及教学观背后的教育价值观

一位教师在教学"1吨有多重"的时候，安排了三个活动让学生体验；另一位教师在教学"除法"的时候，在"÷"号的引进上大费周章。对于简单的、规定性的概念有必要让学生经历、感受和体验吗？这是不少老师在看到这两则案例之后的疑惑。

一、选择的考量

小学数学中的概念，包括数概念、数量概念、几何形体概念、度量概念等。概念教学时，选择怎样的教学方式，至少和两个因素有关：

第一，对概念重要程度的判断。比如，对数位、小数点的名称及读写，量及单位的名称，真分数、假分数和带分数的概念等，如果教师认为这些概念是一般重要的，在教学中自然不会浓墨重彩地去教。而考虑到小学阶段学生学习内容的整体性，以及一个概念对后续学习的意义，不同的概念的确可以有重要、次重要的区别。对不同的概念选择不同的教学方式，也是"因材施教"。

第二，对概念教学空间的判断。比如，"分数"的教学，教师可以设计涂一涂、圈一圈、折一折的操作，安排不同的材料或情境供学生归纳，引导学生规范地说分数的意义，其教学展开的空间是很大的。而有的概念其展开的空间就小，加减乘除的运算符号就是一例。一般地，数学中一贯使用的语言、符号及约定俗成的内容，其教学空间相对就小一些。

这两方面的因素，前者是对学科教学内容价值的判断，后者是对教学可能性的选择。在概念教学中，这两方面的考虑是交织在一起的。对一般重要、教学空间又小的概念，教师直接告知或呈现对概念的规定，然后组织学生记忆、辨析、练习强化，我们也不会去责难其在教学法层面的欠缺。既然如此，吨的教学和"÷"的引进，直接告知即可，何苦如此费事？从学科价值及教学效率的角度看，案例中的教学都

---

① 陈洪杰，《小学数学教师》编辑部

是反例。

二、教学法的意蕴

然而，事情并非如此简单！不同的教学法背后是不同的教学观念。就简单的、规定性的概念的教学，我们可以用"呈现概念—记忆概念—变式练习—巩固运用"这样的程序来教学。这样教学，简单、高效！同时，在"呈现概念"前，可以呈现生活情境或原型。比如，"角的认识"中先呈现各种生活中的"角"；在"巩固运用"中，也可以让学生举生活中的例子甚至去课外搜集生活中的素材。比如，"百分数的认识"就可以让学生举例或课后搜集。所以，即便是结果式的、告知式的教学主线，也可以有"生活化"的内容，也可以与学生的已有经验嫁接。教学，从来不是非此即彼的简单事情！

不过，这样的概念教学方式最大的缺失或许是忽视了一个事实：在历史上，任何一个概念的获得都是在面对问题、解决问题的过程中逐步归纳、总结而得到的。而学生学习概念的过程也是一个主动建构与生成的过程。结果式的教学同样可以让学生"学会"一个概念，同样可以让学生正确地解题，并在这个概念的基础上进一步地"数学化"（进行后续的学习）。然而，学生缺失的是对一个概念更丰富的、个性化的、带有情绪体验的理解。而对教师而言，对教学价值的单向度追求，有可能遗落的是更重要的知识对学生的"育人价值"！

在这里，不是将"教学价值"和"育人价值"对立，而是将两者并举、"叩其两端"的时候，能让我们更好地把握教学中不同的侧重。所以，让学生体验"1吨有多重"，尽管是间接地体验；让学生创造表示"平均分"的符号，尽管最后还是要统一到"÷"，其教学结果看似一样，但其不同过程所带来的对学生的价值是不一样的。

学生拎过20千克的桶装水、用自己的体重"度量"过1吨，"1吨＝1000千克"就不仅仅是一个进率的问题，而是和自己的量感（拎不动）、体重（差不多40个自己）"有了关系"。学生发现这种联系，对概念的理解也就丰富了。而这种丰富的理解，即便从功利的角度看也是有益的：学生不容易做错有关重量单位的填空题了！而教师让学生用自己的方式表示"平均分"，不同学生必然会有个性化的方法，借用弗莱登塔尔的话，"学习过程必须含有直接创造的侧面，即并非客观意义上的创造而是主观意义上的创造，即从学生的观点看是创造"。学生的个性化表达，使这一看似平淡无奇的环节，有了"再创造"的光晕！我想，这样引入"÷"，引发的学生的心理感受和情绪体验肯定和直接告知是不一样的。数学一直被喻为"冷面美人"，如果学生多了解一些数学知识背后的故事，多一些这样的"再创造"，或许会觉得这个美人更容易亲近一些。正因此，我认为，在"÷"的引进上让学生"创造"符号是一种教学创新，值得喝彩！

三、另一种路径

对一个重要的、教学空间大的数学概念，我们都会倾向于做足过程，让学生去经历、感受、体验。如果教师不这么去教，我们会认为这教学是有问题的。而对一个次重要的、教学空间小的数学概念，教师创新教学，有意识地引导学生经历、感受、体验，我们也认为这教学是有问题的！值得反思的恰恰是这种想法背后的教学功利主义。

还必须指出，对学生而言，从学科价值的层面认识到一个概念的重要性是需要过程的。而概念教学常常是起始课，在起始课，教师过早、过快地直奔主题，以为重要的东西要早点聚焦，强化的可能是数学的"无用"和"枯燥"！所以，在我看来，在"认识11~20各数"中过早聚焦"10进制"，在"数对的认识""用字母表示数"中过早地得出"方便"的结论等，都是可以商榷的。而对教师而言，教学空间的大小是相对的，你觉得教学空间小，是因为你还没有找到合适的方法，一旦找到，小空间就变成了"桃花源"！所以，从学科价值的重要性和教学空间大小的角度来选择教学方式，其实是相对的，而背后的教育理念恐怕是更稳定的、影响教学方式选择的因素。

抛开一个概念的重要性及教学空间大小的差异，我们应该承认，概念教学有不同的教学路径。比如，"感知材料—观察比较—归纳提炼—抽象命名"的路径就适用于大部分概念的教学。再比如，对"角的认识"可以采用"发生式"的教学路径：基于"数学上为什么要定义角""是出于解决什么问题的需要"的思考，教学时先让学生比较角的大小，然后再来认识角。——"发生式"的教学设计思路和弗莱登塔尔的"再创造"思路一样，都是很好地指导教学设计的工具。

对概念教学的其他路径，可能会有不同的描述，"材料—归纳式的""发生式的""再创造的"，或者"尝试的""探究的""过程式的""生本式的"等。不同词语的背后体现的是另一种教学价值观，这种教学价值观更关注知识与"人"的联系，知识对个体的"意义"，更有"育人价值"。

不过，我们必须看到，要从教育理念走向教学实践是困难重重的！即便归纳出概念教学的另外一种逻辑路径，即便我们努力地探索，一到实践中就会走样。比如，对"分数"的教学，教师容易把焦点放在以下三个方面：第一，注重让学生进行折一折、涂一涂、圈一圈这样的操作。第二，注重为学生提供分数感知的材料和情境。第三，注重让学生正确地说出分数的意义。无疑，这样的教学符合新课标理念，是目中有"人"的，但在教学落实中每一个方面却会发生偏差！——我们需要警惕的是，当我们用新的方式教学时，会不会只是学了形式而丢了实质？

"教学功利主义"不是贬义词，而是一个中性词，但这种教学价值观是需要超越的。因为我们的教学对象是儿童，是经过小学六年就要走完人类上千年数学发展历程的儿童。基于学生的认知特点、对数学学科价值的再反思、对教育目的的追问，教师应该突破这种直奔主题和结果的教学功利主义，带领学生领略学习道路上更美丽多样的风景。

四、即时的选择

在《小学数学教师》"辩课"第十站中，有一堂"认识11～20各数"的研究课，在第一天的展示后，第二天上了"重建课"。下面以该课的一个教学细节为例，进一步说明笔者对概念教学的价值主张。

教学简案：

认识 11～19 的数

1. 举小棒游戏。

2. 操作、互动，认识11～19的数。

怎样摆，才能很快数出11根？

11是几个十和几个一合起来？

3. 多种形式数数。

现场观察：

(1)教师分别报3根、7根，学生分别数出相应的小棒，紧握手中，高高举起。报10根时，很少有学生聚焦1捆。教师抓住生5.2(5.2代表第五小组第二个学生，下同)的举法，聚焦1捆。

(2)在学生都举出1捆的情况下，教师PPT呈现一排小棒，很多学生直接喊出"10根"。教师用教鞭点数却是11根，追问：怎样摆，才能很快数出11根？

汇报摆法：

生6.2：我两个两个数，2，4，6，8，10，11。

师：数了6次。

生1.4：3根3根数，3，6，9，11。

师：数了4次。

生3.2：10加1。

师：是不是更快？真了不起！

在生3.2回答后，教师在PPT上展示把10根捆成1捆的过程并和学生约定：整捆的放左边，单个的放右边。(渗透位值制)

(3)训练学生说：1个十和1个一是11。

在此基础上教学剩下的数，12～19。

【重建设想】

首先，举小棒游戏不用。因为学生举3根、7根的时候，学生的行为只有数、抓的快慢的差异，体现不出思维的差异。同时，教师没有判断学生举的小棒的根数是否正确，即便判断了，后续也没有展开教学的空间。而这两次抓，只是为了抓10根做铺垫。如此设计是因为教师想通过"抓"的动作来强化"10进制"。而这个动作与学生的思维，与"10进制"背后的数学思想缺乏必然的联系。

其次，3个学生摆11根小棒，分别采用了2根一摆、3根一摆、10根加1根摆三种方法，教师对此的评价有待改进。3 个学生的方法体现了对进位制不同"基数"的选择，2 进制的基数是 2，3 进制的基数是 3，10 进制的基数是 10。三种摆法都是学生对"很快摆出 11 根"的"创造"，其背后的共性是：数字大了，要分段来数。这一思想和十进制的思想是相通的，有其合理性，所以，未必要急于统一到 10 进制。而教师的评价显然是因为今天要教 10 进制，所以才区别对待，行为可以理解，但这样的评价方式会强化学生对教师的依赖——猜教师的答案而不是自由、独立地思考。

最后，对 3、7 是抓小棒游戏，对 11 是摆小棒，教学环节之间缺乏有机的联系。而每一个环节对应一个教学目标的做法，是我一直反对的，借用《课程标准（2011）》的说法，教学目标是要"整体实现"的，所以要重建。

基于上述考虑，给出了这样的重建建议。

改抓小棒游戏为摆小棒，摆 3 根、7 根、11 根，学生摆的时候，教师要巡视学生，同时要有一个学生在实物投影仪前，按照他自己的想法摆。这样设计是用摆小棒的活动串起原先的两个教学环节。实物投影仪的使用是为了呈现学生的思维，也是为了台下的教师看到学生的状态。教学预设的是：3 根的摆法学生不会有差异，小棒放在一起或有间距地放都能一眼看出，区别不大；7 根可能会有 2－2－2－1、3－3－1 或 3－4、2－5 的差异；11 根肯定会出现不同的摆法。不管学生有怎样的摆法，教师都要以鼓励的方式评价，肯定学生把一个大数分成几个小数是一种聪明的方法。这样评价，在聚焦 11 根的 10－1 的摆法时，可以这样说：小朋友们都很聪明，数学家和你们想的一样，他们选了 10 个一捆的方式！这样，用数学家来鼓励学生，使 10 进制的出现稍微自然一点，不那么突兀。

在继续教学 12～19 环节，我们还想到了让学生摆完 11 后再摆 19。教师引导先确定 1 捆，但对个位上的 9 的摆法再次允许学生出现 2 根一、3 根一摆等摆法，再次以"数较大的数要分成较小的数"的思想方法来支撑学生对进位制的理解，再次肯定学生对个位的个性化摆法，但对不先确定 1 捆的摆法要引导改正。摆 19，先确定 1 捆放在左边，也有渗透位值制的考虑。进一步，在 19 摆过之后，让学生自由摆 12～18 的数，要求都是"让别人一眼就看出"，在摆的过程中反复强化先确定 1 捆（十进制），个位分成几部分的摆法。

以上是以摆的操作贯穿整堂课，重点落在"更自然"地引出"十进制"上，以及让学生更充分地体会"大的数要分解成小的数"这一思想上。

如果学生在"认识 1～10 各数"的教学中有过类似的摆小棒操作，那么这个环节就可以直接让学生摆 11（或 12～19 中的一个数）。教师鼓励学生不同的摆法，最后还是引出数学家的选择。然后，要求学生把自己摆的数都摆成 1 捆加几个的方式，追问：是不是能更快地看清楚是十几了？以此引出"十进制"。

这样重建，有教师的评价是：思维含量下降了！我不同意！恰恰相反，我认为思维含量是增加了！

其实，我们就是把"十进制"告诉学生也未尝不可，反正之后的学习，不管是认识更大的数还是四则运算，都是建立在十进制基础上的。既然如此，教得快一点，更早聚焦不是更好？而我们重建的思考却在让学生感受"十进制"引入的合理性上花费这么多的精力，有必要吗？何况，最后搬出"数学家跟你们想的一样"，不还是五十步笑百步吗？对此，我只能说，细节背后是数学教育价值观。而价值观不能诉诸证明，它只是一个寻求认同的"邀请"。突然想起苏联数学家曼宁（Manin）的话："一个证明只当它通过'被接纳为证明'这项社会活动后，它才算证明。"数学的证明尚且如此，何况是一个小小的细节重建！

不过，透过这个细节以及前面的长篇累牍，我想说的是：不是每个概念都要引导学生经历、感受和体验，教师要有自己的判断和选择。但在引导学生探寻、感知数学概念背后的逻辑上，在不要让学生觉得数学概念是从天而降的"怪物"上，我们是应该寸步不让地坚持的。

分析与评价：

该案例能够从评课的几个核心要素出发，能够关注到内容，学生的学，教师的教，还有更重要的是能够充分肯定值得保持的部分，也就是把一些好的做法可能是老师的无意识行为，通过评课直接肯定，能够使这种行为转化为有意识行为，成为教师教学中的重要因素。另外，针对问题不仅仅是提出问题，更重要的是给出一些解决的策略和方法，也就是给出具体可操作的建议。

评课能够做到不就课论课，而是归类分析会对教师有更大的帮助。比如，结合具体的评课内容，把这一内容进行归类分析，可能是概念教学中的主要环节，也可能是计算教学的，问题解决的。这样能够做到一通百通。

附：评课用语 40 条

1. 课堂上学生动起来了，课堂气氛活跃起来了，小组讨论、合作探究的学习方式也用起来了。

2. 教师能面向全体学生，激发学生的深层思考和情感投入，鼓励学生大胆质疑、独立思考，引导学生用自己的语言阐明自己的观点和想法。

3. 教学是教师与学生交往互动的过程。教师能有意识地营造民主、平等、和谐的课堂氛围。

4. 学生在学习过程中能科学合理地进行分工合作，会倾听别人的意见，能够自由表达自己的观点，遇到困难能与其他同学合作、交流，共同解决问题。

5. 教师能按照课程标准和教学内容的体系进行有序教学，完成知识、技能等基础性目标，同时还要注意学生发展性目标的实现。

6. 新的课程观认为"世界是学生的教科书"，新教材具有开放性的特点。教师能善于用教材去教，能依据课程标准，因时因地开发和利用课程资源，注重联系社会变革和学生的生活实际。

7. 课上出现了教学内容泛化的现象，教材备受冷落，学科特有的价值没有被充分挖掘，学科味不浓。

8. 教师能合理组织学生自主学习、合作探究，对学生的即时评价具有发展性和激励性。

9. 学生能够自学的内容，教师让学生自学；学生能够自己表达的，教师鼓励学生去表达；学生自己能做的，教师放手让学生去做。

10. 在课堂上教师不仅解放学生的耳，还解放学生的脑、口、手。

11. 教师能有效改变课程实施过于强调接受学习、死记硬背和机械训练的现状，倡导学生主动参与、乐于探究、勤于动手的学习方式。

12. 教师能够有效地组织和引导学生开展以探究为特征的研究性学习，使接受与探究相辅相成，学生的学习境界更高，学习效果更好。

13. 教师对学生的激励既不形式化，又具体、诚恳。对于学生出现的错误，能即时以恰当的方式指出纠正。

14. 以新的课改理念来指导自己的教学行为，以自己的教学行为来诠释自己的教学思想。

15. 能有效地引导学生学会用数学的思维方式解决自身学习、日常生活中碰到的问题。

16. 教师的一句"让我们一起来学习，让我们一起来探究。"——促成了知识的整合，体现了多元的价值取向，促进了学生认知的整体性发展。

17. 课上得很成功，给人耳目一新，无论指导思想、课的设计都充分体现了新的理念，体现了数学学科的本质。

18. 做到重组教材，力求让学生经历探究学习的全过程。

19. 探究活动的设计，通过动手、动脑，亲自实践，在感知、体验的基础上，内化形成新知，而不能简单地通过讲授教给学生。

20. 留意指导学生自己得出结论，教师不要把自己的意见强加给学生。

21. 不过早地出现结论，肯花时间让学生对出现的问题进行深入的探讨，保证学生有足够的探究时间和体验的机会。

22. 整堂课思路清晰，环节紧凑，重难点突出，设计合理。学生的课堂习惯非常好，每个人都能积极地参与到课堂中，课堂效果较好。

23. 精心设计课堂练习，体现趣味性和层次性。

24. 老师在教学新知时循循善诱，让学生学习起来毫不费力，并发挥了学生的主动性，教学设计很好，引导得也很到位，同时还让学生体会到学习与生活的联系。

25. 整节课学生情绪高涨，兴致勃勃。

26. 充分体现了学生的主体和教师的主导作用。

27. 老师这节课上得很成功，学生们上课的积极性和参与率极高，特别是老师能抓住儿童的心理特点，创设一定的情境。

28. 老师提供了丰富的内容，在整个教学过程中给予了学生比较充分的自主探究机会，让学生在活动中学习、提升。

29. 老师能从学生特点出发，让学生在玩活动过程中探究新知、理解新知，从整体上来看，效果确实不错，值得学习。

30. 有"创新"和"创意"。能活用教材，爱想点子。新课改的理念体现得很突出。

31. 组织学生讨论，通过学生的相互交流、互相补充，让学生深刻理解其中的道理。

32. 老师以学生熟悉的生活提出问题，激起学生学习的兴趣，进一步体会到语言学习与现实生活紧密联系着，知识来源于生活，并在生活中得以应用。

33. 合作交流的氛围中，解除困惑，在亲身体验和探索中解决问题，理解和掌握基本的数学知识、技能和方法。

34. 老师在课堂中能够充分扮演好组织者、引导者和合作者的角色，老师不是传授的现在的方法，而是教给学生解决问题的策略。

35. 给学生一把在知识的海洋中航行的桨，让学生积极思考，在主动探索中获取成功并估验成功的喜悦。

36. 老师语言优美，仪表大方，课堂中能充分利用儿童的心理特点，创设学生喜爱的教学情境。

37. 创设丰富多彩的情境，为学生对新知的探究和整节课教学任务的完成起到了举足轻重的作用。

38. 教学环节紧凑，合理把握重点，突破教学难点。

39. 老师的课语言精练，教学环节过渡自然，过程由浅入深，方法灵活多样。

40. 本节课，教师创设了学生爱好的猜谜活动，学生们非常感兴趣。兴趣是最好的老师，只有感兴趣，才会全神贯注，积极主动地去参与。

本章回顾

本章的目的是发展小学教师的听课、说课与评课能力，它涉及说课、听课与评课的概念、内容与方法、评价。首先，给出了概念。其次，界定了内容与方法，在此基础上，对相关案例进行了评析。最后，总结了听课、说课与评课的主要策略。

关键术语

听课 说课 评课

思考题

1. 什么是听课、说课与评课？

2. 听课、说课与评课的具体内容和方法是什么？

3. 如何评价说课与评课？

案例研究

说课案例①

一、教材分析

（一）在本册教材中的地位及前后知识联系

本节课是北师大版小学数学一年级下学期第五单元的教学内容，教材中提供收集矿泉水瓶的情境，通过三个问题层层递进，展示了解决实际问题的过程。在这一过程中，不仅培养学生从实际情境中找出数学信息、提出数学问题的能力，而且引导学生把实际问题抽象成数学问题，并通过摆小棒和画图抽象出"比 13 多 3（少 4）"的数量关系，再和加法（减法）意义联系起来，列式计算，最终解决问题。让学生经历"从头到尾"思考、解决问题的过程。

学习本节课的知识基础主要有两个方面，一方面是数的运算和数的意义。数的运算包括，"20 以内数的加法、减法及其应用和 100 以内数的不进位加法、不退位减法"；数的意义包括，"100 以内数的认识及比较大小"。另一方面是图形与几何领域中的测量。一年级上学期学生已经学习的"大小、多少、长短、高矮、轻重的比较"。本节课又是学生后续学习 100 以内数的进位加法、退位减法，100 以内数的连加、连减、加减混合运算，以及万以内数的加减法与混合运算的基础。同时本节课为学生后续学习倍的相关知识，以及画线段图解决问题上都起着重要的作用。

本节课是学生入学以来的第二节解决问题的课，第一节是本册第一单元中的"美丽田园"，这节课目标是初步发展学生从具体情境中提取数学信息，提出数学问题并用所学知识解决的能力。让学生在解决问题的过程中，进一步理清解决问题的基本思路，并从中感受数学与日常生活的联系。在这节课中学生已经经历了"寻找信息—提出问题—解决问题—解释应用"解决实际问题的一般思路和完整的过程。因此，在本节课中要让学生再次经历问题解决的全过程，并明确什么是条件、什么是问题，并能根据问题选择恰当条件，通过直观操作和画图等方式分析数量之间的关系，最终列式解答。

---

① 岳志刚，中国农业大学附属小学．刘月艳指导

(二)新旧教材的对比

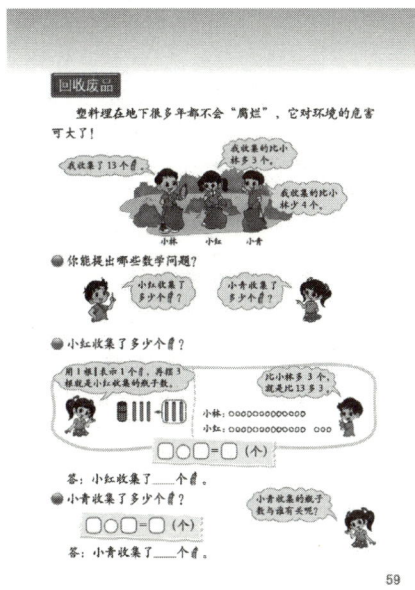

（北师大版新教材）　　　　　　　　（北师大版旧教材）

　　新教材将数据变小，虽在计算难度上没有大的改变，但数据变小更加有利于学生的操作，留出更多的时间让学生经历问题解决的过程。旧版教材中的小方块与新版教材中的小棒，没有什么本质上的区别，但在理解加减法意义上小棒要更占优势。新版教材中还新增加了一种"一一对应"的画法，这也反映出新版教材更加注重学生的操作，更加突出"比较"的思想在问题解决中的应用。

(三)不同版本教材的对比

（新苏教版二上）　　　　　　　　（新人教版二上）

（现代小学数学二上）　　　　　（新北师大版教材）

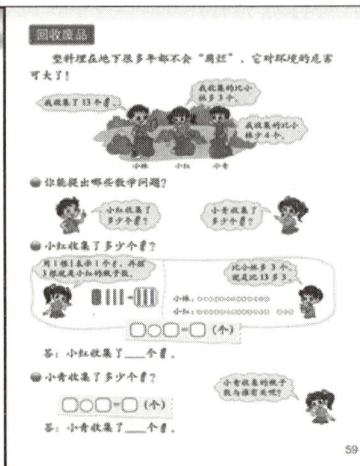

苏教版与北师大版相比无论从情境还是编排上都大致相同。

人教版通过生活情境的呈现，结合摆的方法渗透了一一对应的思想，而且强调算理的阐述和验算过程。

现代小学数学创设的情境图只是生活问题的呈现，没有渗透对应比较的思想，留给孩子的思考空间更大。在帮助学生理解用加减法解决问题的道理上借助了线段图。

从上面的对比中我们清晰地看出除北师大版教材将此内容安排在一下外，其他三版教材都安排在了二上。虽四版教材对此内容的编排上各有特点，但都体现了借助直观模型帮助学生理解算理，分析数量关系，然而线段模型对一年级的学生还是比较抽象的。而且，四版教材都突出了对应比较的方法在解决问题中的应用。

我的思考：

（1）下面的这两种实物模型在本节课的问题解决中有什么不同吗？

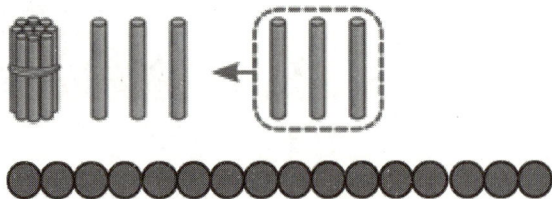

（2）一年级的小学生语言表达能力较弱，我们能用什么方式外显他们的思维过程？

二、学情分析

（一）已有基础

在学习本节课之前学生已经掌握了"100以内数的认识及比较大小；20以内数的加法、减法及其应用和100以内数的不进位加法、不退位减法及其应用，对自然数的十进关系有一定的认识"。而且，学生已经具备了利用直观模型对数表征的能力，具备了一定的用直观模型解释算式、竖式的经验以及比较的经验。

（二）前测分析

前测对象：中关村二小一年级 47 名学生。

前测目的：了解学生对"解决求比一个数多（少）几"问题的已有基础，找到真实问题。

前测题目：下面共有五种小动物，请根据条件回答下面的问题。

将你的想法在下面写一写、画一画。

有 11 只。

（1）比 多 5 只， 有多少只？

（2）比 少 4 只， 有多少只？

前测结果：数据分析如下。

	结果正确			结果错误		
	图式对应	图式不对应	只列式	图式对应	只列式	没写
（1）	27	4	9	4	3	0
	57.4％	8.5％	19.1％	8.5％	6.5％	0
（2）	23	7	14	1	0	2
	48.9％	14.9％	29.8％	2.1％	0	4.3％

从统计出来的数据看，两道题的正确率都相当高，第一题正确率为 85.0％，第二题的正确率为 93.6％，我不禁反问："学生的问题在哪里？学生还需要在哪些方面得到加强和提高呢？"带着这样的思考，我对学生的前测进行了更加细致地分析。

（1）第一题分析：

"图式对应且结果正确"的有 27 人占 57.4％，学生都用到了什么图呢？具体情况如下。

①计数器模型 7 人。

②小棒模型 5 人。

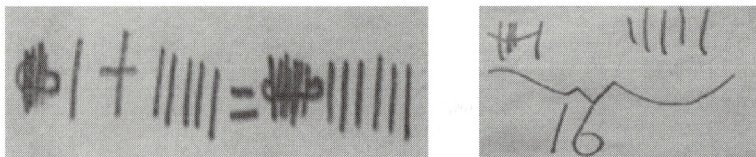

③添加模型 6 人。

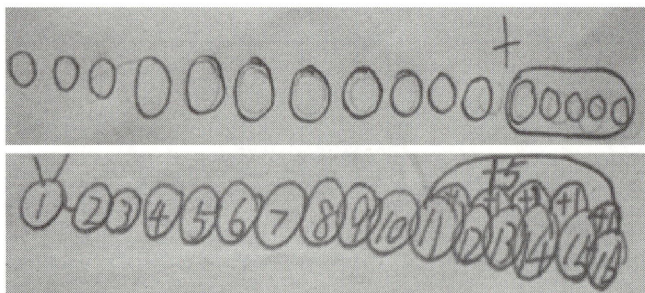

④对应比较模型 9 人。

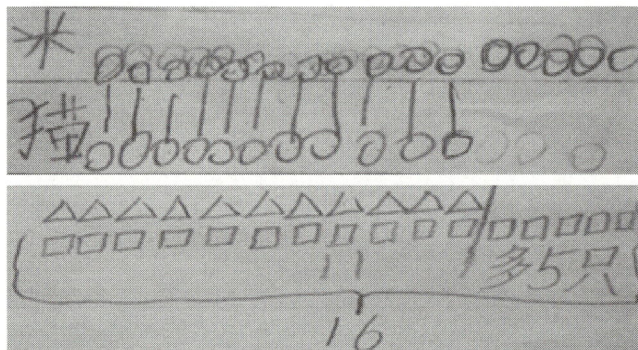

学生所选用的模型还是相当丰富的，但我们也能发现能够借助对应比较的模型来思考问题的学生仅占了被测试人的 19.1%，而其余学生的图多数是在借助模型解释算式，而且计数器模型、小棒模型和添加模型没有本质上的区别。

（2）第二题分析：

"图式对应且结果正确"的有 23 人占 48.9%，学生都用到了什么图呢？具体情况如下。

①计数器模型 2 人。

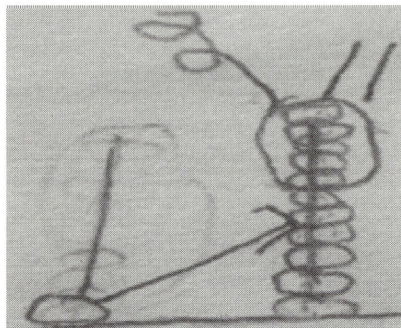

②小棒模型 4 人。

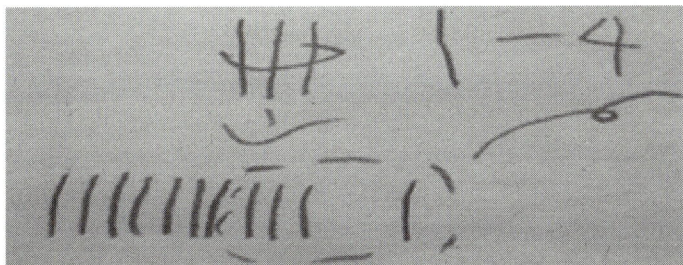

③删减模型 10 人。

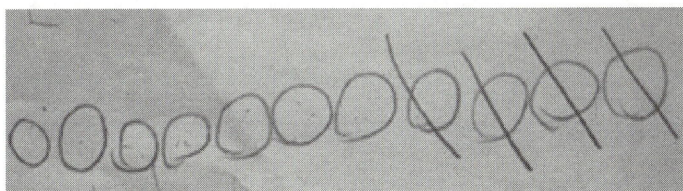

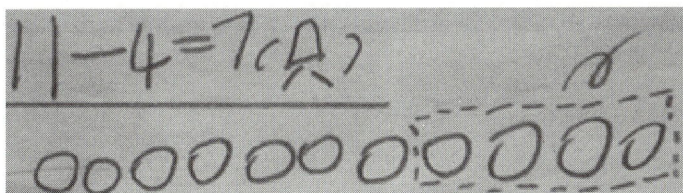

④对应比较模型 7 人。

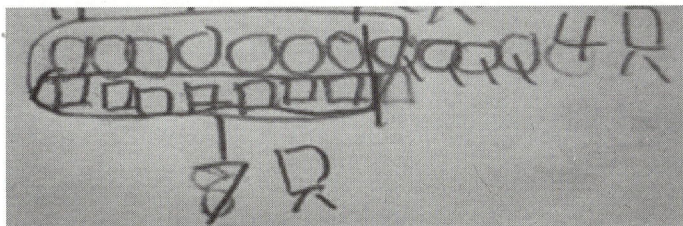

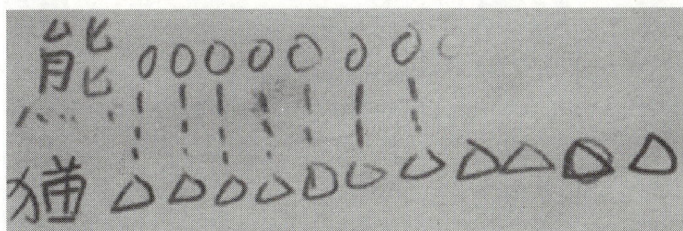

从两道题的对比中我们能够发现能用图解释第二题的学生人数在减少，直接列式计算的学生人数增至了 14 人。这表明借助直观模型解释"解决比一个数少几"的问

题对大部分学生是有一定困难的。出错的几名学生都是对题意理解上有问题，在运算方法的选择上出错了。从上面的分析中我们看到部分学生在理解题目中的数量关系上还存在着问题，而且大部分学生不能用比较的思想求比一个数多(少)几的数。学生对这类问题的解决多少还停留在机械地用加、减法上，或凭借数感判断结果的大小，能想到先找标准再解决的少之又少。

我的思考：

在教学过程中，依托问题情境，通过摆一摆、画一画、说一说等活动帮学生理解"比谁多(少)"的意思。同时，借助操作和图形把实际问题转化为比较数量关系的数学问题，帮助学生将实物模型与抽象的算式之间建立沟通与联系，初步渗透"比较"的思想。在解决"比多(少)"的问题中，进一步体会加减法的意义和在实际生活中的作用。

三、教学目标(含重、难点)

教学目标：

(1)通过解决实际问题，体会加减法在日常生活中的应用，感受数学与生活的联系，激发学习数学的兴趣。

(2)在解决问题的过程中，渗透比较的思想，借助直观操作进一步理解加减法的意义。

(3)经历从实际问题中抽象出数学问题的过程，初步培养提出问题、分析问题和解决问题的能力。

教学重点：

经历问题解决的全过程，进一步理解加减法的意义。

教学难点：

通过直观操作借助比较的思想抽象出数量关系，帮学生理解"比多(少)"的含义。

四、教学过程与教学资源设计(可附教学流程图)

教学流程图：

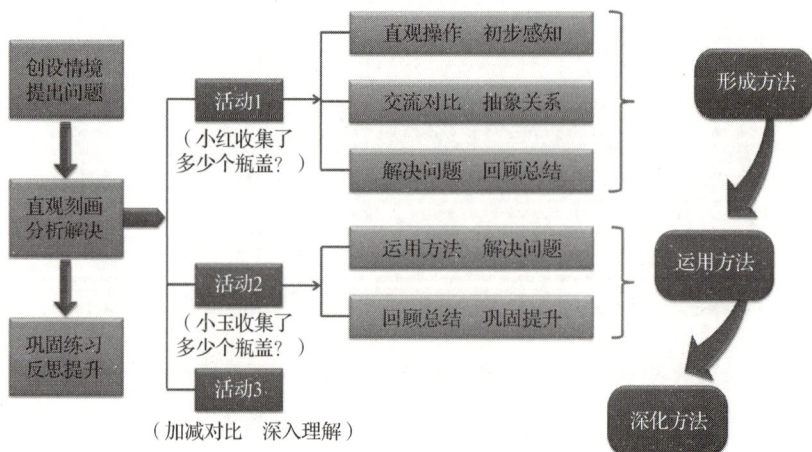

五、教学过程

课前谈话 ——"变废为宝"活动作品展。

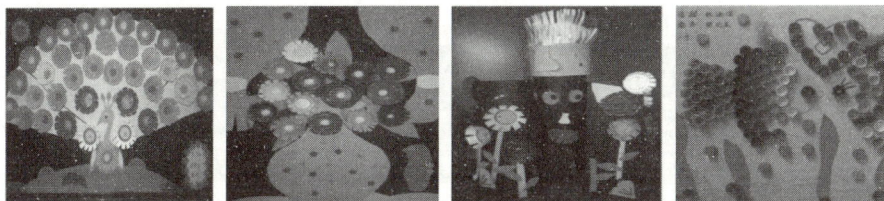

(一)创设情境　提出问题

1. 出示学生的谈话情境图。

小明：我收集了12个瓶盖

小红：我收集的比小明多3个

小玉：我收集的比小明少4个

2. 你能提出哪些数学问题?

问题举例：(1)小红收集了多少个瓶盖? (2)小玉收集了多少个瓶盖? ⋯⋯

【设计意图】为学生提供一个发生在他们身边的真实事件,一方面能激发学生的兴趣,另一方面培养学生从实际情境中找出数学信息、提出数学问题的能力。同时,对学生进行环保教育。

(二)直观刻画　分析解决

活动 1——形成方法：小红收集了多少个瓶盖?

1. 直观操作　初步感知

(1)说一说,小红收集的瓶盖数与哪些条件有关。

(2)你能用摆一摆的方式来解决"小红收集了多少个瓶盖"的问题吗?

要求：两人一组,摆出你们的想法。(注：用蓝色的表示小明)

　　　　让别人"一眼"就能看明白。

　　　　摆完后,互相欣赏、讲解一下。

摆法 1：(添加)

摆法2：（一一对应比较）

2. 交流对比 抽象关系

通过讲述自己的摆法，一方面可以使之前不明白的学生听明白，另一方面也可以帮助讲述者梳理思路、积累经验。

3. 解决问题 回顾总结

沟通模型之间，以及算式和模型之间的联系，为算式中的每个数找到表象支撑，同时通过分析模型进一步理解加法的意义。

活动2——运用方法：小玉收集了多少个瓶盖？

1. 运用方法 解决问题

要求：将自己的想法画在纸上。

让别人"一眼"就能看明白。

画完同桌互相欣赏、交流。

2. 回顾总结 巩固提升

活动3——深化方法：加、减对比，深入理解"比多、比少"。

【设计意图】这一环节是本节课的核心，目的是通过解决小红和小玉各收集多少个瓶盖的问题，引导学生把实际问题抽象成数学问题，并通过直观操作和画图等活动，抽象出比12多3(少4)的数量关系，再和加(减)法意义联系起来，列式计算解决问题。让学生在这一环节中，亲身经历解决"比多比少"问题的全过程，帮助学生理解"比多""比少"的含义，进一步体会加减法的意义。

(三)巩固练习 反思提升

将课堂评价数据与本课知识相结合，让学生再次体会数学在生活中的应用。

1. 你觉得这节课哪个地方最有意思，给你的印象最深刻？

2. 给希望工程捐书。

(1)二班捐了多少本书？

先将你的想法画一画，然后再列式解答。

（2）三班捐了多少本书？

先将你的想法画一画，然后再列式解答。

请根据说课规则，将本案例转化为说课稿。

拓展阅读

1. 华应龙．我就是数学——华应龙教育随笔．上海：华东师范大学出版社，2009。

该书共分六大部分："课前慎思""课中求索""课后反思""听课随想""评课心语"和"生活感悟"，是一本立体感极强的教师教育书籍。

2. 任景业．走进孩子的课堂——研读课标的建议．长春：东北师范大学出版社，2014。

该书从一个实践者的角度，给教师研读和理解课标提出独到的建议。

参 考 文 献

黄翔，等．义务教育数学课程目标的新变化．课程·教材·教法，2013(1)

黄翔．数学课程标准中的十个核心概念．数学教育学报，2012(4)

黄毅英，黄家鸣．十地区数学教育课程标准．数学传播，1997(2)

金成梁．小学数学疑难问题研究．南京：江苏教育出版社，2010

孔企平．近年来国际数学课程改革的若干趋势．外国教育资料，2000(6)

李建萍．新课程：怎样进行小学数学学习评价与测试．成都：四川大学出版社，2005

李俊扬，等．数学课堂教学评价标准的研究与思考．数学教育学报，2011(5)

廖青．美国《共同核心州立标准》政策的形成及其初步实施．比较教育研究，2012(2)

(美)全美数学教师理事会．美国学校数学教育的原则和标准．蔡金法，等，译．北京：人民教育
    出版社，2004

(美)全美州长协会和首席州立学校官员理事会．美国州际核心数学课程标准：历史、内容和实施.
    蔡金法，等，译．北京：人民教育出版社，2016

史宁中，等．中小学统计及其课程教学设计——数学教育热点问题系列访谈之二．课程·教材·
    教法，2005(6)

史宁中．基本概念与运算法则——小学数学教学中的核心问题．北京：高等教育出版社，2013

王尚志，孔企平．培养学生的应用意识是数学课程的重要目标．数学教育学报，2002(2)

王永春．小学数学与数学思想方法．上海：华东师范大学出版社，2014

吴正宪，张秋爽，李惠玲．和吴正宪老师一起读数学新课标．北京：教育科学出版社，2013

张丹．小学数学教学策略．北京：北京师范大学出版社，2010

周小川．美国数学课程标准中"问题解决"的变化及启示．课程·教材·教法，2007(4)

(英)朱莉娅·安吉莱瑞(Julia Anghileri)．如何培养学生的数感．徐文彬，译．北京：北京师范
    大学出版社，2012

(美)J. L. Martin．教与学的新方法·数学．王嵘，等，译．北京：北京师范大学出版社，2004

Jones，G. A.，Langrall，C. W.，& Mooney，E. S.．Research in probability：Responding to class-
    room realities. In F. K. Lester（Ed.），Second handbook of research on mathematics teaching
    and learning．Charlotte，USA：Information Age Publishing，2007：909-956

Shaughnessy，J. M.．Research on statistics learning and reasoning. In F. K. Lester（Ed.），Second handbook of research on mathematics teaching and learning. Charlotte，USA：Information Age Publishing，2007：909-956

Y. Li，G. Lappan(eds.). Mathematics curriculum in school education，Advances in Mathematics Education，2014